円山町瀬戸際日誌

名画座シネマヴェーラ渋谷の10年

A Diary of an Amateur Cinema Owner
NAITO Atsushi
Hatori Press Inc., 2015
ISBN978-4-904702-59-8

円山町瀬戸際日誌　目次

円山町瀬戸際日誌

新・円山町瀬戸際日誌

円山町三国志　または、余は如何にして名画座親父となりし乎　2006

開館まで

親にも似ぬ浮気性で、子どもの時から損ばかりしている。というほどでもないが。浮気性というのがいいのか、それとも学際的とでもいえば、随分と格好よくは聞こえるのか。つまりは、ひとッ所に馴染めないとでもいうのか。弁護士を長年の稼業としてきたものの、どうも弁護士業界というものに心からは馴染めない。ハナからエンタテインメント業界を専門とするような弁護士を目指したためもあって、なんとも保守本流の弁護士業界が辛気臭くっていけない。いつもこの業界に半身しか置いていないような感覚で過ごしてきた。しかし、それは弁護士になってから始まったことではなくて、どうやらそれが、自分自身の身すぎの処世のようでもある。

映画館を始めたのも、そうした気性の結果するところ、という側面も多分にあるように思える。東京の渋谷円山町《まるやまちょう》に「シネマヴェーラ渋谷」という名の名画座を始めて（2006年1月14日開館）、そろそろ半年近くになる。かれこれ10年ほど前から、今は「コミュニティシネマ支援センター」という名で知られるボランティア組織[*1]に「映画の著作権の専門家」という触れ込みで参加して以来、全国で開かれる地方の映画祭や各地の自主上映運動への支援を目的とするこの組織が年に一回開催する全国会議で、そうした専門家としてのアドバイスを口にしてきたわけだが、むしろ自分自身の関心は、そうした映画祭や自主上映団体が提供する映画のプログラミング自体に向かっていった。そもそも、エンタテインメント弁護士を目指したというのも、ごくごく即物的な動機によるのである。映画や音楽が好きだから、それと近いところで弁護士をやりたいという、ただそれだけのことである。だから、エンタテインメント弁護士をやっているよりも、映画を観ることの方が、言うまでもなく楽しいわけである。しかも、映画を観ることが楽しいのは知っていたわけだが、映画を人に見せるというのは、何と面白そうなことではないか！

それでも、都内の名画座が昔のままであれば、一介の素人が映画館をはじめるなどという「神をも恐れぬ所業」に手を染めることは、たぶんなかったと思う。やはりこの10年ほどの間に、我々が慣れ親しんだ名画座たちが次々と閉館していったことが、筆者の蛮行に大いに影響を与えた。これはある意味で時代の趨勢というか、名画座に課せられていた歴史的な役割が終わったのだともいえる。ホームビデオの普及で手軽に過去の映画に触れることができるようになったということである。加えて、バブルとその崩壊という荒波が、映画興行という「盛り場に大きな地べたを抱えて行う営業」を直撃したことも、深刻なボディブロウになったであろう。だが、ホームビデオによる名画座の代替というのは、やはり虚しい。映画館での視聴とホームビデオによる視聴とは、本質的に異なるものだ。

こうした理屈は、しかし、その当時そう考えたというよりは、後付けで出てきたものである。ただただ自分としては、新たな名画座を作らねばならぬ、という訳の分からぬ思いに駆られて、ある日旧知のユーロスペースの堀越謙三さんを訪ねていった、というのが本当のところであった。ユーロスペースは、ご存知のとおり、渋谷桜丘で20年以上にわたり、いわゆるアート系映画を上映してきたミニシアターの草分けであり、配給や製作にも力を入れている。堀越さんは業界の多くの人々からリスペクトされている方である。

素人なりに計算はあり、自分では映画館の経営はできないことが分かっていたから、ユーロスペースと一緒に映画館を立ち上げて、名画座の運営をユーロに委託したいという持ちかけをしたのである。バブル崩壊を逆手にとるつもりもあった。つまり、賃料を払って「盛り場に大きな地べたを抱えて行う営業」をするのは難しいが、自前で所有してしまえば、その点はだいぶ緩和されるという読みである。堀越さんは、良い物件があれば、是非いっしょにやろうと言ってくれた。しかも、むしろ自前で営業をしても、そんなに問題はなかろうとも言ってくれた。それから約六年ほどの月日がたち、いろいろなことがあって、2006年1月に、ユーロスペースの二館、QーAXの二館、[*2]そして筆者のシネマヴェーラ渋谷の入った映画館ビルが、ラブホテル街として一部に名高い、渋谷円山町に完成した。

開業後

映画を人に見せることの面白さ、正確にいえば、筆者がそうしたことを面白そうだと思ったことの所以は、映画のプログラミングにある。映画好きなら誰にも経験のある、ベスト10作りの楽しみのようなものである。だが、これを商売として行うというのは、当然ながら単に楽しい嬉しいだけのものではなかった。たとえば、番組編成をしていく上では、映画と映画の間に何分の休憩時間を置くべきか、最終上映作品が特定の映画に集中しないようにすることなど、注意を払うべきポイントは様々である。ひとつの特集上映で20本の作品を上映するとして、これをもしも三週間なら三週間の上映期間全体に分散させるとしたら、これら全部が常に上映可能なように、20本の映画のひとつひとつを直径120センチほどの大巻リールに巻き取った状態で保管しておく必要があり、それにはかなりの空間がなければ不可能である。そうした諸々の運営的・物理的な与件ともいうべきことどもが、はじめて分かったのである。名画座の場合、その日その日で上映作品も異なるから、上映時間が日々異なる。したがって、観客が迷わないように、正確に上映時間を知らせるということが本質的に重要なのだが、それは、映画の上映時間数を徹底的に確認するということと、そうして確認された時間に基づいて注意深く上映スケジュールを組み上げるという地道な作業（とその検算）のみに支えられることになる。こう書いてみれば当たり前のようなことでも、それを実際にどうやればいいのか、ということが、やはりやってみないと分からなかったのである。

このように披瀝すると、もしかしたら自慢げに聞こえるかもしれないが、こうした「ちょっとしたコツ」のようなものは、どんな職種にもあるはずのもので、自分が知らない仕事をいい年になって始めたために、ことさらに目新しく写るのだとは思う。これを誤ってしまったがために、たとえば開業第二弾の「マキノ雅弘『次郎長三国志』特集」では上映時間を間違えて告知したために、「お詫び」の葉書を急遽印刷してばらまいたり、映画と映画との間の休憩時間が不自然に長かったり、極端に短かったりするような失態を演じるハメとなった。

そんな調子で始まった劇場だから、お客もなかなか寄りついてくれなかった。そもそもユーロスペースと同じビルに居を構えることで、ユーロのお客のいくばくかを我が劇場にも引き入れようという小判鮫商法だったが、やはり新参者にそう世間は甘くはない。まあ自分自身に引き比べても、いきなり新しい映画館ができたとしたら、ソコはソレ、どことなく疑いの目で見るだろうと思う。ましてやそれが、名画座だとなるとなおさらである。新作をかける映画館ならば、作品を観るためには、やや怪しい劇場にだって入らざるを得ないわけだが、旧作を観るのに「ちょっと怪しい劇場」に入るのはためらわれる。知名度をあげるために、筆者自身は極力マスコミの取材に応じたものだったが、今から考えるとこれも、実は「怪しさ」を増すのに貢献したのかもしれない。世間の関心は「弁護士がどうして映画館を開いたのか」というところに集中しがちだが、映画の観客からすれば、そうしたどことなく「色」のついた劇場は敬遠したいと思うかもしれない。

そうやってウジウジと、お客不足を自意識過剰気味に悩んでいたのだが、それやこれやの以前に、そもそも我が劇場の存在自体がほとんど知られていなかった、ということが、どうやら一番の原因であったらしいのである。それは、例のマキノ雅弘特集の壊滅的な不入りにショックを受けられた蓮實重彥先生が（傑作『次郎長三国志 第六部 旅がらす次郎長一家』の上映の観客数が蓮實氏ご夫妻を入れて総数六名であったとか）、「発作的」にネット上にばらまかれた「檄文」への反応として、「そんなオイシイ特集やっているなんて全然知らなかった」というものが圧倒的に多かったらしい。本稿を書いているのは

あのマキノ雅弘監督最盛期の傑作

『次郎長三国志』

（1952-1954）

全九本が、いま東京で見られる！

しかも、

東映版リメイク全四作（1963-1965）も含めて！！

となれば、とるものもとりあえず

渋谷シネマヴェーラ（http://www.cinemavera.com/）に

駆けつけねばならぬ！！！

参考書としては、もちろん

山田宏一著『次郎長三国志―マキノ雅弘の世界』

をかかえて！！！！

全部は無理という方は、せめて

第三部以降三作の久慈あさみと第六部の越路吹雪

のお色気を堪能されたい！！！！！

以上勝手連的な緊急アッピールでした。

お騒がせ、失礼：蓮實重彥

蓮實重彥氏による「マキノ緊急アッピール」

「加藤泰特集」の最中（２００６年４月22日〜）で、これは蓮實先生と映画評論家の山根貞男さんとの「画策」で、ついに立ち見が出るまでの観客動員に成功し、特集全体としても多くのお客様を集めているが、次回の「笑うポルノ特集」や次々回の「黒沢清特集」では果たしてどうなるのか、綱渡りはまだまだ続くのである。

そして今、これから

まあそんなわけで、慌ただしい日々を過ごしてはいるわけではある。色々な意味で運営が落ち着くのにおそらく一年くらいかかるだろうと思う。本業の弁護士業務と名画座のプログラミング業務とがどう両立しているのか、とよく尋ねられるが、二年ほど前から、本業の方は従来からの顧問関係にある顧客に限定しはじめているので、それはそれで何とかなっているのである（今年末くらいには、これも反転攻勢していかないと、本業がジリ貧になるおそれがあるので、それはそれで困るのだ）[*3]。実際には、これに加えて週に一度慶応義塾大学ロースクールでエンタテインメント法の講座を教えているというのがあって、これまた忙しいのだけれども、現役の学生諸子に直接名画座のマーケティングができると思えば、それもまた良しである[*4]。

名画座をやるかどうか最初に相談にいった堀越さんに言われたこととして、これはそう大きく儲かることもないけれど、激しく損をすることもないだろうという一言があって、この一言が大いに励みになった。ただし実際にやってみて、非常に低コストでやっているから確かに大きな損失は出ていないが、もうちょっと儲かってもいいのではないか、と思うこと大である。もっともウチの場合価格設定自体が相当に低レベルなので、別に誰をうらむわけにはいかない。

名画座というものを実際にやりだしてみて、あらためて名画座経営者の目で今営業している都内の名画座を眺めると、コアな名画座（いわゆる昔の映画を主体に上映している映画館）はどこでも、誤解をおそれずに言えば、多かれ少なかれ「道楽的」な運営がなされているように思える。ここで「道楽的」というのは、企業的でない、というような意味である。つまりは、別に本業をもった企業が、社会貢献活動的な意味合いで、名画座を経営しているという位置づけが多いようである。名画座なるものの生き残り策はそれしかない（らしい）ということは、やはりそれなりにショッキングなことではある。動機は似て非なるものがあれど、我が劇場も、同じような成り立ちといえばいえる。つまり名画座というものは、そうした形でしか、もはや生存不可能なものなのかもしれない。ただ、翻って思うのだが、銀座・並木座や池袋・文芸坐の歴史を見ても、名画座がバリバリの利潤追求集団により運営されたことというのは、おそらく絶えてなかったことなのではないか。50年、60年前の昔から、名画座というものは、さして儲かる投資対象ではなかったのである。

しかし、それは果たして悪いことであろうか。名画座の世界に大きな資金など不要である。立ち上げに要する、決して少なからぬ資本はあるにせよ、名画座が名画座としてやっていく上で、さしたる経費はない。[*5] 我々はそうした意味では資本市場など用のない存在である。別段、名画座というような特殊なマーケットを普遍化する意図はないのだが、昨今のあまりに殺伐とした企業風土（外に対しては持続性のある成長とコンプライアンス経営をコミットし、内に対しては内部統制を至上命題とし、常時個人情報の流出に汲々として対処するというような）に対置するとき、こうしたスローフード的というのか、スローライフ的なあり方は、もしかしたら、独自の意味を持ち得るのかもしれない。名画座こそは、オルタナティヴな資本主義なのかもしれない（冗談です）。[*6]

でも、そんなこととは全然無関係に、今日も我々は勝手に映画を上映し続けるのだ。

＊1　２００９年に一般社団法人コミュニティシネマセンターとなる。

＊2　ツタヤの子会社が運営していた映画館である。

＊3　すでに数年前より、何であれ仕事は受けるようにしています!!

＊4　当たり前のことではあるが、20代の人々はなかなか名画座のお客とはならない。

＊5　２００６年時点では、確かにそうであったが、本文でも記すように、そのことは２０１５年９月現在、そうでもなくなってきたのである。

＊6　この文章を書いてから約10年たった今になって、これは必ずしも冗談ではないように思う。

円山町瀬戸際日誌

山口百恵編 2006

7月6日（木）

にわかに信じたくはないのだが、今年1月にオープンした名画座シネマヴェーラ渋谷の開館以来、最低の客の入りを、もう半年も経った今ごろになって食らう。しかも山口百恵特集で、とは。一日に27人のお客とは、相当に悲しくはないか。

兆候は確かにあった。前日まで、土曜には１５０人超、平日でも１００人近い集客を誇った黒沢清特集が終わり、さて山口百恵特集が始まった土曜が70人弱。ただ、これは7月1日の「映画の日」だから、お客はより効率のいい封切のシャシンを観にいったに違いないと、自らを納得させてはみたものの、翌日曜も低調な客足に、現実を直視せざるを得ない。どうして山口百恵で客が来ないのか、これから三週間にわたり辛い数字を見続けねばならないのか、暗澹たる思いが脳裏をよぎった日曜に、追い討ちをかけるように客足が底を打ったのが、その週の木曜の観客数の最低記録。

ただし、別の兆候もあった。『伊豆の踊子』（西河克己／１９７４）と『潮騒』（西河克己／１９７５）

の組み合わせの火曜のプログラムは平日にもかかわらず80人近い入り。つまり、古典的な山口百恵映画の二本立てについては、悪くないのだ。[*1] それこれ考え合わせると、推定される「犯人」は「和田アキ子」である。今回の山口百恵特集は、いわゆる山口百恵主演映画だけでなく、彼女が端役で出演した作品も残らず上映しているが、そうしたものの中には『としごろ』（市村泰一／1973）や『お姐ちゃんお手やわらかに』（坪島孝／1975）などがある。前者では和田アキ子が重要な脇役をつとめ、後者ではほぼ主役である。百恵特集の第一週では、この二本を組み入れた結果、百恵主演映画の二本立てを組めたのは、火曜一日のみとなった。恐るべし、和田アキ子。

7月某日

どうやら映画ファンに背を向けられた形の『としごろ』だが、しかし、この映画はカルト臭フンプンたる作品。お話としては、名門バレー部の中学から高校のバレー部に進学した先輩たちと中学の後輩たちとの交歓や、高校に進学できずに工場でまじめに働く森昌子との友情といった、どうということもないものだが、森昌子に象徴される、予定調和的な「貧しくても一所懸命生きていく喜び」といったお話にどうにも収まりがたい、不協和音に満ちた怪作となっている。

たとえば、高校バレー部の鬼コーチ、ウルトラセブンこと森次晃嗣は、見所があるとしてバレー部の女子生徒を自宅に下宿させるのだが、その娘に出す食事が悪いといって理不尽に妻をなじり、ついに妻は実家に家出してしまう。ところがこの生徒が膝に爆弾を抱えていて選手として使いものにならないと分かると、一転、生徒を追い出してしまう。しばらくして妻が帰ってきて「君がいなくてさびしかったよ」などと妻とイチャつき始めて、それを庭から見ていた女生徒はさらに絶望に打ちひしがれる。どう見ても、コイツはイイ奴として描かれているとは思えないのだが、なぜか部員たちはこのコーチをかばい慕うし、いつのまにやら「不遇の女生徒のカムバックを暖かく見守る心優しきコーチ」のようなポジションにおさまっていたりする。いったい、ドラマツルギーという概念はどこにいったのか。

それ以上に訳が分からないのは、中学のバレー部キャプテンの石川さゆりで、どう考えたって30年前のこの人は可憐なアイドルのはずなのに、あろうことか三人組の不良に輪姦されて、そのために妊娠して、これを苦に自殺してしまい、しかもその自殺が級友の男の子を誘っての心中だったものだから、スキャンダルをかぎつけた新聞記者たちが通夜の席に傍若無人に取材に押しかけるという、まったく何という扱いだろうか、と呆然となるような展開。しかも、ダブルを使っているとはいえ、素っ裸にむかれる様まで写されて、しかも苦悶の表情をアップで撮られて、という念の入った演出ぶりなのである(石川さゆりは、また『伊豆の踊子』では、使い捨てられた肺病やみの娼婦を演じていて、病苦と貧困の中に死んでいき棺桶に収まるという、これまた「超アイドル級の演技」を披露するのだ)。

こういう魑魅魍魎な展開に、どこまでも明るい「お姐ちゃん」和田アキ子がからみ、全体としては森昌子的「清貧な」着地を見せるのだが、一体これは何なのだろう。たかだか30年くらい前に、こういう映画が堂々と作られて公開されていたのである。

7月8日（土）

どうやら和田アキ子犯人説は立証されたかに思われる。百恵特集の第二週目の初日の土曜日は、この特集として初めて100人を超える客足。作品は『昌子・淳子・百恵 涙の卒業式～出発《たびだち》～』（根本順善／1977）と『泥だらけの純情』（富本壮吉／1977）の「非アッコ映画」である。胸をなでおろすとともに、後半の百恵特集に大きく期待する。

『涙の卒業式』を観ながら、この三人娘の現在というものに、やはりどうにも思いがいってしまう。森進一と結婚して芸能界を引退したはずの森昌子は、マスコミを賑わせた離婚劇の末、近時芸能界に復帰。桜田淳子は女優に転身したまではよかったが、某新興宗教の合同結婚式に参加するという「奇行」により自ら芸能生命を絶つかの如き振る舞いに及んだのが、もう10年以上も昔のことである。ひとり山口百恵だけが静謐な生活を送っているらしい様は、彼女らと同年齢の筆者にとっても、どことなく人ごとではない思いを突きつける。ちょうどアメリカのベトナム戦争世代が『アメリカン・グラフィティ』（ジョージ・ルーカス／1973）の最後で登場人物たちの「その後」を語るエンドロールに粛然たる思いを抱くように。別段、森昌子や桜田淳子が不幸だと決めつけるわけでもなく、山口百恵が幸福だと断定するわけでもないが、少なくとも筆者らの同年代の女たちは結婚をすることが当然だと考えていたし、結婚をしない人生とは不幸なものだと信じてもいたのだろう。そうした考え方は、この30年で本当に大きく変わったことが、彼女たちのその後との対比で痛感される。

人は自分の生きている時代と離れて生きることはできないが、特に優等生との評判の高かった桜田淳子にとっては、生きにくい時代を生きたことになったのではないだろうか。『涙の卒業式』を観ながら、あの頃自分はちょうど大学に入ろうという頃だったから、既に彼女たちの熱烈なファンというものでもなかったが、デビューの頃一番好きだったのは桜田淳子だったという記憶がよみがえり、それにもかかわらず淳子の歌はほとんど覚えておらず、歌として覚えているのは百恵の歌であり昌子の歌であるということが、改めて桜田淳子という人の幸《さち》の薄さを際立たせる。幸せに生きていて欲しいと、切に思う。

7月9日（日）

和田アキ子犯人説は、どうやら一日にして崩れた模様。１００人超の入りを記録した翌日の日曜は再び60人台の入りに。しかも番組は『エデンの海』（西河克己／１９７６）と『春琴抄』（西河克己／1976）のダブル西河物かつモロに百恵主演作品で、この惨敗。小泉今日子を主役にすえた『生徒諸君』（1984）などでも、西河監督の、いわゆる職人監督を超えた技の冴えは明らかで、この二作においても安定しつつ、かつ驚きを振りまいているというのに。自棄酒ならぬ自棄映画で、同じニシカワつながりだと強引に決めて『ゆれる』（西川美和／2006）を観にいく。香川照之とオダギリジョーが兄弟を演じるのだが、兄の香川が、外見からは三回くらい内側に屈折した性格で、それをタマネギの皮をむくように鮮明に演じきった香川照之が凄いというより他はない。満員にして傑作なり。嗚呼、この先二週間近い百恵特集の行方や如何。

7月某日

百恵映画の最高傑作との誉れ高い『霧の旗』（西河克己／1977）だが、強気で平日にこの作品をぶつけたプログラミングは見事にはずれ、相変わらず客足は低調。作品としては、ハードボイルドな復讐譚で、百恵の暗い情念を浮かび上がらせた素晴らしいもの。ただ、この映画は「殺人事件の犯人とされた兄を救うため、妹が高名な弁護士に依頼をするが、それを断わられて、兄は有罪のまま獄死したため、妹は弁護士を恨んで復讐を決意する」というお話で、自分の本業のことでもあり、いろいろと考えさせられるところがある。

弁護士には仕事を断る自由がある、というのが弁護士仲間の間では常識的なことである。まして、映画の中では百恵には弁護士側が提示した報酬額が払えないということになっているわけで、それで恨まれるとなると、これは典型的な逆恨みである。筆者もシネマヴェーラ渋谷をやっていくために、本業の方の仕事の依頼はじゃんじゃん断っているのが現状で、[*2]それによって百恵のようなお客さんがジトっと恨みに燃えた三白眼でひそかにこちらをうかがっていたりするのだとすると、これは相当に怖い。でも、映画では百恵は最後は色仕掛けで、三國連太郎演ずる弁護士を罠に陥れるのだが、筆者としても、百恵のようなお客さんに色仕掛けで迫られるなら、それも本望ということで納得すべきなのか。

7月17日(月・祝)

祝日の月曜に組んだ『天使を誘惑』(藤田敏八/1979)と『ホワイト・ラブ』(小谷承靖/1979)が、予想を大幅に裏切って、90人近い入り。それなのに前日の日曜の『野菊の墓』(西河克己/1977)と『炎の舞』(河崎義祐/1978)が60人強というのはどうしたわけなのか。『野菊の墓』はテレビ番組だったので、映画館のスクリーンで観られるのは貴重なはずなのに。どうも根本的な誤解があるのかもしれないが、みんな、結局のところ「西河克己による山口百恵もの」というのが好きではない、ということなのだろうか。

7月21日（金）

百恵特集終わる。興行的には惨憺たるありさまだったが、不思議とそうした興行の後には、「熱烈なファンからの手紙」というやつが何通か寄せられるのである。やはり不入りだった「チャウ・シンチー特集」のときもそうで、富山や北海道からわざわざ観に来てくれたりしたらしいのだ。まあ、実際に人影まばらな客席に身を置くと、自然とそうした手紙で小屋を励ましてやろうと思うのではありましょう。こっちも、あまりの実入りの少なさに呆然としつつも、この手の手紙をもらったりすると、やはり悪い気はしないもので、また危険な企画を試みようかと考えだすなど（しかし、チャウ・シンチーも百恵も決して危険な企画だと思って始めたわけではないのに）、懲りないといえば懲りない。

百恵特集不入りの原因は、おそらく、いわゆる典型的な名画座のお客さんが「映画館で百恵映画をあえて観てみたいとは思わない」と考えたからだと思う。一般的な百恵ファンは大勢いるものの、この人たちの大半はＤＶＤボックスセットなどを持っていようから、別段映画館に行く必要はないと思っているのだろう。だけれども、筆者は「典型的な名画座のお客さん」だけを相手に映画館をやっていきたくないのだ。それでは袋小路だと思うから。未来がないと思うから。青臭いかもしれないが、少しずつでも、「典型的な名画座のお客さん」の外にいるお客さんを名画座に取り込まなければ、名画座に未来はないし、それは長い目でみれば映画館に未来がないのではないのか、と思っているわけだ。

だから、おそらく今後とも、懲りない企画は発信せざるを得ない。しかし、ほどほどの「入りの悪さ」でありたい、と切に願っている。

＊1　この数字は2015年現在の平均的な客入りからすると、おそろしく低い数字ではある。
＊2　先にも記したとおり、現状ではまったくそんなことはありません!!

鈴木清順編 2006

10月21日（土）

オープンから早や10ヵ月が経過した名画座シネマヴェーラ渋谷であるが、8月のアニメ特集で底を打って以来（このときは、思い出すだに辛い、山口百恵特集以上の客入りの悪さであった）、秋口の「妄執、異形の人々」「ホウ・シャオシェン映画祭」と好調を続けてきたものだが、ちょうどこの原稿を書こうかという「鈴木清順48本勝負」になって、再び低迷を始めたというのは、思わず自分でも「それってネタかい！」と突っ込みを入れたくなるほどに、悪しきタイミングである。海外でも、本物の瀬戸際を歩く御仁が全世界を翻弄する中で、*1 わが映画館もそろそろ瀬戸際歩きを脱却せんとの思いもあっただけに、これは痛い。「円山町瀬戸際日誌」などという縁起でもない表題を*2 つけなければよかったと後悔するが、しかしこればかりは自分でつけたもの故、誰を責めるわけにもゆかない。劇場のホームページ上のブログでは、「客が入らない」などという愚痴はもう言わないことにすると大見得を切ったが、こちらでは「瀬戸際ぶり」の自嘲話がテーマだから、それはそれで仕方がない。次回こそは瀬戸際脱出を願いつつ。

さて清順特集初日。晴れて東京国際映画祭の協賛企画という肩書きも貰い、公式プログラムの片隅に「鈴木清順48本勝負」の特集タイトルと真理アンヌ嬢のメインアートワークが掲げられて、東京国際映画祭で来日したガイジン客も多数押しかけるであろうから一週目は全作英語字幕入りプリントで迎え撃つ体制まで整えて、といった具合に初日を迎えたはいいが、肝心の客入りは奮わず、ガイジン客もほとんどなく。清順師と真理アンヌ嬢のトークショー（轟夕起夫氏司会）も、客席が半分埋まる程度。

清順師は、酸素ボンベを引きずっての登壇ながらも、かくしゃくたるお姿で、何より声がしっかりしておられる。相変わらずのイジワルジイサンぶりで、司会の轟氏を「いじり」まくり、客席は大いに沸く。しかし、せっかくのご登場にもかかわらず、満席でお迎えできなかったことには忸怩たる思いである。何なんだろう、これは。何がいけなかったのか。共催の日活の人たちも大勢かけつけてくれただけに、徒労感は募る。[*3]

ゲストの方々と日活勢を見送って後、一本だけ観て帰ることとする。『春婦伝』（1965）。この映画は、こんなに傑作だったのか、と改

鈴木清順監督と真理アンヌさん
2006年10月21日（土）

めて認識する。清順映画というと、どうしてもケレン味にあふれた諸作に注目がいくが、野川由美子の激しい純愛を一直線に描きつくす『春婦伝』が、こんなにも凄い映画であったことを再発見する。

10月某日

一日劇場にいて、昼も夜も近所のコンビニで軽食を買って、朝から晩まで六本の清順映画を観続ける。プログラムとしては、『港の乾杯 勝利をわが手に』（1956）『影なき声』（1958）『けんかえれじい』（1966）『東京流れ者』（1966）『関東無宿』（1963）『陽炎座』（1981）と、手前味噌だが、目もくらむようなラインナップである。学生時代にオールナイトで映画を観ることはあっても、あれはせいぜい五本どまりである。こんなに長い時間にわたって映画を観たのは、おそらく初めての体験なり。しかし日曜になってもやはり客足は延びず。不安な中で清順映画を観るが、やはり面白いことにはかわりなし。

最後の『陽炎座』を観ていると、子供歌舞伎のシーンにリールのつなぎ違いを発見し、いきなり劇場経営者にひき戻されて、上映中の客席と受付とを二回ほど往復して、結局受付と相談の上、映画終了後に観客の全員に無料招待券を配布することを決断。客入りが悪いのに、それに輪をかけて無料招待券配布とは……。やれやれ。

10月某日

受付に寄せられたお客さんの声などからすると、どうやら入場料が高いというのが、今回の不入りの原因ではないか、とも思われてくる。シネマヴェーラ渋谷は、いつもは二本立てで一般1400円だが、今回は一本で一般1500円で、倍以上だ。でも、ひとつ前のホウ・シャオシェン特集ではやはり一本一般1400円で上映していたのに大入りだったと、ユーロスペースの堀越さんに愚痴ったら、いやいや1500円の大台に乗せるのと乗せないのとでは、やはり受け止め方が違うのだと、さすがに劇場経営二十余年のお言葉。

東京国際映画祭で来日した香港のプロデューサーと彼の弁護士を、シネマヴェーラ渋谷に案内し、その後昼食。彼のプロデュースした作品（映画祭のコンペ部門で上映された）が日本の楽曲を使用した際に、そのクリアランス作業で仕事をした仲なり。

夕方よりコミュニティシネマ支援センターの会議があり、委員としてこれに参加し、その後懇親会。金沢シネモンドの土肥悦子さんと、今年の金沢コミュニティ映画祭のプログラミング（「日本の怪奇幻想映画」というセクションの映画が、シネマヴェーラでの「妄執、異形の人々」特集でのセレクションと重なるものが多い）について、やれウチのプログラムをパクった、いやあれはこっちが先に考えていた、という類の楽しい会話を交わす。誤解のないように記しておくが、「楽しい」というのはいささかも皮肉をこめて書いているのではない。特集上映のプログラミングは、どんどんパクって構わないというのが筆者の考え方であり、土肥さんも同じである。面白そうだと思えば、それをパクることで、面白い映画が観られる環境が広がることになる。金沢と東京で客を食い合う関係にもない。なにも悪いことなんかない。

10月28日(土)

清順特集も二週目となる土曜日は、朝一の『花と怒濤』(1964)を観て、いったん用事のため退出し、再び『ツィゴイネルワイゼン』(1980)『くたばれ愚連隊』(1960)と観る。予想通り『ツィゴイネルワイゼン』の客入りはまずまずだが、他はあまり冴えない。ただ、冴えない中にも若干の勢いが見えてきたというところか。外人客が完全にゼロではないのが、英語字幕を用意したことへの救いである。でも限りなくゼロに近いのだが。

『くたばれ愚連隊』は和田浩治主演の「愚連隊もの」の一本だが、孤児として育てられた和田が、敵役のギャングの秘書兼情婦となっている女が実は生みの母親だと知って、母親への慕情をつのらせるという、日活アクション映画ならではの荒唐無稽な展開。またこの母親役がちょいと年増の色気を漂わせた女で、ラストで涙ながらに抱き合うこの親子が、しかしこの先どうやってひとつ屋根の下に暮らすのだろう、こんな色っぽいお母さん、和田浩治は重荷にはならないのだろうか、などとつい余計な心配をさせられる。

10月29日（日）

二週目の日曜日は、やや好調の兆しが見えてきたか。おそらく東京国際映画祭が今日で終わることが影響しているのではないか。

某テレビ番組がシネマヴェーラ渋谷を取り上げてくれるということになり、その収録をロビーでやりたいというので、『探偵事務所23 くたばれ悪党ども』（1963）がスタートした直後に機材を組んでもらって、取材を受ける。新聞であれ雑誌であれ、声がかかればほぼ100％受ける。ちょっとでも集客につながれば、との思いで、この種の取材は極力受けているが、実際のところどうなのか。自分がそういう記事や番組をみても、あまり影響は受けないような気もする。まあ、しかし知られていないよりも知られている方がいいのかしらん、とも思うから、露出をするわけだが、でも、劇場やそこでのプログラムよりも自分の顔や名前が前に出るようだと逆効果であろう。だから、本音のところは顔など出したくないのだが、なかなかそうは許してもらえない。難しきところなり。

取材終了後、『俺たちの血が許さない』（1964）『悪魔の街』（1956）と観る。『俺たち～』では、暗い情念をたたえた小林旭が素晴らしい。この系譜のアキラ映画は比較的珍しいのかもしれないが、文字通りシビれる。

10月30日（月）

最終回の『13号待避線より その護送車を狙え』（1960）を観る。そろそろ今日あたりから英語字幕ものがなくなって、通常の無字幕の映画ばかりとなる。正直いって、英語字幕付のものを観ているのは辛かった。外人客がゼロの回では、あえて見にくい画面をお客さんに見せているわけで、何となくこちらの判断の甘さを責められているような気分にさせられるのである。

その一方で、英語字幕プリントのほとんどは国際交流基金のご好意でお借りしているにもかかわらず、チラシでは何のクレジットも振っておらず、これまた大いに礼を失したことになる。この場を借りて、お礼とお詫びを申し上げたい。

11月3日（金・祝）

今日は祝日だが、たまには自分の劇場以外のところに行こうと思った、その了見が祟ったのか、息子と観にいった『木更津キャッツアイ ワールドシリーズ』（金子文紀／2006）は満席状態でとても入れない。渋谷からシネマート六本木にまわって『ドラゴン・スクワッド』（ダニエル・リー／2005）を観る。しかし、客入りあまり芳しくなし。人の劇場の心配をしている暇はないのだが、都心で香港映画が観られるこの環境は、保全されるべきである。シネマヴェーラ渋谷とほぼ同時期にスタートした劇場でもあり、よく並べて取り上げられることも多かった。月並みな言い方だが、頑張って欲しい。*4

11月4日(土)

今日は三週目の土曜日で二度目の清順師トークショーである。トーク前にゲストの山根貞男氏と雑談。あまり入っていないようだが、という山根氏の質問にうつむくのみ。山根氏の教えている大学の学生も、料金が高いと言っていた由。やはりそこか、とため息が出る。が、本日の客入りは満更でもない。

今日の清順師は山根貞男氏を相手に30分のトークであるが、40年近いお付き合いの山根氏にも、容赦のないイジワルジジイぶりは健在である。客席にはかつて師の助監督をつとめた武田一成監督の姿もあり、満席とまではいかないが8割ほどの入りでのトークショーである。たまたま3階のユーロスペースにベルイマンの新作をご覧にいらっしゃっていた蓮實重彦ご夫妻が、映画終了後に、トークを終えて一服されている清順師と山根さんにご挨拶に見えられて、そこでまた話は盛り上がった模様。筆者は筆者でユーロスペースに『待合室』(板倉真琴/2006)の初日舞台挨拶で来場されていた富司純子(もと藤純子)様をひと目見ようと、4階を抜け出して3階に張り付いた。素晴らしいお着物を召された、かつての緋牡丹のお竜さんが、そこにおられた。3階のユーロスペースと4階のシネマヴェーラ渋谷とに、同じ時間帯で鈴木清順と藤純子がすれ違ってしまうというのは、考えてみれば、シネフィルの夢想の極致ではないか。そんなことを考えて、ひとり異様に興奮する。

本日のトークショーのおかげか、その後も客入りはまずまず。3階の舞台挨拶を見にいったのも、そうした安心感も手伝ったというべきか。ゲストの皆さんと日活勢を送り出して後、『帆綱は唄う 海の純情』（1956）『木乃伊の恋』（1973）『青い乳房』（1958）と続けて鑑賞。

11月某日

もう二週間ほどでお仕舞いになるというので、日曜朝一で『ブラック・ダリア』（ブライアン・デ・パルマ／2006）を観る。ぞくぞくするような仕上がりのフィルム・ノワールの快作。ハードボイルド小説というのは、展開がどうしても何が何だか分からなくなるし、その映画化となると、なおさらそうなるのが相場であるところを（ハワード・ホークスの『三つ数えろ』（1946）などが典型）、エルロイの原作は混み入っている割りに謎解きは意外にきちんとしていて、この映画もそこは外していない。むろん、この映画の素晴らしさはそこにあるのではないのだが、ついつい「アメリカン・フィルム・ノワールで特集を組めないだろうか」などと、商売気を出しながら観ていたりするので、そういった感想が先行することにもなる。『チャイナタウン』（ロマン・ポランスキー／1974）や『L．A．コンフィデンシャル』（カーティス・ハンソン／1997）を、『深夜の告白』（ビリー・ワイルダー／1944）や『過去を逃れて』（ジャック・ターナー／1947）などの古い作品と一緒に上映することができたら、さぞかし素敵ではないか。[*5] こういうことを考えているると、アメリカで名画座をやれるといいだろうなぁと、うらやましくなる。そうなればなったで、鈴木清順を自在に観られない不自由を嘆くことになるのだろうけれども。

その後シネマヴェーラに移動して『けものの眠り』（1960）『すべてが狂ってる』（1960）と観る。この時代の日活映画をみていると、かつての芦田伸介は悪役が多いことに驚かされる。筆者が芦田伸介のイメージを得たのはテレビ番組からだったので、そうした驚きになったのだと思うが。

今日は昨日に比べると、客入りも随分と「沈静化」している。反転したと思ったのも束の間、あれは幻であったか。あと10日以上も残すのに大丈夫なのか。

シネマヴェーラ渋谷の瀬戸際の日々は続く。

＊1　このころ「瀬戸際戦略」などと称されていたのが、北朝鮮の故キム・ジョンイルのそれであった。
＊2　本稿は東京大学出版会の『UP』に、「円山町瀬戸際日誌」の題で連載された。
＊3　これから五年後の鈴木清順特集においては、トークショーゲストの宍戸錠氏の存在

もあってか、立ち見のでる満席を経験する。
＊4　やはり、心配は当たったというべきか、シネマート六本木は２０１５年６月に閉館となる。
＊5　前二者はともかく、後の二作は、のちに当劇場で上映することができた。

「廃墟としての90年代」仕込み編 2006-07

２００6年末某日

もうすぐ名画座シネマヴェーラ渋谷は開館から一年を迎える。２００6年1月14日が開館日だったのだ。これまで瀬戸際歩きの連続ではあったが、年末の企画「ヌーヴェルヴァーグはもうすぐ50歳になる」は、幸い多くのお客さんで賑わっている。ただし、人生万事塞翁が馬、禍福はあざなえる縄のごとし、いつまでもあると思うな親と金、の心意気である。シネマヴェーラにとって、こんな好調がいつまでも続く現実であるわけがない。作家の小林信彦氏も、好景気の真っ只中で「そのうち不況がやって来る」とつぶやいた日々のことを、どこかで書いていたではないか。

実際、ヌーヴェルヴァーグ特集は好調を続ける一方で、将来の特集の「仕込み」に苦しんでいるわけである。名画座の場合、とはいいながら余所様《よそさま》は知らないが、ことシネマヴェーラの場合には、おおよそ三ヵ月先くらいのプログラミングを常に仕込んでいかねばならない。その計算からすれば、この時期3月末くらいまでが確定していないとまずいのだが、それが出来ていない。別にさぼっていたわけではないのだ。ただ、2月中旬からの特集テーマが「廃墟としての90年代」というもので、要するにこの10年内外の映画を特集しようというものであるところが問題なのだ。これまでの乏しい経験からすると、名画座のラインナップとしては、この種の近過去の映画を集めたプログラムは鬼門である。お客が集まらないのだ。それが怖くて、昨年の黒沢清特集では、四週間の特集に、その各週末ごとに黒沢監督のトークショー登壇を請うて、まずまずの集客で乗り切ったものである（事実、黒沢特集は、多くの人が失敗すると予想していたものであったようだ。むろん筆者だって失敗覚悟だったが、思いもかけず多くの人が来てくれたことは本当に嬉しかった）。

だから、この90年代特集も、三週間ながら、各週末に目玉となるようなトークショーをすえようとしているのだ。だけれども、一人の監督の特集ならば、スケジュールさえ合えば比較的セットしやすいものだが、「あの何とも陰惨で暗鬱な90年代を描く20本程の映画を上映する」という、この特集企画では、意中のトークショーゲストは実にバラバラで、これをソフトランディングさせるのは至難の業であるようなのだ。

２００６年12月27日（水）

本日現在でもトークショーゲスト決まらず。問題は、これが決まらないと、上映スケジュールが確定できないことにある。当然上映作品は、ゲストにゆかりの作品をその日にあてることになるが、トークショーが決まらないと、それをどの日に上映するかが決まらないからだ。そうすると、結局チラシ制作を発注できないことになる。しかも悪いことに、「90年代もの」映画としてフィルムの貸し出しを交渉してきたものの何本かは、この時点になっても、まだ明確な回答をもらえていない。夏のアニメ特集（「アニメはアニメである」２００６年8月12日〜）のときもそうだったが、この種の、権利元が多数社に散らばる特集というのは、まことに始末が悪い。と思っていたところ、とうとう最後の三本が確定との電話が、仕事納めの午後になって入る。まずはひと安心だが、既に開催日から逆算して三ヵ月はとっくにきっているのに、いまだチラシ発注できずに新年を迎えることとなる。

２００７年1月9日（火）

明けて新年、トークショーゲストのスケジュールついに確定し、初日（2月17日）に是枝裕和監督と塩田明彦監督によるトークが決定。残念ながら、同時に、二週目と三週目に企画していたその他のトークゲスト候補は全滅。しかし、この両監督のトークショーの意義は大きい。もちろん当日の上映作品は、『DISTANCE／ディスタンス』（是枝裕和／２００１）と『カナリア』（塩田明彦／２００４）である。こういう組み方こそが、名画座の醍醐味というものじゃないか。オウム真理教問題に真正面から対峙したこの二作品ほど、今回の90年代映画特集にふさわしいものはなかろうとも思う。

一応昨年内からスタンバイ的なデータ送りはしてはいたが、この時点でチラシ作成のためのデザイナーへの発注を一挙にかける。しかし、スチール写真データの集まりは甚だ悪し。2月17日の初日ということからすれば1月19日（金）までにはチラシを印刷し終わり、納入を受けた上で、各所に配布したい。それには1月15日（月）には印刷所に下版せねばならず、それまでには、もうあと10日もない。

新年から始まった丹波哲郎特集は、まずまずの好調な出足。初日のダーティ工藤氏と杉作J太郎氏のトークも大いに受ける。上映作品は『怪異宇都宮釣天井』（中川信夫／1956）と『太平洋のGメン』（石井輝男／1962）。

1月10日（水）

大車輪でチラシの原稿を仕上げ、写真がないものは後日入稿ということで、ともかくもデザイン発注。しかしそれと並行するように、35ミリプリントが見当たらないという「泣き」が複数の権利元から入る。最悪の場合にはDVD上映で対応する旨を告げて、当面ことなきを得る。あと40日強あるわけだが、何とか見つかって欲しいものである、35ミリ素材。

こうしたことも80年代以降の映画に、ある意味顕著な傾向である。かつての大手邦画配給会社全盛の時代であれば、普通の意味の映画は、これらの大手各社が必ず保管していたし、その保管状況は安定的なものであった。しかし、インディペンデントな映画作りが一般的になってきて以降においては、映画の権利が必ずしも大手映画会社のもとにとどまらないから、そもそも映画のプリント素材の保管ということに何のノウハウも関心もない企業のもとに、そうしたプリント素材が物理的に存在するという事態がありうるのである。そうなると、当初の担当者がいなくなったりすると、途端にカオスが到来することになる。

日本政府が本気で知的財産立国とやらを目指すのであれば、こういう地味なところに支援の手を伸ばすのも一つの手である。超低価格でプリント素材を預かり、そのついでに超低コミッションで、過去映画の上映権の窓口管理をするというような。名画座での洋画上映の難しさの一つの原因は、いくつかのハリウッド系メジャーは公開後数年で上映用プリントをジャンクしてしまうことにあるのだ。保管費用を節約するためだという。著作権管理などというが、映画の場合、単に権利を管理すれば済む問題ではなくて、物理的な素材の管理がつきまとうのである。だから、映画に関する限り、著作権は他人に渡さなければいいというものでもないのだ。物理的に、それを維持管理してゆくという責任も、同時に権利者は負担しなければならないのである。だから、映画を作った以上は、それを維持管理してほしい。それが映画の上映者としての率直な感想である。

1月11日（木）

あまり大きな声ではいえないような方法を駆使してチラシ作成のための写真をかき集めて、ようやっとチラシの下版時期が見えてきたところで、上映作品の権利元の一社から、チラシ内容についてアプルーバル手続（権利元において自社の作品等が適切に使用されているかどうかをチェックすること）にかけるから、最終回答は来週半ばあたりまで待ってもらいたい旨の申し入れあり。人気アニメ作品なので、覚悟はしていたことではあるが、数日前にラフ案を出していて、何のレスポンスもなかったので、もうOKになったものとばかり思っていたところに寝耳に水の話。いやぁ、ちょっと待って下さいよぉ、もうあと三日程度で下版しないとチラシが間に合わないのですぅと泣きついて、何とかギリギリの日程でアプルーバル手続を進行してもらえることになる。

印刷会社と打ち合わせて、ギリギリ火曜の朝の入稿であれば週末の印刷アップに持ち込めそうだとの感触を得る。しかし筆者は月曜一日出張が入っており、その意味では週末の土日にどこまで詰められるのか、そして前述のアニメ作品の「アカ入れ」がいつで、どこまで入るのかが、運命の分かれ道ということだ。

1月12日（金）

90年代特集のせいで遅れがちだった、その次の特集（澁谷實監督特集）について、本日松竹から内定を得た結果、特集がうまくつながって安堵のため息。トランプの七ならべで、一枚だけせき止められていたカードが出されると、一気にその先がつながる、あの感覚である。これでゴールデンウィークまでの展望が開けた（澁谷實以降はほぼ決まっていたのだ）。今年は澁谷實の生誕100周年なのに、フィルムセンターでも特にイベントをする予定はないというから、せいぜいシネマヴェーラで盛大にお祝いしなくては。しかし、それにしても澁谷實関連の写真データ等についても、急いで集めないと、また苦しいサイクルに陥りそうである。焦躁感の中で「自転車操業」という言葉が脳裏をよぎる。

1月13日（土）

週明けの下版を控えての週末土曜日。チラシのデザイナーに連絡をとり、日曜には最終版をメールしてもらえるよう要請。午後、劇場に行く前に新宿に出て、テアトル新宿にて『パプリカ』（今敏／2006）を観る。傑作だと思う。昨年末に観た『鉄コン筋クリート』（マイケル・アリアス／2006）も素晴らしい作品だったし、このジャンルの日本アニメは実に頑張っているなあ、という感想。

その後劇場にまわり、丹波哲郎物の二本立て『裸女と殺人迷路』（小野田嘉幹／1959）と『脱獄者』（池広一夫／1967）を観る。前者は50年前の渋谷が「カスバ」に見立てられていて、ロケとセットでごちゃごちゃした町並みが作り出されている。山手線沿いの宮下公園に至るあたりは今もその面影を残している界隈で、こういうのが渋谷の魅力のひとつだなあ、と思わせる。『鉄コン筋クリート』の舞台、宝町も、そういう猥雑で魅力的な街なわけである。

1月14日（日）

週末の日曜日。昨日メールで連絡をしたチラシのデザイナー氏であるが、やはり週末だからか、どうやら受けとられてはいないない模様。月曜にすべてが確定せねばならないということからすると、綱渡りが続く、というところか。

それはそれとして、劇場では『白昼の無頼漢』（深作欣二／1961）と『決着（おとしまえ）』（石井輝男／1967）を観る。久々に観た（20年ぶりくらいか？）『無頼漢』は、初期深作の熱気あふれる傑作だし、『決着』は、いわゆる石井輝男調というよりは、東映ヤクザ映画の正統につらなる佳作として意義がある。そこでの丹波の役どころも「敵役でありながら筋を通す侠気《おとこぎ》の人」という、イイ役を担っており、今回の丹波特集の一本としての面目躍如である。不思議に50年代の丹波も、60年代後半の丹波も、ほとんど年齢的な差を感じさせない。70年代の『ポルノ時代劇忘八武士道』の彼だって、あんまり年取ってはいないのだ。伊達に昔からエラそうにしていない、ということだろうか。

その後、シネセゾン渋谷に向かい、『悪夢探偵』（塚本晋也／２００６）を観る。昨日が初日なので、それなりの集客である。昨日の『パプリカ』からの「夢ダイブ」つながり、というところ。実写とアニメの違いか、その意味での「夢ダイブ」は全く異なる。これはアニメ側の勝利か、という感じがする。

1月15日（月）

明けて月曜、どうやらデザイナー氏とは行き違いがあったらしく、先方からは送信していたようなのだが、こちらには届いていないという事態が出来《しゅったい》した模様。ところが、本日は一日福岡に出張ゆえ、この間の事情はすべて旅先からの電話連絡でのみ判明する。我ながら携帯パソコンぐらい持っていればいいのに、とも思わぬでもないが、滅多に活用の機会もないので、億劫なのだ。遠隔操作で何とか翌火曜の入稿の段取りまでこぎつける。

1月16日（火）

明けて火曜。アニメのアプルーバル関係で、細かい箇所の修正を施して、チラシ原稿下版。これで予定通りに印刷が上がってくれれば、この週末には劇場に並ぶこととなり、この「90年代特集」の四週間前にはギリギリで間に合った勘定である。しかし、もうその次の「澁谷實特集」のチラシ作りが控えている。これは100周年なのだから、やはりいつもとはちょっと違う趣向を凝らさなければならない。しかし手元の素材は相変わらず乏しく、目玉としてすえる特別上映作品もいまだ確定できていない。『東京流れ者』（鈴木清順／1966）の中で「不死鳥の哲」を演ずる渡哲也の「今日という地獄をぶち破らない限り、オレに明日は来ないんだ」というセリフが耳の中にこだまする。

1月末日（水）

一昨日から待っていた澁谷實特集のトークショーゲストの有馬稲子さんの最終スケジュールが確認され、やっとチラシは下版へ。チラシの上がりはたぶん週末には間に合わないが、何とかスタート日まで四週間ほどの間隔はあけられた模様か。1月下旬からスタートした「帰って来た『次郎長三国志』とマキノ時代劇大行進」は、昨年とは比べものにならない好調な出足を見せている一方で、既に澁谷實特集の次の特集（「魅惑の20世紀フォックス映画」）のチラシ作成は開始されている……。その次の特集もゲストの仕込みにそろそろ取り掛からねばならない……。

最終兵器・鈴木則文降臨！2007

前説

以前にも書いたことだが、名画座シネマヴェーラ渋谷の上映作品編成にあたって、筆者は余所《よそ》様《さま》の劇場のプログラミングを大いに参考にさせていただいており、そのことにさしたる疚しさはない。余所様の商売の邪魔をしちゃあ申し訳ないが、後からマネするわけだから、普通はそうはならない。面白い映画を自分も観、お客さんにも観てもらえる以上、そこにためらいはない。だから、昨年7月に金沢で鈴木則文監督の特集上映があって、そのチラシを見た瞬間、ああ、これウチでもやりたい、と思ったのである。

則文物としては、昨年5月に『エロ将軍と二十一人の愛妾』（1972）と『温泉みみず芸者』（1971）を上映していて（「笑うポルノ、ヌケるコメディ」2006年5月13日〜）、いずれも実に楽しい映画であり、また鈴木監督ご自身にも、4月の加藤泰特集の際に、助監督として加藤監督につかれた御縁でトークショーにご出演いただいたこともある。もちろんそれ以上に、これまでも無数の則文作品を現役に近い形で観続けてきたわけで、そんなことも重なって、いつの日かその全貌を当劇場で再現できたら、と思っていた矢先のことだった。

そうした次第で、昨年の秋ぐらいから東映と接触をして上映可能な則文作品のリストアップをし、金沢で司会をつとめた柳下毅一郎氏（映画評論家・特殊翻訳家）などにもお声をかけさせていただき、といった準備作業をしていたものだったが、何という理由もなしに、月日は経っていった。たかだか一年の経験でしかないが、どうもこういうことはあるようである。一気に決まってしまう企画と、妙に時間がかかる企画とがあるのだ。ことに則文企画は二本のニュープリントを劇場の負担で焼くという、当劇場のような弱小企業にとっては冒険的なものなのである。どうして二本のニュープリかといえば、鈴木監督の希望として『徳川セックス禁止令 色情大名』（1972）と『聖獣学園』（1974）をスクリーンでご覧になりたいということがあったのだが、これらは上映用プリントが無かったからだ。まあ、二本のニュープリでオタオタしているというのは、一年前のマキノ雅弘『次郎長三国志』のときのニュープリ七本焼きという荒業の特集上映が、いかに無謀なものだったかがやっと分かってきたわけで、人間学習はするものである。

そんな均衡状態が不意に破られたのは、11月下旬、筆者も制作に関係した『虹の女神』（熊澤尚人／2006）を観にアミューズCQNに行った折、偶然にも鈴木監督と出会ったことがきっかけだった。監督はなんと、ガエル・ガルシア・ベルナル主演の『キング 罪の王』（ジェームズ・マーシュ／2005）をご覧になるためにやってこられたとのこと。たまたま当日、シネマヴェーラ渋谷では、鈴木監督が助監督をつとめた『関の彌太っぺ』（山下耕作／1963）が上映されており、監督は『キング』鑑賞後、ハシゴをして、この山下耕作の傑作股旅物を観にいらしたことを後から知らされた。機は熟したというか、鷲は舞い降りたというか、ともかく肩を押された感じである。その時点でいくつか決まりかけていた企画のはまり具合からすると、2007年のゴールデンウィークにこそ、鈴木則文特集はふさわしい。こうして師走も押し迫った頃に、GW目玉企画として則文特集はセットされたのである。

1月某日

ゴールデンウィーク企画として鈴木則文特集が決定したかにみえたが、ここで意外な「誘惑」が待っていた。2007年9月に鈴木監督のDVDがまとめてリリースされることが決まり、それに伴い処女作の『大阪ど根性物語 どえらい奴』（1965）のニュープリントが焼かれるという。だから、秋まで待てば『どえらい奴』も上映できるから、則文特集をそれまで引っ張らないか、というサジェスチョンである。これは正直、迷う。この作品自体も鈴木監督のこだわりのあるもので、自分がいかに若き日の藤純子を、この処女作にキャスティングしたかについて、自慢げに語られていたのを聞いていたものだから、できるならばこの作品を則文特集に組み込みたい。しかし、何度かの逡巡の後、やはり特集はGW開催と改めて決定する。ニュープリント二本を焼く以上は、勝負どころの季節で開催するしかなかろうという選択である。

2月某日

ところでGW開催はよいとして、それ以上に重要なのは則文監督自身がトークショーに出演してもらえるかどうかである。監督に登壇して頂けるのと頂けないのとでは、全然動員力は異なる。アミューズCQN出会い事件などでの感触からして、おそらくは問題なかろうという思惑はあるものの、自分のような単なる職人監督は目立つべきではないという強固な信念をお持ちの監督ではあるし、前回のトークショー出演の際もそう簡単にはお受けいただけなかったこともある。しかし思い迷っていても仕方がないので、ここはもうストレートにお手紙を書いて、待つことしばし。

待望久しい、監督からの快諾のお電話を得る。さて、ここからがワル乗りの開始である。監督は、作った映画の面構えとは対照的に、基本的にはシャイといっていいお人柄なのだが、こと映画が関わると、妙にサービス精神を発揮する人でもある。加藤泰特集の際のトークショーでも、そのあたりが大いに受けていた。興行元としては、則文映画の映画的面構えを最大限に前面に押し出すべく、つまりエロ・下ネタ系笑い・アクションの巨匠としての鈴木則文をフィーチャーすべく「最終兵器・鈴木則文降臨！」というタイトルを提案する。いささかの躊躇いがあった模様ではありつつも、監督より承諾を得る。

ゴールデンウィークを真ん中に入れての上映期間なので、トークショーは初日（4月21日）とGWの中日の5月3日の二回として、それぞれ柳下毅一郎氏と中原昌也氏とが監督とトークをするという布陣を固め、両氏より快諾を得る。

2月某日

監督より、トークショーに青山真治監督をお招きできないかとの打診あり。昨年の金沢での上映会で大いに意気投合したとの由。青山監督はシネマヴェーラでは過去二回ほどご登壇くださっている方でもあり、それは願ってもない話で、中原昌也氏との二回目のトークショーに入って頂くことにする。鈴木監督も段々に乗ってきている感触がありありと伝わってきて、興行元としては、期待はいやましに高まる。監督にいわせると、自分は興行監督（興行を盛り上げる手腕の監督）だから、自分の映画に筆者が賭けて興行を打とうという以上、損をさせたらアカンという気持ちが高まってきて、燃え立つのだ、ということなのである。いいなぁ、義理と人情の東映路線。

2月某日

鈴木監督の「弟子」を名乗る脚本家の方より電話を受ける。シナリオ作家協会の会報に今回の特集についての告知文を掲載していただけるとのこと。これまた、鈴木監督の興行監督たるの面目躍如。

3月某日

チラシ刷り上り納品さる。かなりポップでいい感じである。早速に、監督とトークショー出演者一同に30部ほどを送る。数日後、監督から、さらに100部ほど送るよう指示がある。

4月某日

『徳川セックス禁止令』に主演された名和宏氏の関係者の方から、トークショーの開催される初日(もちろん『禁止令』の上映日でもある)に監督にご挨拶するため来場される可能性がある旨、お電話をいただく。名和氏といえば、数々の東映作品で敵役を憎々しげに演じた名優であり、『禁止令』では、女嫌いのお殿様がフランス娘にその道の手ほどきを受けて無類の女好きに転じるという重要な役を演じておられる。東映組(因みに名和氏は東映の専属であったことはないのだということ)の結束強し。実現すれば素晴らしいことである。ただし、確定情報というわけではないので、事前告知には使えないのが辛いところである。

4月某日

監督より郵便物届く。『カミオン』という雑誌が梱包されており、それは「トラック野郎」たちを読者とする雑誌で、デコトラ用の電飾の広告だとか、トラック野郎たちのグルメスポット記事などが掲載された雑誌なのであった。そういう雑誌があったのか、と世の中の広さを痛感した次第だが、それに監督はこれまでに延々とエッセイの連載を続けておられ、今月号に今回の特集上映の告知記事をちゃっかりとすべりこませておられた。同封のお手紙に曰く「お送りして頂いたチラシは、小生の知人友人を中心に渡しています。羞恥心がつよいので、困惑していましたが……毒を喰わば皿までの心境で、やはりお客さんは沢山劇場に入れたいという、本来の興行監督の本性がメラメラと湧きあがってきましたので、宣伝に、がんばる決心です。成功させたいです。どうぞ宜しくお願いする次第です」。

成功させなければ、こちらが申し訳ないではないか。

4月21日(土)

「最終兵器・鈴木則文降臨！」の初日。

この日は生憎と、日大芸術学部で行われたシンポジウム「テレビを問う！」に参加のため、早朝から江古田入りで劇場に行けず。シンポジウム午前中の部が終わったところで劇場に電話を入れると、初回70人余の観客とのこと。ウチとしてはかなり好い入りで、期待が高まる。

さらに午後の早い時間は別のプライベートな用件で麻布近辺に移動せねばならず、劇場についたのは既に午後4時頃。軽く一本観ておこうかと思いながら事務所を覗くと、早くも監督と柳下氏のトークショー面子は顔をそろえておられ、名和宏氏もそこにおられる。こうなると映画鑑賞どころではなく、ご一行の接待をあいつとめつつ、トークショー後の打ち上げの会場を電話で予約。

この時間、場内では『まむしの兄弟 恐喝三億円』（1973）の上映中だが、すでに立ち見状態だという。5時40分からのトークショーが近づくにつれて、観客はさらにロビーにあふれ、また事務所内にも監督の激励に奥様が来られたり、中原昌也氏も監督にご挨拶に見えたりで、祝祭感が高まってくる。

午後5時40分トークショー開始。満場の客席が鈴木則文監督の登場にどよめく。中でも興奮の声があがったのは、いわばシークレット・ゲストとしての名和宏氏の登壇である。トークショー中盤からは、監督、柳下氏、名和氏の鼎談スタイルで進行。例によって天然系の鈴木監督のトークには会場から笑いが絶えない。階段通路にも後方立ち見席にも人がぎっしりで、後方扉も前方扉も開放して観客を受け入れたものの、どの扉からも人があふれるような状態になっている。

午後6時20分トークショー終了。しかしロビーに出た監督は、観客たちからなかなか解放させてもらえない。6時30分には次の回の『徳川セックス禁止令』の上映が始まっているが、これも立ち見である。通常、トークショーが終わると観客がどっと減るので、その次の回には楽に座れることが多いのだが、今回はそれでもさばききれないだけの観客が押し寄せたということのようだ。監督がロビーから帰るのを事務所で待ちながら、打ち上げの宴席の予約人数を上方訂正する電話。結局10人の大人数で繰り出すことになる。ファンから解放された監督とともに、7時頃、近くの居酒屋にて祝杯。10時散会。

翌日知らされたところによれば、初日の観客数、実に350人ほどであったという。

以降、則文特集は平日も含めて連日200人を超える観客に恵まれ、シネマヴェーラ渋谷としては、おそらく二本立て特集として最大の週間売上を記録する。5月3日の第二回トークショー（鈴木監督、中原昌也氏、青山真治監督）には、澤井信一郎監督や映画『ドカベン』（1977）の「サチ子」役の渡辺麻由美さん、脚本家の荒井晴彦氏などが飛び入り参加して、当日はあまりの活況に売り止めの事態にまで至る。いやはやめでたしめでたし。打ち上げの宴席は16人の大人数を12人の席に無理やり押し込めて、なんだか学生コンパの乗り。ほんの一年前に『次郎長三国志』特集の初日に少ない観客の前でトークショーをして頂いた澤井監督と、「あのときとは随分と様変わりで」と言葉を交わせたのは本当に嬉しいものであった。

本連載は、山口百恵特集から始まって、観客の不入りを嘆きかこつという「私小説的」スタイルで素人映画館の日常をつづってきたものだが、やはりたまにはヒットが出ないと格好がつかない。こういうのは予定調和っぽくて気に入らない？　いや、どうか「安心」されたい。続く特集は、初日こそ120人以上の集客でスタートしたものの、翌日曜は50人弱、翌々日の月曜は30人と、すっかり瀬戸際ぶりは復活している（「プロデューサー　一瀬隆重の仕事。」2007年5月12日〜）。毎度毎度、送り出す特集には自分なりの意義を込めてはいるのだが、もう少し何とかならぬものだろうか。

清水宏あるいは「素材論的憂鬱」2007

実をいえば、名画座シネマヴェーラ渋谷を開くにあたって何よりも特集上映したかったのは、清水宏監督作品であった。もう四半世紀以上も前に、当時月刊『イメージフォーラム』誌のダゲレオ映画評論賞に応募して、神代辰巳論で佳作入選を果たした筆者は、今度こそは優秀賞をと意気込んで、「清水宏論」で再度応募したものだったが、案に相違して、入選すら果たせず、やはり映画評論家で食っていくなど無理だったと、その後の人生の転機がもたらされたわけである。その意味でも清水宏には「人生の恩人」的なところがあるし、何より清水作品の、視線を奥へ奥へと誘うような映画空間が大好きだったのだ。

だから昨年から、東京フィルメックスで清水作品を特集上映されたことのある市山尚三さんに相談して、どこに何のプリントがあるか、といった情報は仕入れていたのだ。清水宏特集は、1974年にフィルムセンターでおそらく初めての大がかりな特集上映が行われているが、それでも短編含めて全部で20本にすぎず、生誕100年記念の2003年のフィルメックスでも10作品が上映されたにすぎない。なので、「清水宏史上最大」の上映規模で、今回の特集を飾りたいと思っていたのだ。しかし、それがある種の憂鬱を招きよせることになるとは、思ってもみなかった。

上映素材という意味での清水作品の一般的な入手先は、その権利元である松竹、国際放映（新東宝）、角川映画（大映）であるが、これらをかき集めても、20作品弱にすぎないし、傑作『風の中の子供』（1937）などが商業用プリントとして現存しない。そこで、これら以外のものは、フィルムセンター、国際交流基金、川喜多記念映画文化財団などから借りることになる。そのための根回し等にずいぶん前から着手したのである。だから、7月14日から始まる特集ではあったが、プリント手配は、チラシ原稿を入稿するかなり前には終了しており、今回は久々に余裕の上映会となるやに思えたのだ。

7月某日

初日を約10日後にして、その初日に上映予定の『しいのみ学園』（1955）の素材（デジタルβカム）が上映に耐えないほどに不良であるとの報告が映写技師より入る。素材自体が良くないというよりも、16ミリからデジベに焼いたものらしく、その元素材の16ミリがあまりキレイでないため、結果としてデジベが不鮮明だということのようだ。スクリーンに上映すると、VHSビデオを拡大して投影しているようにボケが激しいという。国際交流基金に同作品の16ミリがあることを思い出し、急遽貸し出しを受ける。他のデジベ素材にも不安はあるが、やはり初日の上映作品がボケボケとなるのは、何としても避けたい。

7月14日（土）

いよいよ清水宏特集初日。今回は、土日はすべて一回だけの上映作品をモーニングショーとして上映し、かなりレアな作品を連続投入することとした。初日は『風の中の子供』。チケット購入のための長い列ができ、ほぼ満席の状態で、この「善太と三平」の物語に酔う。プリントを出してくれたフィルムセンターと担当のとちぎあきら氏に感謝。モーニングショーを終えて客出しをし、改めて昼のプログラムの16ミリの『しいのみ学園』と35ミリの『信子』（１９４０）へ。さて『信子』あたりから、今回の憂鬱は幕を開ける。

『信子』はプリント自体は新しいのだが、これも『しいのみ学園』のデジベ素材と同じく、どうやら元素材があまり良くないらしいのだ。音がゆがんだり、ピントが合わなかったりという箇所が頻出する。『しいのみ学園』の素材はそんなに悪くはないのだが、やはり16ミリではあるし、また国際交流基金のプリントなので、英語字幕付であり、見にくさは否めない。つまり、今回筆者にきざした憂鬱とは、上映素材に関する憂鬱にほかならない。

7月15日(日)

二日目の日曜のモーニングショーは『子供の四季』(1939)。これもフィルムセンター以外では、まず日本で上映される機会のない作品で、立ち見の出る超人気プログラムとなった。しかし、筆者の憂鬱はむしろ深まる。あまり状態のいい16ミリではなく、暗い画面になると、何が描かれているのか、よく分からない場面もある。もちろん、そうした状態を了解のうえで、川喜多財団からお借りしたもので、文句なんか言ったらバチが当るのだが、目を凝らすようにしてスクリーンをみつめている内にふと、もし上映中に何かの事故で、このプリントを毀損したりしたらどうなるだろう、などと思ってしまう。昨年『次郎長三国志』を特集上映したときに、せっかくニュープリントで焼いた第六部にキズをつけてしまい、そのときには再び数十万円のプリント代を改めて弁償したものだった。けれども、もしこの『子供の四季』のプリントを毀損したら、とてもそんなものでは済まない。たぶんネガそのものがないので、ポジから改めてネガを作って、そこから上映用のポジを焼くというようなプロセスをたどるため、数百万円の話になるのではないか。そう思うと、なんだか怖くなってくる。何事もなく上映が終わって安堵する。

続く昼プログラムの『蜂の巣の子供たち』(1948)も16ミリで、これは大阪のプラネット映画資料図書館からお借りしたもの。『子供の四季』に比べれば格段に状態はいいが、何というか突き抜けないというのか、悶々とした思いはなかなか晴れない。むろん、これも別にプラネットに文句を言っているわけではないのだ。もともと商業映画会社の制作したものではないから、おそらくネガの状態からして、そう期待できるものではあるまい。

続いて16ミリの『大学の若旦那』（1933）では、サイレント映画の字幕が薄暗い画面で読みにくく、しかも国際交流基金からお借りしたものだから英語字幕がかぶっていて、さらに判読を難しくなっているのに及んで（実際、英語字幕を読んでいる方がはるかに楽なのだが、頑なにそうはすまいとしていたのである）、こうしたフラストレーションは頂点に達する。どうして、あの明るく愉快な清水宏映画がこんなに暗いのか、と故のない怒りにかられ、この憤りをどこにもっていけばいいのか、煩悶する。

7月16日（月・祝）

7月16日は月曜だが、休日なので、朝から再び清水作品を観るが、大映作品の『母の旅路』（1958）で、35ミリのキレイなプリントというだけで、久しぶりに晴れやかな思いがするようだ。決して、清水監督らしさの発揮された傑作というものでもないのだが、一昨日から続いた素材関係のもやもやを吹き飛ばすかのようなプリントの冴えである。

続く『みかへりの塔』（1941）は木曜に観ることにして、足早に渋谷東急へと向かう。ぴあフィルムフェスティバルの特別招待作品の「はじめましてアルトマン」の三タテ（11時から観始めた人にとっては四タテ）である。『ギャンブラー』（１９７１）、『ボウイ&キーチ』（１９７４）、『バード★シット』（１９７０）。そうか、清水宏は本日、70年代アルトマンとタイマン張っていたのか、頑張れ、清水宏！　などと無責任なことをつぶやきながら渋谷東急に着けば、予想通りシネマヴェーラ渋谷の常連客の顔も散見され、中原昌也氏などのお姿もある。

ところで、ここでも土曜から筆者をとらえていた憂愁は再び頭をもたげることとなる。『ギャンブラー』の上映に先立って挨拶をされたPFFディレクターの荒木啓子さんは、今回の上映プリントは世界中から一番状態のいいものを探して確保したものだが、それでも最良のものはなかなかなく、ことに『ギャンブラー』は退色の強い赤茶けたものになっている、というコメントをされていた。でも、それが映画というものの宿命でもあるのだ、と。

たぶん荒木さんは、そんなに重い意味をこめてこうした断定を下したわけではなかったのかもしれない。でも、土曜からこのかた、映画とその上映素材について妙に考え込んでいた筆者にとっては、深く受け止めざるを得ないようなコメントでもあった。清水宏映画の16ミリ作品をめぐる情けなさを、ある意味で語りつくすといえば語りつくすと言えなくもない話ではないか。

実際のところ『ギャンブラー』は見るも無残な赤茶けたプリントで、しかも後から明らかになったこととしては、今回はスタンダードサイズで上映されたものの、実のところオリジナルはシネマスコープサイズなのだともいう。

そう、映画プリントなるものが、その本質において滅失への道を歩むのが運命なのだとしたら、我々名画座のしていることというのは、そうした滅失への手助けと位置づけざるを得ないであろう。たとえばウチであれば、借りてきた映画一本あたり平均8回ほど上映する。新文芸坐だと3回、ラピュタ阿佐ヶ谷であれば2回から7回だから、平均して4回程度だろうか。何だか突出して罪深いことをやっているような気分にもなるが、でも二本立て一週間上映という「70年代的名画座」であれば、一本あたり20回強の上映ということになるから、まあそう悲観したものでもない（でも彼らは清水宏のような本当に古い映画はあまりかけなかったのも事実だ）。映画というものは、最近のものであれば、おそらく四週間から六週間くらいが平均的なロードショー上映期間だろうから、一日5回上映として、１４０回から２１０回の上映で当初の「お勤め」が終わることになる。その後といえば、たぶん直後の一年であれば数十回、それが右肩下がりに減少していって、最終的には十数回程度、お呼びがかかるというところではなかろうか。名画座が相手にしているプリントは、ロードショーがあってから50年から20年くらいを経過した映画たちであるので、これらは４００回から７００回くらいの上映回数を経験した映画たちではあろう。何回上映されることで、これらのプリントが限界に達するのかは知らないが、おそらく大きく傷つくことがなければ、６００回とか７００回くらいはいけるのではなかろうか。一回かけるごとに、何ミクロンだか、確実にプリントの表面をこすって削っていることは否定しようがなく、それを何百回か繰り返すと、上映プリントはお釈迦《シャカ》になるという、物理的には非常に明白な過程を、我々は繰り返しているのである。

そう考えると、古いプリントを上映させてもらうことは、この上もなくありがたい経験だとも言える。我々が払う映画料は、その意味では物理的存在としてのプリントの「損料」としては、比較的に安い部類に入るともいえる。でも誤解してほしくないのは、ではそうした「本来あるべき損料」に値するだけのお金をとろうとしたら、およそ昔の映画など上映できなくなるという、この矛盾があるのである。だから、やはり妙にひかれるのだ、たとえばデジタルシネマ的な素材論議に。

7月17日（火）

デジタルβカム素材の『次郎物語』（1955）を観に、最終回の劇場に。デジベの『しぃのみ学園』が良くなかったと聞かされていただけに緊張したが、これはまっとうなもので安堵。清水作品で繰り返し、作品を越えて使われるセリフの「子供は可愛いというだけで、十分に親孝行をしているんだ」というのが出てきて、この世間的にはほとんど危険人物とも目されていたような人が（ロリコン疑惑なども囁かれている）、叙情的な映像詩人と称えられていたことに、何やら呆然とする。

7月19日（木）

『みかへりの塔』を観に、昼間の劇場に。これはまた激しく磨り減った（？）16ミリで、三宅邦子や笠智衆が登場しているのが、声では分かるが、画面ではボンヤリとそれらしい人影が認識できるばかり、というような、何ともいえない素材状態である。月曜に観ていなくて正解だったかもしれない。ますます落ち込んだであろうような、朦朧たる素材である。しかしそれでも、じゃあ映画としてどうかと言われれば、やはり観ないより観た方が遥かにいいに決まっているのだ。ここでも主役を担う子供たちは、清水宏演出を確実に注入されていて、心地よいのである。

7月21日（土）

モーニングショーは『銀河』（１９３１）。上映時間１８８分という壮大なサイレント作品。労働組合のストライキなども描かれていて、いわゆる「傾向映画」的な流行も取り入れた作品なのだろうか。八雲恵美子が思い切りモダンである。

昼プログラムは『花形選手』（１９３７）と『按摩と女』（１９３８）で、今回の「素材論的憂鬱」も、そろそろ晴れてくる。別にさしたる理由もなく楽観的になってきたのは、やはり映画それ自体の面白さ故もあるだろう。『花形選手』は16ミリで、決して快調なプリント状態ではないが、あのサイレント特有の暗い字幕画面を食い入るようにして見つめるという作業がなく、ほぼロケーション撮影ばかりの白っぽい画面に救われるのである。

7月22日(日)

モーニングショーの『港の日本娘』(1933)は所用あってパスし、『泣き濡れた春の女よ』(1933)と『その後の蜂の巣の子供たち』(1951)を観る。前者は35ミリ、後者はデジタルβカム。いずれも素材的には問題のないもの。改めて、35ミリという上映素材の偉大さを認識する。

7月23日(月)

昼時に劇場へ。『母のおもかげ』(1959)。やや暗めの画調の35ミリにして、清水宏の最後の劇場用映画作品。子役がとてもよくて、泣かされる。蓮實先生や中原昌也氏もおられ、ともに感激のご様子。

『子供の四季』から『ギャンブラー』あたりを頂点にして筆者を襲った「素材論的憂鬱」は、もともと鬱に縁遠いたちのせいか、いつのまにか引いていったのだが、結局のところ思い至ったのは、「映画というのは昔からそうやって上映してきたし、今後ともそうやって上映していくしかない」という認識だった。シネマヴェーラ渋谷は、新文芸坐やラピュタ阿佐ヶ谷に比べると、いくぶんか素材としてのプリントに酷なことをしてはいるが、それは映画上映という「宿命」の誤差の範囲内だから、悲観する必要はない。映画あるいは映画上映とは、そうしたものだ、ということである。しかし、それはそれとして改めて考えると、かなり悲痛な事実ではないか。消費としての上映活動が、文字通りの意味での「消費」を意味するわけである。これまでは漠然と、映画のデジタル保存といったことに感覚的には軽い反発を覚えていたものだったが、ちょっと考えがかわってきたのは事実である。

グラインドハウスＡ ＧＯ ＧＯ!! 2007

すべては9月19日の深夜に始まった。

タランティーノの『デス・プルーフ in グラインドハウス』（２００７）が、もう9月21日（金）で上映打ち切りになってしまうというので、打ち切り間際の二日前に、夜の9時40分開映・真夜中に終映というＴＯＨＯシネマズ六本木ならではの回に予約して、観にいったのである。この映画のことは何となくは耳には入っていて、面白いらしいという噂は聞いていたのだが、デス・プルーフもグラインドハウスも何のことだか分からず、どうやらカーチェイスの映画らしいという漠然とした印象しか持っていなかった。何でカーチェイスが、グラインドハウスとかデス・プルーフという意味の分からない単語と結びつくのかなぁ、と漠然と思っていた。でも観終わってやっと分かった。これはシネマヴェーラ渋谷でやるべきカテゴリーの映画なのだと。

グラインドハウスが何なのか分からない読者のために説明をしておこう。これは、かつてアメリカでポルノ／ホラー／アクション系のＢ級映画を二、三本立てで上映していた、どちらかといえば薄汚い体裁の映画館のことである。クエンティン・タランティーノと盟友ロバート・ロドリゲスとは、わざわざ新品映画のフィルムにキズをつけるなどの演出までして（ロドリゲスの『プラネット・テラーinグラインドハウス』（２００７）に至っては、リールが一本行方不明になって、従って話が中途でとんでいる、という凝りに凝りまくった展開になっている。それでも全然問題なく観られるというあたりが、また笑わせるのだが）、あたかも60年代・70年代にそうした「やる気のない映画館」でかけられていた安物ムービーの装いをもった映画を、現代に甦らせたわけだ。

9月20日（木）

さて翌日。現状でのプログラミングからすると、来年の1月末まで一応確定ないし内定していて、そうなると早くて2月にならないと「グラインドハウス物」は入らない。しかしそれでは、いかにも旬を逃す。やはり、ここは、この二作の公開の余韻も冷めやらないところで間髪を入れずに、というのが理想であろう。そうなると、11月24日（土）からの三週間で、既に内定している特集を動かす以外には選択の余地はない。9月21日に『デス・プルーフ』が終わり、『プラネット・テラー』がそこからロードショーということは、10月末にはおそらくロードショーが終了するだろうから、11月末ならば名画座でも借りられるだろう、という読みである。

プログラミングとしては、この二作を中心にして、タランティーノとロドリゲスのＢ級テイストの作品、そして実際のグラインドハウス映画を集めて、という構成で考えることとなる。特集タイトルは即座に決まった。「グラインドハウス A GO GO！ タラちゃんとゆかいな仲間たち」。これは昨年、もしかしたらロベルト・ロッセリーニ映画を五、六本上映できるかもしれない、という情報が入った際に、ロッセリーニだけだと、ウチの常套的なプログラミング（三週間程度の長さのもの）に合わないので、ゴダール映画やヴィスコンティ映画、ベルトルッチ映画などをかき集めて、「ロベルト・ロッセリーニとゆかいな仲間たち」というタイトルで上映を画策したことがあった。それは結局実現せずに終わったのだが、このタイトルはいつか使ってやろうと思っていたのである（流産した子供のように、この種の実現しなかった企画というのは数知れずあって、ときおり記憶の底から出番をうかがうのである）。

で、「ゆかいな仲間たち」の中身だが、手近なところでは、『キル・ビル』（2003、2004）の二作がある。本格的なグラインドハウス物としては何があるだろうか考えていると、数年前にラス・メイヤー特集があったことを思い出す。『デス・プルーフ』の後半はラス・メイヤーの『ファスター・プッシーキャット キル！キル！』（1966）をモデルとしているから、これは是非上映したい。ネットで調べてみると、あるはあるは、『ヴィクセン』（1968）をはじめとして大量のラス・メイヤー映画の上映会が2004年に開催されている。早速配給会社とおぼしき会社にコンタクトすると、一般的な劇場上映権はもっていないが、フェスティバル上映の限定的な権利ならばクリアランス可能ということで、ラス・メイヤー数本を上映という今回のような企画であれば、対応可能という返事であった。

ダメ元で、カーチェイス物ということで『ダーティー・メリー／クレイジー・ラリー』（ジョン・ハフ／1974）や『バニシング・ポイント』（リチャード・C・サラフィアン／1971）についても当時公開した配給会社に問い合わせをしてみたが、さすがにこれはプリント存在せずで、上映不可とのこと。

ただ、前々からつきあいのある大阪の配給会社ツインが『片腕カンフー対空とぶギロチン』（ジミー・ウォング／1975）を持っていることが気になっていて、いつか劇場にかけたいと思っていたのであるが、これは絶好の機会である。これも即コンタクトして、確保する。既にして、10本程度を確保したことになるではないか！

さてそれにしても、自分はグラインドハウス映画なんてよく知らない。これは勉強せねばならぬと青山ブックセンター本店にいけば、洋泉社の『グラインドハウス映画入門』なる本が平積みされているではないか。早速購入して、邦画系のグラインドハウス映画を物色する。グラインドハウスとは若干ずれるかもしれないが、『キル・ビル Vol.1』をやる以上は『修羅雪姫』（藤田敏八／1973）はやりたい。その他邦画でもめぼしい作品はかなりある。昨日の今日にして、特集企画がかなり固まりかけていることに興奮を覚える。

9月21日（金）

グラインドハウス物の「お勉強」の成果として、たとえば『イルザ ナチ女収容所 悪魔の生体実験』（ドン・エドマンズ／1974）というタイトルのDVDが近年発売されたりしているので、そのビデオ会社にコンタクトするも、やはり劇場上映権はもっていないとのこと。

ところで、肝心の今回のタランティーノとロドリゲスの新作二本について、ブッキングの内定をとらなければならない。配給会社のB社に電話をすると、ちょっと微妙な返事が返ってきた。地方に比して首都圏が好調なため、ムーブオーバー（ロードショー館をかえて、映画をさらに続けてロードショーすること）があるかもしれず、そうなると11月24日からの名画座入りは難しいかもしれない、という。何たることだろうか。特集の中心に据えようという映画がとれないとは。確かなことについては翌週にお話ししたい、ということで、水曜にお会いして最終結論をいただくこととなる。

9月25日（火）

初日のトークショーを柳下毅一郎さんにお願いするべくメール。もうおひと方はどなたにしようと相談していると、篠崎誠監督のお名前が出たので、ぜひ篠崎監督で、ということに。ただし、まだペンディングである旨もお伝えする。

9月26日（水）

新作グラインドハウス二作の配給会社B社の担当のM氏とお会いする。以前別の特集でお世話になった（なりかけた）会社の劇場営業の方で、そこからB社に転職された方である。しばし懐旧談。ところで肝心の二作については、やはりムーブオーバーが決まり、シネマヴェーラへの貸し出しは無理だとのこと。ああ、はかない命だったなあ、と今回の企画についてしみじみとした感慨を浮かべる。

帰宅して妻とそうしたことについて話をしていると、「別に新作やらなくていいんじゃないの。かえってホントの古い映画だけで特集組めばいいじゃない」と言われ、それもそうか、と思い直す。タランティーノ映画だって、『キル・ビル』以外にもまだあるはずだし、ロドリゲス映画だって現状では全然入っていない。途端にその気になってくる。

9月27日（木）

早速、『ジャッキー・ブラウン』（1997）等、過去にタランティーノ物何作かを配給している松竹に上映権の有無を問い合わせる。

また典型的なグラインドハウス物とはいえないが、ジョン・カーペンターの『エスケープ・フロム・L.A.』（1996）が気にかかる。『デス・プルーフ』のカート・ラッセルが主演だし、タラのミューズ、パム・グリアも出演している。これも是非かけたいと思い、ところが配給会社のコンタクト先が分からない（大きな会社なのだ）。そこでユーロスペースの北條誠人支配人を通じて、彼の知人経由で担当者の名前や電話番号を教えてもらう。

それなりに上映作品のメドもついてきたわけだが、もうひと押し欲しい。そう考えると、ここは『コフィー』（ジャック・ヒル／1973）だろう、と思うに至るのであった（古墳ギャルじゃない方のコフィーである、もちろん）。[*1] パム・グリアが主演した『コフィー』は、いわゆるブラックスプロイテーション映画として、グラインドハウス物の王道をいく選択である。これは2000年に日本でリバイバル上映が行われているのだが、そうだ、これは筆者自身が契約書のチェックなどをした案件じゃないか、なんでもっと早く気づかなかったんだろう、と思い至る。音楽系の会社だが、なぜか、そこの映画好きな人が『コフィー』の権利を取得して劇場公開をしたのである。早速に担当者であったN氏の携帯電話に連絡をすると、すでに独立しておられ、上映権自体はとうの昔に切れている、と告げられる。でも、プリントはまだ保管してあるし、権利元のハリウッド・クラシックスにとりつぐのは全然やぶさかではない、と言われ、一縷の望みがつながる。

10月上旬

さて大枠が即座に決まった割には、詰めが遅々として進まぬ日が続く。とりあえずは最難関の

『コフィー』抜きで、ひとまずは上映スケジュールを三週間分作ってみる。この時点では、初日を『ファスター・プッシーキャット　キル！キル！』と『ジャッキー・ブラウン』の二本立てで組んでみる。前者は『デス・プルーフ』の「代理」みたいな意味合いでの上映である。しかし、イマイチな感じが残る。そこで『片腕カンフー対空とぶギロチン』の第一作にあたる『片腕ドラゴン』（ジミー・ウォング／1972）のDVDが10月にK社から発売されようとしているところに目をつけて、これを初日とその後続の土曜日にイベント上映できないものか、問い合わせてみる。朝イチの回で『片腕ドラゴン』を上映し、その後『プッシーキャット』『ジャッキー・ブラウン』と展開すれば、かなりスリリングではないか。しかし、これもまた『コフィー』同様、「本国確認マター」なので、そう簡単に右から左には決まりそうもない。

10月12日（金）

突然、N氏よりメールあり、ハリウッド・クラシックスから契約書がオファーされてきたとのこと。おお、『コフィー』実現しちゃったじゃん！　こちらとして期待していた金額よりはちょっと高いが、まあこの際仕方がない、という感じである。急遽上映スケジュールに手直しを入れ、初日に『コフィー』と『片腕カンフー対空とぶギロチン』で勝負である。このツキをそのまま『片腕ドラゴン』のイベント上映にも生かせるかと思い、K社に電話を入れたところ、香港側からは返事が返っており、一定の素材的な条件のもとに上映可とのことだったのだが、今回は実はその素材条件をパスできないので、これは断念せざるを得ない。それにしても、見も知らない電話での問い合わせに対して、ここまで対応していただいたK社担当者には感謝である。

10月中旬

いつになっても、チラシ作成作業はバタバタさせられる。上映作品の確定とスケジュール組みが済まないと、なかなか本格的にチラシデータ集めを開始できないので、どうしてもギリギリになってしまうからだ。今回は、上映作品の90%はかなり初期段階で決まっていたので、これらの写真データは、例によって、過去の劇場パンフレットやらネットやらから集めてはおいた。それでも邦画を中心に何点かは集めきれていないものがある。

実は、ひとつ前の回の特集からチラシデザインを妻が担当するようになった。それまでは外部のデザイナー氏に依頼していたのだが、出来上がってくるデザインにその場で、こうしてくれとか、ああして欲しい、とはなかなか言えないので、もどかしい思いがあったのである。短期間、アドビの「イラストレーター」操作講座に通った妻は、即製のシネマヴェーラ渋谷専用デザイナーとなったわけである。こうして、チラシデザインの出来上がる過程でいろいろと注文をつけられるようにはなったが、予期せぬことも起こる。あまり細かい注文を出すとフテるのだ。機嫌を損なわぬように、恐る恐る注文を出さなければならない。なるほど、外部デザイナーを使うメリットというものは、こうしたところにもあるのかと、しばし納得。しかし、ここに至るには、養成講座受講料からソフト代、ハード代（「イラストレーター」というソフトはやたらとメモリー容量を食うソフトで、今あるPCでは動きが遅くて使い物にならないらしい）など相当の投資をしてしまっているので、今さら後には引けない。ダマしダマし、使っていくしかない。

最初に作ってもらったチラシの表1デザインは、『キル・ビル』のユマ・サーマンを中心に据えたものだった。これも悪くはなかったが、『コフィー』が決まって即座にコフィーのイラストにすげかえてもらう。この機動性は、やはり内部デザイナーならではのもの。コフィーの表1で「グラインドハウス感」がグッと上昇した感じである。

10月26日（金）

チラシ納品。表2の冒頭を見て妻は絶句する。タランティーノの写真にかぶせて今回の「グラインドハウス」の意味内容を解説した文章がすっぽり抜け落ちている。どうやら「かぶせ」の指示の仕方を誤ったらしい。まだまだ素人だから、この種のミスは不可避である。今回は致命的ではなかったので、まずは安堵しつつも、今後が気がかりである。

＊1　2005年から2009年にかけてネット上で公開された『古墳ギャルのコフィー』（蛙男商会）は、2015年現在ですでに注釈を必要とする存在かもしれない。

生誕100年マキノ雅弘 宴の準備 2007-08

2007年暮

2008年は映画監督のマキノ雅弘（雅広）の生誕100年目の年である。もともとシネマヴェーラ渋谷は、マキノと縁があって（こっちが勝手に縁をつけただけのことだけど）、杮落《こけら》としこそ北野武だったが、第二弾が「勢ぞろい『次郎長三国志』全13部作参上」で、東宝次郎長と東映次郎長のオールマキノ物を投入し、二年目の昨年1月には「帰ってきた『次郎長三国志』とマキノ時代劇大行進！」と題して、再び東宝次郎長の九部作と数々のマキノ映画を上映したのだ。とくに昨年の特集では「マキノ生誕100年に向けて」というトークショー（蓮實重彦氏と山根貞男氏）を幕開けにおいて、生誕100年の今年を大いに意識したものである。余談だが、「勢ぞろい『次郎長三国志』全13部作」とは看板に偽りありで、マキノは次郎長三国志ものは数え切れないくらい撮っている。その内の日活での二作などは昨年の特集で上映したものである。

そこで昨年の暮れから、いよいよ生誕100年では何をやろうかと、各社にあたりをつけているると、さすがに多作の人だけあって、筆者の観ていないものがゴロゴロある。しかも、かなり古い作品でも上映用プリントが残っているものもあって、さらには他の名画座さんたちはまだ手を挙げていないらしい。ああ、これはスゴイ特集になるぞ、ゴールデンウィークをはさんで四週間、いや五週間の特集でもいけるじゃないか、と一人興奮したのだったが、フッと頭をよぎったのは、やはりフィルムセンターでもマキノ生誕１００年物は、何かやるのではなかろうか、ということ。清水宏や澁谷實のときは何もなかったけれど、まあマキノだから、さすがに一ヵ月くらいの特集はあるだろうと思い、とりあえずはネットで調べてみようとウェブサイトにたどりつけば、突如目の前が真っ暗になった。フィルムセンターの「マキノ雅広生誕１００年特集」は1月から3月までの超特大ロングラン特集で、前半のみで50余本のマキノ映画を上映しつくすという。後半はまだサイトに発表されていないので、事情を話してセンターのとちぎあきらさんから上映予定作品リストをいただいて、全１００本余の全貌を見ると、ヴェーラでの特集の目玉として位置づけた作品の大半は、フィルムセンターで3月までに上映されることとなっている。そうか、他の名画座が手を出さないわけだ。まったくそうだよ、フィルムセンターとタメ張ったって勝てっこないじゃん。

しかし、それでも懲りないのがシネマヴェーラ渋谷である。何といってもマキノ１００年を祝いたいのだから。そこで、フィルムセンターの上映作品リストからもれているものを洗い出し、各社の劇場担当さんにもう一度コンタクトしてみた。そして、13作品がセンターとかぶらないで、ウチで独自に上映できる作品として割り出された。これに東映次郎長四部作などをつければ（自分のところで演ったのに、開館まもないドサクサの中で実は未見なのだ）三週間の特集ならいけるかもしれない。上映時期はセンターでの上映が終了する3月末に踵《きびす》を接する4月初頭。要するに、センターでのお客さんをそのままヴェーラに呼び込もうという作戦で、エサはもちろん「FCで観られない13本」である。ここまでの道筋をつけて、２００７年は暮れた。

２００8年1月

さて劇場はといえば、年末年始の年越しのミュージカル特集（「『踊る人』の系譜」）は不調で、筆者の見るところ、これは上映作品がどうのこうのというより、たぶん日本人はミュージカル映画がキライだ、ということなのだと思う。アステア映画が一本もないなど、作品的にも苦戦したのは事実だが、いくら近作とはいえバズ・ラーマン監督物（『ロミオ＋ジュリエット』（１９９６）に傑作『ムーラン・ルージュ』（２００1）!!）やライザ・ミネリ主演の『ステッピング・アウト』（ルイス・ギルバート／１９９1）にあんなに冷淡なのは、ジャンルとしてのミュージカル映画への敵意というのか無関心というのかが、日本全体を覆っているとしか思えない。漠然とは、そうした匂いを知らなかったわけではないから、今回も「ミュージカル」を前面には出さずに、「踊る人」という看板をかかげて、バレエ物や「踊りといえばベルトルッチ」などを混入させて「特集偽装」

（？・）をはかったのだが、やはりバレていたようだ。[*1] ピーマン嫌いの子供にピーマン食べさせようとして、細かく切って卵焼きか何かに混ぜて、どさくさ紛れに食べさせようとしても、そういうことには妙に敏感で、すぐに感づかれてしまうのと似ている。どうせ不調ならば、全部MGM映画でやれば良かったかもしれない。バレエ物も好きだが、一番好きなダンス映画が何かといわれれば、文句なく、RKOのアステア＝ロジャース物とMGMのアーサー・フリード作品群である。ま、前者は公式には上映用プリントは存在せず、後者も三週間のプログラムを埋めるほどにはないのだけれども。

1月12日（土）になり、わが劇場では深作欣二監督特集がはじまる。この日が深作監督の命日であり、2003年のこの日に監督は亡くなっている。亡くなった年の4月に三百人劇場で追悼特集が組まれ、そのほとんどの作品が大規模に回顧上映されたが、何でもそれは、ひどく不入りの特集だったのだという。事前に山根貞男さんからそう聞かされていたから、ああまた不入りの三週間が続くのか、と憂鬱な思いで初日を迎えると、意外や集客はそう悪くはない。ことに裏番組でフィルムセンターの「マキノ雅広特集」が展開していることを思えば、大健闘といってもいい入りである。初日のトークショーを引き受けていただいた山根さんも、少なからぬ客の入りに興奮されている。

さてトークショー後の山根さんと食事をして歓談している折に、実は今度マキノ特集をやろうと思ってます、という話になり、どんな作品を上映するの、というやりとりになる。その中で『幽霊暁に死す』(1948)が話題に上った。これは、東宝で公開された作品だが、東宝はプリントを原権利者に返還済みだというのだ。しかしネットの記述によると1991年の湯布院映画祭で上映されているから、少し前までは(相当前の話だが)プリントがあったはずなのだ。そんな話をしたら、山根さんは、それはマキノ未亡人が管理していて、プリントも存在するはずだというのである。しかも山根さんはフィルムセンターでマキノ監督の長女の方とトークショーをすることになっているので、近々マキノ家に連絡を入れて打ち合わせをするとのこと。その折に『幽霊暁に死す』の上映の可能性について、聞いていただけるということになった。傑作の誉れ高い、しかもビデオもDVDも出ておらず、スクリーンでもほとんど観ることのできない『幽霊暁に死す』を上映できれば、これは「事件」である。コケの一念、マキノ特集実現に向けて愚直に進んでいると、こういう良いこともたまにはある、ということか。

1月19日(土)になって、初めてフィルムセンターのマキノ特集に足を運ぶ。自分の劇場に義理立てしていたというわけではなくて、最初の土日は既に観た作品が多く、第二週目の土日は東宝次郎長で、これもパスし、三週目になって続々と未見の作品が出てきたからである。12日からの土日にシネマヴェーラの客入りが良かったのも、実はそれが原因だったのかもしれない。ウチのお客さんは過去二年にわたって東宝次郎長は観続けてきたわけだから。センターに行けば行ったで、やはり朝から晩まで、『清水港の名物男 遠州森の石松』『捨てうり勘兵衛』『喧嘩笠』（いずれも1958）と三本を観てしまう。そうなるとヴェーラに行けなくて、さすがに気がとがめて日曜は『鞍馬天狗』（1959）と『弥太郎笠』（1960）の二本にとどめて、夕刻からヴェーラへ。ただし日曜の三本目は『天保六花撰 地獄の花道』（1960）で、ウチでニュープリントでやることになっているものなので、そういう計算ずくでもある。同じような行動パターンを1月26日・27日の土日もとる。日曜三本目の『殺陣師段平』（1950）をパスしてヴェーラに行くところまで同じ（これもまたニュープリントでウチで上映予定である）。

深作欣二を捨ててマキノ雅弘に走ることについては、シネマヴェーラの館主としては「裏切り」なのかもしれないが、しかしDVD等での鑑賞、他館での上映などの可能性が豊富にある深作作品に対して、それらがほぼ絶望的なマキノの古い作品群を前にしたとき、映画ファンとしての選択は不可避的である。苦しい選択だけれども、止むを得ない。そんなことを考えながら、しかし深作特集も二週目に入ってくると、どうも最初の勢いは段々に薄れて集客はやや失速気味。まあ館主からしてこのテイタラクだから、文句は言えない。言えないが辛いところである。深作を捨てたのではなく、この時期どの作品を上映していたにせよ、マキノを選択せざるを得なかったわけで、深作の運が悪かったのだと、言い訳がましい繰り言を心中発してみる。許せ、フカサク！

1月27日（日）にふとフィルムセンターのマキノ特集の後半のチラシが刷りあがっているのに

目をとめる。ところが、これが昨年末に上映予定とされていたものから何作か異動がある。こちらにとって打撃なのは、年末時点ではＦＣでやらないはずだった二本の作品が上映作品となっていることで、それによって4月に「ＦＣで観られない13本」としてアピールしようとしていたのが、11本に減ってしまったことだ。ところが、もう一度「ＦＣで演らないマキノ作品」をチェックしてみると、旧大映の『続丹下左膳』（１９５３）を見落としていたことに気がつく。これは角川映画に16ミリがあるので、結局ＦＣとかぶらない12本の作品が用意できたことになる。あとは『幽霊暁に死す』がとれるかどうかだ。

　1月28日（月）にはやる心を抑えて、山根さんに首尾はどうなったかを聞くも、まだ連絡はこれから、とのこと。焦るな焦るな。実はこれに並行して、うまくすればさらに二本の「ＦＣでやらないマキノ映画」を特集に組み込めるかもしれない算段を行いだしたのだ。これも実現すればスゴイぞ。

　夜、シネマヴェーラの深作特集へ。今回の特集では、日曜よりも月曜の集客がいいという怪現象が起きているが、この日も同様。自分自身の行動パターンからいって、間違いなく「マキノ現象」である。月曜はフィルムセンターの休館日だから。

　1月28日に、各社に対して一斉に4月のマキノ特集への協力のお願いを出したところ、最大本数をお借りするはずの東映から、目玉となる六本（すべてニュープリントかつＦＣでの非上映作三本を含む）についてプリントが存在しないとの返事に蒼白となる。これでは最悪、企画として成り立たないかもしれないと思い、気をもむが、二日後に誤報であった旨の返事あり。ああ、良かった。

2月2日（土）より「学園もの映画」の新特集「特殊学園Q」スタート。作品は『ベンヤメンタ学院』（ブラザーズ・クエイ／1995）と『男組』（内藤誠／1975）である。前日よりスノーボードをしに安比高原に出かけていたので、初日には立ち会えぬも、予想以上に集客状況悪し。この日の「裏番組」であるFCマキノは『朝焼け血戦場』（1956）『浪人街』（1957）『おしどり駕篭』（1958）の三本で、ものすごく珍しいというわけではないものの、やはりこの機会ではないと観づらいものには違いない。『浪人街』などはウチの特集でも上映しようと思って昨年中に打診していたのだが、上映用プリントの状況が悪くて無理だったので、当面FCで観るよりほかないはずである。

2月4日（月）、前週の土日の集客の惨状を確認する。もう二年を越えたのだから、いい加減、客入りの悪さには慣れてもよさそうなものだが、いつになっても、これは味わうたびに苦いものである。まあ自分自身、週末、映画を観るのではなくスノボをしていたのだから、疚《やま》しい思いもないわけではないが、それはそれで別の話だろう。また憂鬱な三週間が幕を開けたのかと、ドンヨリとした気分になる。

夜、本業が忙しくて劇場に向かえず。翌日に確認すると、案の定、この三日では月曜の客入りが一番多かったとのこと。書き入れどきの土日が冴えない、この「マキノ現象」が3月末まで続くのかと思うと、名画座経営者としては正直ぞっとしない。民業圧迫なる四文字言葉が脳中をよぎるも、その自分がいそいそと通っているのだから本当に始末が悪い。何としても4月のマキノ特集でリベンジせずばおくまい。

2月12日(火)。週末は日曜のみ全日FCにて「若き日の次郎長」三部作(1960—62)を鑑賞し、土と月はシネマヴェーラへ。いまだ山根氏より朗報は届かず、しかれどもあまりにも催促がましいので、こちらからの連絡は控えている。さらなる二作の件も、いまだ予断を許さず。この段階では、うまくいけばうまくいくかもしれない、としか言いようがない。

上映作品の写真データはすべて揃い、特集のチラシ作成には着手する。4月初旬に上映で、か

「生誕百年 マキノ雅広(3)」2008年4月5日～5月2日
フィルムセンターの略称NFCをもじって、CVS(シネマヴェーラ渋谷)に。

つＦＣでのマキノ特集が終わらない内にチラシをまくには、３月初旬にはあげたいところで、その意味ではそろそろ潮時である。今回のチラシデザインは早くから決まっており、その基本構想はフィルムセンターのチラシの「ぱちもん」を作ることにある。ひとまわり小さな、この「ちょっといかがわしげなマキノ特集」のチラシがＦＣのチラシ棚の上で、ホンモノのチラシと並べ置かれている様を夢想しながら、現在鋭意作成中である。ぜひ手にとって笑っていただければ幸いである。

＊１　「特集偽装」という言い方自体が今や分からないかもしれないが、耐震偽装事件というのが、２００５年11月に起きていた。

生誕100年マキノ雅弘 宴の始末 2008

前回はマキノ特集の仕込みの舞台裏をお見せしたわけだが、さてさて、それはどんな具合に花開いたかを、今回はお知らせ致したく。題して「生誕100年マキノ雅弘 宴の始末」。

3月

前回書いたように、今回の特集の最大の目玉は『幽霊暁に死す』(1948)の上映で、このめったにお目にかかれない映画を上映するために、山根貞男さんにマキノ家にかけあってもらったのであった。その返事をいまや遅しと待っていたが、前回の原稿の締め切りまでには、まだその返事はやってこなかった。しかし、それはついに来た！ まさにマキノ映画的な予定調和をもって、というべきか。山根さんは電話で、マキノ監督夫人の連絡先を教えてくれたので、とるものもとりあえず、また恐る恐る、筆者はマキノ夫人に『幽霊』上映の件について、直接にお許しを得るべく、電話をしたのである。かなり緊張する。

マキノ監督夫人は「ちゃんと写るのか事前に確認してもらいたい」とおっしゃられたので、プリントを送ってもらって映写係にチェックさせたところ、キレイな16ミリプリントだとの報告があがる。世界に一本だけのプリントかもしれないと思うと、さすがに恐れ多くて、ウチの通常の二本立て興行にかける勇気がわかず、特別上映ということで四回だけ単品上映することにする。

何度かマキノ夫人と電話でお礼かたがたの連絡をとりながら、しかしなおご本人にはお会いできないなか、3月20日にフィルムセンターで『日本侠客伝 花と龍』(1969)の上映終了後、マキノ監督のご長女の佐代子さんと山根さんのトークショーがあるので、その際にご一家が集結されるとのこと、この機会にご挨拶せねば、と馳せ参ずる(トークでは家庭におけるマキノ監督の様子などが佐代子さんから語られて興味深い。マキノの名入りの法被《はっぴ》をお召しになって登壇されたが、客席に澤井信一郎監督がおられると聞いて異常にビビられていたのも印象的。正統の「マキノ組」以外の者は着けてはいけない法被なのだという)。前回予告のとおり、チラシはフィルムセンターのそれをパクった(本書八八頁)、そうしたものを作ってあり、それはすでにマキノ家に送付済みであった。トーク終了後、ご挨拶にうかがうと、佐代子さんは開口一番、チラシについておっしゃられ、「あれはウケました、マキノそのものですよね」とお褒めの言葉をいただけた。『昨日消えた男』(1941)などに表れているようなマキノ雅弘流の換骨奪胎の精神の表出を、今回の「フィルムセンターチラシのパクリチラシ」に見ていただけたのだと、勝手に解釈して、おおいに嬉しかったものです。マキノ監督夫人もかくしゃくたる姿をお見せになり(『浮雲日記』

（1952）の牛鍋屋のシーンに仲居さん役で登場されている、元女優さんである）、ようやっと直かにご挨拶を交わすことができ、肩の荷が若干下りた気分であった。

その後、マキノファミリーは、会場に見えていた「一族郎党」をひきつれ独自の「二次会」（山根さんは、宜しかったらお食事でも、とお誘いしておられたが、「一族郎党」と宴会をしなければならないので、ということで、ご辞退をされた由。とにかくいまだにマキノ組が厳然と存在することが傍目にもよく分かり、それはそれでカッコいいなぁと思いました）に繰り出され、筆者は山根さんと、会場におられた澤井監督（いわずと知れたマキノ雅弘の最後の愛弟子）と二人で、近場の飲み屋で一献傾けるということになった。

パクリチラシの評判はかなり高かったようで、フィルムセンターに送って置いてもらっても、とにかくすぐになくなってしまう。その意味では前評判は上々で、特集の始まる一週間前に、すでにチラシの在庫があやしくなっており、急遽チラシを増刷することとなった。ちょうどそのタイミングと同じくして、東映ビデオで『恋山彦』（1959）が4月にリリースされることを見逃していたことに気付いた。これはセンターで未上映の作品である。慌てて東映ビデオに確認をすると、やはりニュープリントを焼くとのことで、既にチラシをまいていたものの、異例ではあるが、増刷をするのを機に、後半のスケジュールにこれを突っ込むこととする。何を削るかについては、大いに迷ったものの、『弥太郎笠』（1960）を落とすこととした。鶴田浩二で前編後編の二部になっていた新東宝版を、東映で中村錦之助でリメイクしたものである。錦ちゃんファンよ、許されよ。

4月5日(土)

待望久しいマキノ特集の初日。まずは特別上映の『幽霊暁に死す』。6割を越す入りで、まずまずの好スタートである。映画もいい。ヒロポン打ちながら、この演出かよ、という素晴らしい監督ぶりである。『ハナ子さん』(1943)などの、西洋映画に傾斜したマキノの顔がここにはある。戦後のマキノ映画はほぼ時代劇一色になってしまうから、これはこれで貴重である。

『幽霊』が終わって、通常の二本立て興行に移ったが、ここいらあたりで、かすかな違和感を感じはじめる。今回の特集はフィルムセンターでは上映されなかったものを極力集めて、全部を通しでみると、現在見ることの可能なマキノ映画のほぼすべてを網羅できることが「売り」なのである。フィルムセンターの連日の大入り状態を、ほとんど踵を接する形でシネマヴェーラ渋谷に持ち込もうというのが、「そろばん面」での計算でもある。それからすると、『江戸っ子繁昌記』(1961)と『忠臣蔵 天の巻、地の巻』(1938)というセンター未上映作品の二本立てで、初日の客席はもう少し埋まっていないとおかしいのではないか、という違和感である。スターとしても、錦ちゃんと阪妻で、ベストの布陣である。そう思うと『幽霊』がいかに四回上映されるとはいえ、本日初回の上映で100人程度の入りというのは、やけにおとなしいパフォーマンスにも思えてくる。

夕刻からは、初日の鈴木則文監督（マキノ監督の助監督に何本かついているし、脚本なども提供されている）と山根貞男さんとのトークショー。山根さんは『新潮』にマキノ論を連載中であり、秋には単行本としてまとまるとのこと（『マキノ雅弘 映画という祭り』2008年10月、新潮社）。一方、一般的にはマキノ組とは縁が薄いと思われている鈴木監督は、マキノ演出を評して「たとえ悲劇に終わっても、観た者にさわやかさを感じさせる。なぜならそれは登場人物たちの『思いを遂げさせる』演出だから」などと、いつもながらの「ボケを演じているが実は慧眼な人」の本領を披露する（山根さんが「実にうまいこと言いますね」などと受けると、「そうでしょ。ボクもうまいこと言ったなァと思ったもの」と返されるあたりが、また、タダモノではない）。壇上ではかく盛り上がり、ほぼ満席の客席も大いに湧いてはいるものの、さはさりながら本来であれば、これは立ち見がでるくらいの盛況ぶりではないといけないのではないか、という不安が立ちのぼってくる。そうはいいつつも、鈴木監督、山根さんに、中原昌也氏を交えて、トークショー後の打ち上げに繰り出してみれば、いつもの伝で、酒の勢いで不安などはどこかに吹き飛んでしまったものではあったが。

4月6日（日）

この日は『雪之丞変化』（1959）と『次郎長三国志』（1963）の二本立て。この日になると、昨日の不安はにわかに実体化してくるのが分かる。シネマヴェーラ渋谷の場合、おおむね日曜の客の入りは土曜に比べて低調で（だからロマンポルノ特集や若松孝二特集などでは、日曜を三本立て上映にしたりして、客入りを促しているのだが）、それにしてもマキノの初日から二日目のものとしては、人がかなり少ない。一昨年・昨年と東宝版の『次郎長三国志』を上映したので、今年は東映版にしたものの、やはり人気の差は歴然ということなのか。東映版『次郎長』四部作を四週間にわたって見せるという選択も、こうなると裏目に出た感がある。間延びした見せ方をせずに一気に上映すべきだった、などと既にして敗戦処理モードに入るものの、まあこれから四週間、せいぜい東京での最後のマキノ100年特集を楽しまなくちゃ、とも思う。客入りは良くはないけれども、そんなにひどいわけでもない。もっと不入りの特集を、いくつもこなしてきたシネマヴェーラだもの。

4月7日（月）

この日は『殺陣師段平』（1950）と『人生とんぼ返り』（1955）の二本立て。これは『人生とんぼ返り』を本州最果ての地、青森県立美術館で観て以来（第一回「美術館の映画祭」2006

年11月25日）、夢想していた二本立てなのである。かたや月形龍之介の段平に対してリメイク作では森繁久彌が段平を演じるのだが、女房は二作とも山田五十鈴が演ずるというのも興味深く（マキノ雅弘自伝の愛読者ならご存知のとおり、山田五十鈴はマキノの苦境時に、ここぞとばかりに助けに入る、次郎長一家でいうと「投げ節のお仲さん」のような存在である）、普通に考えれば同じ話を並べて見せるのは、集客効率としては良くはなかろうとは思ったが、それでもこれは続けて観る価値がきっとあるはずだと妄信して、このプログラムを組んだのである。平日の月曜で、夕方から二本続けてみようとすると、5時台に入場して、終映が10時半という勤め人にとっては過酷なスケジュールにもかかわらず、お客さんの数はまずまずであり、まずは胸をなでおろす。

月形段平もいいのだが、やはり森繁段平は超絶だと思う。中風で動けなくなった病の床で、実の娘である左幸子を前に父としての名乗りを上げそうで上げない、ほとんどエロティックですらあるような場面といい、長年の親友の森健二と左幸子を相手役に見立てて、不自由な体で殺陣の型をつけようともがきまわる場面といい（ここは森繁がいいというよりも、受けにまわった左と森が泣かせるのだが）、マキノ映画極まれりという名シーンで、客席のそこここから忍び泣きがもれる。やっぱりこの二本立てをやって良かったと、しみじみ思う。

改めて今回の特集の集客について、考えるともなく考えるのだが、従来から人にも言われ、自分でも薄々分かっていたこととして、フィルムセンターの観客とシネマヴェーラの観客とはあまり重なりがないという事実である。まあ不入りの理由をいつまでもイジイジと考えてもしようがないようなものだが、そういうものだから仕方がない。それに何度もいうようだが、不入りとはいいながら、それは「期待したほどには入らなかった」という程度で、ウチの平均からしたら、そう悪くはないのだ。去年のマキノ特集がやけに入りが良かったので、肩すかしを食わされた気分になっているだけだ。

マキノ特集その後の経緯を手短かに記せば、やはり当初の手ごたえのとおりに、最後まで「ビミョー」な客入りに終始した。せっかくマキノ家の協力を得て『幽霊暁に死す』という貴重なプリントを投入したのに、また全部で15本にのぼるフィルムセンター未上映作品を上映したにもかかわらず、残念といえば残念であった(もっとも『幽霊』の上映は四回で280人ほどを集めたことはご報告しておきたい)。個人的には、しかし、多くの未見のマキノ映画を観ることができて、幸せな四週間だった。フィルムセンターの特集から数えれば、四ヵ月間マキノ映画にひたったことになる。同じ思いを共有する映画ファンが少なからずおられることを確信している。またしばらくしたら、マキノ雅弘特集は、再び何らかの形でお目にかけたいと思う。

混迷と繁忙の7月 2008

実は7月は何を書くべきなのか悩んでいた。12日から始まった「イタリア萬歳!」は、筆者というよりカミさん主導の企画だったし。ただし、そうは言いながら、これは一年半ほど前に、さる筋からロベルト・ロッセリーニをまとめて上映できるかもしれない、という情報を得て、もちろんロッセリーニだけで二週間も三週間も組めるだけの本数はさすがに確保できないことから、「ロッセリーニとゆかいな仲間たち」というワーキングタイトルで、ヴィスコンティやフェリーニ、ゴダールの映画などをかき集めて、実現を待った企画を考案したことは既に書いたが、これはその名残なのである。結局、ロッセリーニ映画はやってこず、ロッセリーニの特集は露と消えたが、特集タイトルだけは、その後「タラちゃんと『ゆかいな仲間たち』」としてグラインドハウス物のタイトルとして生かすことができた。

そうこうする内に、当時は上映可能だったこれらのイタリア映画も、そろそろ危なくなってきたという話もあり（事実、ベルトルッチの『殺し』（1962）は、一年半前には上映可能だったものが、もう権利切れ状態になってしまい、フェリーニの『道』（1954）も、この7月で期限が切れるという)、当時まとめた映画を中心にして、この時期にイタリア映画特集として上映しようということになったのである。非メジャー系の配給会社の持っている洋画は、気がついたときに上映するしかない。アッと思ったら、もう権利切れなんてザラである。そういう意味では、我々にとっては必然的な上映企画なのである。

ただ、そうした事情が一方にありつつ、7月はまた、劇場以外に忙しい要素が重なり合っていた。まず7月上旬に、本業の方で、ちょっと大きな証人尋問を控えていて、ギリギリまで忙しかった。三人の証人をいちどきに尋問するもので、おまけに傍聴券が配られるような、いわば「派手な裁判」の尋問だったので、準備する側としてもそれなりに気を使わざるを得ない。それなのに、その一週間前には藝大のアニメ学科で著作権の講義、その週末には立命館大学の映像学科の学生たちに映画と著作権をめぐる講義をしに京都へ行く(川村健一郎、冨田美香の両先生と楽しく飲めたことが何よりの収穫である)。7月下旬には休暇を入れていて、しかも休暇から戻るとすぐに、慶応大学で受け持っている授業のレポート採点があり、それを教務課に提出した翌日には、立教大学で三日間の集中講義(篠崎誠監督の紹介で、映像学科の学生に著作権法を教えることになっている)が待ち構えている(なんだかこう書き連ねていくと、大学で講義ばかりしているみたいで、さすがにもう限界だと思う)。こうした次第だから、証人尋問を終えたら集中講義向けの原稿作りに励まねばならないのに、8月中旬からスタートする「妄執、異形の人々Ⅲ」のラインナップがギリギリまで決まらず、そのためチラシ作りが手間取って、当初予定していたトークショーも割愛に追い込まれる、といった日々である。何だか、この7月は異様に忙しいというのが、偽らざる感想である。

7月14日（月）

しばらく前から気にはなっていたのである。林真理子著『RURIKO』（角川書店）のことである。それが出版された時点で、浅丘ルリ子特集をやろうといった下心は、しかし何故かあまり湧かなかった。あれほど常に特集企画を捜し求めて悶々としている割には、最初に書店で『RURIKO』を手にとったときに、これで行こうという気分にはならなかった。というか、特集上映のことなど、思い浮かびもしなかった、というのが正直なところだった。我ながら、その理由というのが思い当たらず不思議である。

ところが、立命館での講義のために新幹線に乗って、読むものがないので購入した週刊誌の中に『RURIKO』の書評を読んだあたりから、徐々にこの本への関心が芽生え、その結果浅丘ルリ子特集への思いが熟成していった、というべきなのだろう。きわめてゴシップ的な関心から発したものであると、告白しておきたい。しかし、とにもかくにも、特集上映として浅丘ルリ子特集をするのがいいのではないか、と思い始めたのである。

けれども、『RURIKO』が刊行されて、すでに一ヵ月以上が経っている。ルリ子特集をやるとすれば日活の多数の映画は外せないところだから、もう誰かが日活にオファーをしているだろう、そうであれば諦めるほかはない。ダメもとな気分で日活に電話を入れると、意外にも、11月に山形の「ひがしね湯けむり映画祭」で浅丘ルリ子特集が予定されている他には、とくに近場では上映予定はないとのこと。これは僥倖というものである。9月中旬から予定していた「アキム兄弟コレクション」を次にまわすことを前提に、「妄執」後にルリ子を仮ブッキングする。「美女と野獣」(ルリ子と妄執)の組み合わせという意味でも、これは好ましい展開である。

7月15日(火)

アキム兄弟物は、実は一年くらい前からオファーしていたもので、様々な事情からなかなかウンといってもらえなかったものだったが、相手は一社なので、プログラミング自体には難しさはない。これをそのまま三週間後にずらすためには、もちろん相談をしなければならないが、たぶんそんなに難しいことはなかろうという予想はある。まずはルリ子物の上映可能作品を固めた上で、ムーブオーバーの話を切り出そうと考える。林真理子の『RURIKO』の基調音は、浅丘ルリ子と小林旭とは恋人同士だったが、彼女が一番好きだったのは石原裕次郎である、というものである。さらに、ルリ子は恋多き女であり、しかし裕次郎とはキスしか交わしていないという設定であって、なおかつこの物語のすべてが林真理子自身のフィクションである、という前提で書かれている。つまりそうしたことの一切はウソかもしれない、あるいは部分的なウソがあるかもしれない、ということだ。とはいいつつも、アキラ物はもちろん、後年の裕次郎との共演ものは外せないし、しかもルリ子特集であるから彼女が真の意味での主演をしているものは組み込まねばならない。こうなると若干惜しまれるのは、吉田喜重監督特集で『水で書かれた物語』（1965）と『告白的女優論』（1971）を上映したばかりなので、これらの傑作を今回の特集では見送らざるを得ない点だが、さすがに日活の膨大な作品群からはかなりバラエティに富んだものを選ぶことができた。日活からは、いずれもプリント状態にほぼ問題なしとの回答を得たところで、「アキム兄弟」のムーブオーバーを打診しようとしたところ、なんと先方から全く同じ打診を先にされてしまって驚く。これってシンクロニシティ？　要するに、結果オーライというわけである。

7月16日（水）

浅丘ルリ子は自他共に認めるゴージャスな女優だから（もちろんいささかも揶揄的な意味をもこめずに、こう言っているのだ）、20代後半から40歳くらいまでの女盛りの時期に主演作が集中している。映画界自体の衰退もあり、彼女を主演にした映画というものは、その後は極端に少なくなる。というより、映画に登場すること自体が稀になっていく。日活がロマンポルノに舵を切る1971年に彼女は31歳で、それと前後して、日活を去る。だから、日活以外からの映画としては、とくに主演物はこの後10年ほどが勝負であるが、意外にプリントの残っているものが少ない。東宝、松竹、角川映画などから、注意深く日活後の映画を選び出しては、プリントの有無を尋ねる。

7月17日（木）

どうしよう、とウジウジ悩んでいたのだが、やはりコンタクトしてみることにする。浅丘ルリ子さんの所属事務所に電話して、初日の舞台挨拶の打診のことである。何だか厚かましいような気がして、いつになく気後れしたのである。浅丘ルリ子自伝が出版されてのことであれば、この種の気後れとは無縁だったと思うが、事務所が協力した上での出版ではあるものの、それでもやはり一種のゴシップ本的なところのある『RURIKO』とのからみでの特集上映なので、逡巡した次第。企画書を送ってもらいたい、とのことなので、簡単な概要をまとめて、返事を待つ。どうなることやら。

『RURIKO』で素晴らしいことのひとつは、表紙を飾る秋山庄太郎氏による写真である。浅丘ルリ子の倦怠感ただよう色気が見事である。出来るならば、特集上映のチラシにも、この写真を使いたい。そう思って秋山庄太郎写真芸術館に連絡をとる。同じく企画書的な概要を送る。

7月19日（土）

ウィークデイは日々の稼業をこなしていくのに忙しく、立教での集中講義の準備が大幅に遅れている。「妄執」後の特集を「アキム兄弟」から「ルリ子」にしたことで、細かな調整作業も増えた。いつもは土日はほぼ映画三昧に明け暮れるが、この三連休は、集中講義用の原稿作りに注力する必要が大きい。そこで「イタリア萬歳！」特集二本立ての内の『甘い生活』（フェデリコ・フェリーニ／1960）のみ観ることにして、終日残りの時間は、ユーロスペースのオフィススペースを借りて、集中講義のための原稿作りに充てる。

『甘い生活』をみながら、そうか、パパラッツィという言葉は、この映画が起源だったのか、ということに改めて思いを致す。

7月20日（日）

同じく集中講義用の原稿作成のため、ユーロ内での作業。この日も観る映画は『山猫』（ルキノ・ヴィスコンティ／1963）一本に絞り、ひたすら原稿作成作業。

『山猫』は、シチリアの貴族が旧世代として、近代に向かうイタリア社会に向けてのレクイエムをうたうというような風合いの話なのだが、近代イタリアへの統一過程というものが、この映画を観ていても、いまひとつよくわからない。統一勢力として兵を挙げたガリバルディ一派が、後に追われる展開になるなど、それは幕末をめぐる日本史の分かりにくさにも通ずる何かがあるのかもしれない。ランペドゥーサの原作を、今度こそはじっくりと読んでみないとなぁ、と思いつつ、やっとこの日でほぼ講義用原稿は仕上がったという感触。「妄執Ⅲ」のチラシも、最後の写真と原稿が揃って、ほぼ明日には入稿のメドがたつ。しかしやるべきことはまだ、終わらず。

7月21日（月・祝）

ここに来て、攪乱要因である。ぴあフィルムフェスティバルのダグラス・サーク特集が始まり、これに先立って、この日に、四本のサーク映画を観るべく前売券を既に購入済みである。やはり、自分の劇場で何が上映されているにせよ（この日は『靴みがき』（ヴィットリオ・デ・シーカ／1946）と『家の鍵』（ジャンニ・アメリオ／2004）の二本立て）、いまここでしか観られない映画がやっていれば、そこに行かざるを得ないのは、映画好きの宿命である。まあ、それはテメエの劇場へのウラギリではあるものの、あぁ、こんなことは去年もあったよなぁ、と去年のぴあフィルムフェスティバルのロバート・アルトマン特集（とその間シネマヴェーラでやっていた清水宏特集）が遥かに思い出されるが、今回はレア度はそれにいや増しのダグラス・サーク特集ではある。許されよ、ヴィットリオ・デ・シーカとジャンニ・アメリオ！

立教の原稿はほぼ仕上がったが、実はこの原稿がある。そう、この『UP』向けの原稿だ。今この時点では何の催促も受けていないが、7月中に原稿を出せと言われることは、これまでのパターンからして、まず間違いがない。しかし、休暇のため7月24日には日本を出て、8月4日までは音信不通になるとすると、まず間違いなく、UP編集部は困惑する可能性大である。そこで、何とか22日ないし23日中に原稿をアップする手立てを模索することとなる。となると、21日の一日、渋谷東急にこもって四本のサーク映画を観るという以上は、コンピュータを持ち込んで、休憩の合間に『UP』原稿を書くというのが、現状ありうる最短の対処法である。そうしたわけで、ラップトップPCを持ち込んで、10分以上の待ち時間があれば、激しく書き込みを続ける。隣の人にのぞかれるかもしれないが、そうした恥を忍んで、ひたすらこれ、原稿作りに励むこととする。

しかし、それとは全く無関係に、ダグラス・サーク特集は、充実の一語につきる。この日に観ることのできたものは、『風と共に散る』（1956）、『翼に賭ける命』（1957）、『天が許し給うすべて』（1955）、『悲しみは空の彼方に』（1959）の四本だったが、ディレクターの荒木さんが断言するとおり、この日における素材としてのプリントは完璧であり、何の危なげもなかったのがまずは頼もしいし、映画の面白さとしても、言うことはない。『悲しみは空の彼方に』など、人種問題と「ショービズ界を泳ぐ女の悲哀」問題といった、本来、水と油のようなものを強引にひとつにしながら、それでも見せきってしまう力技がすごいとしか言いようがない。全部で11作品を今回は見せてくれるそうだが、24日から旅に出る身としては、この日の4作品で我慢するしかない。

名画座の経営者として、真に嫉妬の対象となるのは、このダグラス・サーク特集のような「ヴェリィ・スペシャル・ワンタイム・パフォーマンス」である。日々の日程を埋めねばならない立場として比較は無理とは分かっていても、こういう企画を実現されてしまうと、やはり嫉妬を禁じえないのだ。

年末年始への慌ただしさ2008

ちょっと普段と違うことをやろうとすると、常につまずく。いまだにシロート芸から抜け出ていない。今回は（ほとんど）初めて二週間の特集を組むというのがそれだ。過去には新藤兼人監督特集というのが二週間ものだったが、このときは、企画を持ち込んできた配給会社のパンドラが作品の手配からチラシ作りまで担当してくれていたから、何ということはなかった。自分のところの企画としては、だから今度が初めてなのである。「映画史上の名作1」というのと「黄秋生《アンソニー・ウォン》、遊侠一匹」というのがそれで、しかも二つ連続で二週間ものだ（無茶は分かっていたのだが、年末年始を四週間のロマンポルノ特集でまたぐようにするために、どうしてもここは二週と二週が並ぶほかなかったのだ）。

二週間もので何が違うかというと、準備の時間が加速度的に不足してゆくということがある。また細かいことをいえば、三週間のときと同じB４見開きのチラシを使うとすると、コストもかさむことになる（B５のチラシにできるか検討してはみたものの、12本からの本数を上映するとなると、やはりB５だと貧相なのだ）。年末年始の慌ただしさが前倒しで到来した感がある。

そうした中で、「映画史上の名作1」でのフレッド・ジンネマンの『山河遥かなり』（1947）が大方の尺数表記に比べて17分も長いことが判明してあわてる羽目になる。チラシは刷り上って、もうロビーに置くばかりという段階での、この事態である。急遽、新たに組みなおした上映スケジュールを手書きでチラシに書き入れていくこととする（結局これは、九州から買い入れた16ミリ映写機のモーターが、西日本の電源用のヘルツ数に調整されていたため、関東で使用すると少し遅い回転になることに伴って起きた現象で、尺数はあっていた。スイッチひとつで、このヘルツ調整は可能なのである。よって手書き訂正はドタンバのところで撤回。まったくいろいろなことが起きるものだ）。

アンソニー・ウォンはアンソニー・ウォンで、これは彼の新作『エグザイル／絆』（ジョニー・トー／2006）とのタイアップ特集で、サイン入りのポスターを、全作を観切った観客に抽選でプレゼントするという企画が付属しているのだが、そのポスターがいつも通りの手順では作れないことが来日直前で判明したりする。チラシ印刷でお世話になっている印刷会社に連絡して、突貫工事で何とか仕上げてもらうことになる。

ロマンポルノは四週間なので、これさえ仕上げれば一息つける。楽するために、自然と四週間企画を考えるようなところがある。自分でも、なんだかなぁ、とため息をつくこともままある。好きではじめた商売だけども、やはり商売というのは辛い。

こんな状態が、明日に岩井俊二監督特集が初日を迎えようとする週末の出来事だった。

11月1日（土）

おそるおそる、というのが本音である。何かというと、岩井監督特集の集客である。チラシのはけが良くて、初日を迎える前に出尽くしてしまうかもしれないと言われ、増刷を決めたのだが、それでどうして「おそるおそる」になるかというと、浅丘ルリ子特集で同じことが起こって、ところがフタを開けてみると不入りだったということが、ごく近々に起きたためだ（余分のコストをかけてチラシ増刷して、それで不入りだったりすると、ショックは大きく、ちょっとしたトラウマになるのだ）。まあ、普通に考えれば、チラシのはけが良いのは観客の反応が良いからだと考えるべきなのだが（ルリ子特集の場合は、いつもと違って秋山庄太郎氏の写真——林真理子の『RURIKO』の表紙に使われていたのと同じやつ——を使ったので、その色香に誘われて、多くの人が手にとったものだろう）。

そうして迎えた初日だったが、開けてみれば、立ち見も出る満員御礼、まずは順調な滑り出しに見えたものだが……。

11月2日（日）

アンソニー・ウォンとフランシス・ンが『エグザイル／絆』のキャンペーンのために来日。記者会見に招かれて、サイン入りポスターのピックアップかたがた、あとで本人に紹介して頂けるという。記者会見ではシネマヴェーラでのアンソニー・ウォン特集も紹介して頂ける。

ホテルの記者会見場から客室へと移動し、スチール写真撮影を終えたアンソニーと対面。昔から大ファンであったアンソニーを前にして、緊張は高まる。「ハイ、マイ・ネーム・イズ・アッシ・ナイトウ」と自己紹介したら、「イエス、マイ・ネーム・イズ・アンソニー・ウォン」と「笑える」反応が返された。この日のアンソニーは、記者会見での受け答えや写真撮影も含めて、ことほど左様にサービス精神旺盛であった。この時点では『エグザイル』の初日が12月の6日か13日になりそうなので、もしも初日舞台挨拶に彼が再来日できれば、ヴェーラでの特集上映で舞台挨拶をお願いできるかもしれない。そんなことを嘆願すると、スケジュールが合えば是非また来たいと、型どおりの回答ながら、この調子であれば本当に来るかもしれないと期待は深まる。

アンソニー・ウォン特集の開催は積年の悲願であったし、特集タイトルの「黄秋生《アンソニー・ウォン》、遊侠一匹」も我田引水ながら自信作でもあるのだが、正直なところ、集客的にはキツかろうと思う。最近公開された作品がほとんどを占めるので、彼のファンであれば、もう観ているというものばかりだからだ。アン・ホイの最高傑作（たぶん）である『千言万語』（1999）も、怪作『八仙飯店之人肉饅頭』(ハーマン・ヤウ／1993)や『エボラ・シンドローム 悪魔の殺人ウィルス』(ハーマン・ヤウ／1996)もかけられない。警察物の傑作『野獣刑警』(ゴードン・チャン&ダンテ・ラム／1998)や、何より『ザ・ミッション 非情の掟』(ジョニー・トー／1999)もできない。そんなこんなを考えるにつけ、僕らは香港映画で90年代を生かされてきたんだなあ、としみじみ思う。

それでも、タイミングを考えると、ここで上映しておかないと、永久にできないかもしれない。かろうじての目玉としては、パン・ホーチョン監督の『伊莎貝拉(イザベラ)』(2006)やテレビシリーズ『雪山飛狐』(バリー・ウォン／2007)あたりだろうか。意外に『ハムナプトラ3 呪われた皇帝の秘宝』(ロブ・コーエン／2008)を見逃している人も多いかもしれない(と、記者会見にやはり見えていた桑原あつし氏がそう言っておられた。確かに筆者も気づかなかった)。そうした目玉作品とサイン入りポスターを目当てに、一人でも多くのファンが来場してくれることを願ってやまない。

11月7日(金)

岩井特集一週間経過。何とも複雑な思い。初日は、岩井監督に加えて、行定勲と永田琴の両監督の強力トークショーにより、久々の立ち見・座り見も出る大盛況。ところが二日目、三日目と客足は落ち、平日は相当に厳しい状況にもなる。ウチの場合、初日の勢いを見れば、おおよそ特集全体の客足の予想がつく。初日が良いと、平日の落ちもそれほどではないのだが、今回はちょっと勝手が違う。受付に聞けば、客層は常連客とは全然異なるのだという。だから、いつものパターンとは違うということか。

編成的にも、今回は第一週に「バイアスをかけた」感がある。おそらく強いとみた『スワロウテイル』（1996）『リリイ・シュシュのすべて』（2001）を第二、第三週に持っていって、集客的には弱そうなドキュメンタリー（『市川崑物語』2006、『少年たちは花火を横から見たかった』1999）やプロデュース作（『虹の女神』2006）をあえて先行させた。しかし、それでもニュープリントの『Love Letter』（1995）が強かろうから、第一週は持ちこたえるだろうという読みだったが、裏目に出たようである（しかも配給会社の手違いで、初日に上映した『Love Letter』は古いプリントだった）。劇映画作品と、どれか一本とを差し替えるべきだったのだろう。

11月8日（土）

今日は『スワロウテイル』と『GHOST SOUP』（1992）の二本立て。『スワロウテイル』は最初に観たときよりも、ずっと面白く感じられる。上海訛りの中国語と日本語と英語とがチャンポンになって語られる前半はスピーディかつスリリング。江口洋介演ずる上海出身のギャングが中華料理店で日本人ヤクザを急襲するシーンなど、タランティーノの『キル・ビル Vol.1』（2003）

の同種シーンなどよりずっと迫力がある。確かに、この勢いが後半に失速する難はあるのだが、とりあえず許す！　客入りも、予想通り大きく盛り返している。

『GHOST SOUP』は初期岩井作品における鈴木蘭々という存在が興味深い。『Love Letter』での彼女の方が、チョイ役ではあるものの、むしろ光っているのだが、一体どこから拾ってきたのだろうと思えるような、この女の子を、なるほどこう使うのか、という手並みが面白いのだ。思えば、『スワロウテイル』が岩井監督と最初にした仕事ではなかったか。全編をおおうモチーフとしてのシナトラの唄う「マイ・ウェイ」、あの曲をこの映画に使うための契約交渉を、当時の筆者はしていた。エンドクレジットに自分の名前を確認しながら、そんなことを思い出す。

あすも『四月物語』（１９９８）があるので、客入りはそうは崩れないだろう。

11月9日（日）

『四月物語』と『花とアリス Short Version』（２００３）の二本立て。少年少女の作家としての岩井俊二の面目躍如といったところ。『四月物語』だと、松たか子を「いじる」級友の女の子を演ずる鈴木杏が絶妙な存在感。『花とアリス Short Version』は、長尺版の『花とアリス』（２００４）に比べると、こっちの鈴木杏の方が存在感が大きい。ある種、嫌な女を演じているわけだが、それでも愛らしいのだ。

『四月物語』の中の「映画中映画」である『生きていた信長』は、すっかり忘れていたが、すごい。一瞬、大映の時代劇かなんかを挿入したのかと思ってみていたら、撮り下ろしではないか。照明やセットなど、本当に当時のスタジオで撮影したかのように見える。岩井俊二に、こういう映画を撮らせるというのはアリではないか。

『花とアリス Short Version』はもともとネスレのコマーシャルから発展した映像で、知るとおり、後に本編の『花とアリス』に結実したもの。こうできるように、当時いろいろと弁護士として契約上の工夫をしたものだったなぁ（ことに役者さんの契約のスタイルが、広告出演と映画出演とでは全然違うのである）、という感慨とともに鑑賞する。

11月10日（月）

「映画史上の名作」特集で、またもや尺問題発生。今度は『君を呼ぶタンゴ』（アルベルト・デ・サバリア／１９４２）という大昔のアルゼンチン映画で、１１０分という公表分数よりも40分近く短いという。これはどうしようもないので、ありもののキートン映画の中から、これに近いものを選んで、穴埋め的に上映することとする。オマケと思って、当日来られた方はお楽しみ下さい。

11月12日（水）

12月のロマンポルノ特集「官能の帝国2 バトンは受け継がれる」の初日は、曾根中生監督の『新宿乱れ街 いくまで待って』（1977）を、ニュープリントを焼いて上映する（併映は田中登監督の『人妻集団暴行致死事件』1978）。そこで同作の脚本を執筆された荒井晴彦氏にトークショーにご登壇願おうと思い連絡、快諾を得る。DVDにはなったものの、いまだ観たことがない、この幻の傑作が、今から楽しみである。荒井さんと誰をトークショーの相方にするか、相談が続く。乞うご期待。

上映スケジュールはすでに組み終っており、その意味では比較的余裕である。たまには、そういうこともないと。

11月14日（金）

岩井監督特集第二週目が終了。やはり第一週よりも盛り返している。この調子で最終週もいって欲しいものだ。

もともと、寡作で知られる岩井作品を三週間のプログラムでやることに、やや無理があった点は否めない。ただ二週間だと、ちょっと本数が多すぎるというところもあり、このへんが難しいところだ。

前々から仕込んでいた1月中旬からの編成に、そろそろ取りかかる。これも年末年始の慌ただしさの前倒しの一例。新年第一弾は森崎東監督特集。初日のトークショーを引き受けていただくため、森崎監督と山根貞男氏にコンタクトし、快諾を得る。幸いなことには、松竹に森崎作品のプリントが全部欠けずにあることについては、すでに分かっている。山根さんによれば、『ニワトリはハダシだ』（２００４）の封切時にイメージフォーラムで全作品上映をやっているとのことで、調べてみると、なるほど２００４年に24作品の上映が敢行されている。まる四年たっていれば、また新たなお客はあるので、問題はなかろう。新文芸坐で始まる「マキノ雅弘生誕１００年特集上映会」について話し込む。

慌ただしさのうちにも、三年目が終わろうとしている。いよいよ四年目に入るシネマヴェーラの２００９年は、どんな展開になるのだろうか。

サヨナラだけが人生だ2009

今回が最後の連載となる、この瀬戸際日誌。全世界的に吹く不景気風の中で、最後くらいは、ちっとは景気の良い話をということで、いま上映中の特集「森崎東の現在」（2月6日まで）について語ろう。

この連載の実質的な第一回となったものを書いたのが2006年5月であり、ほぼ丸二年の連載となったものだが、一貫したスタイルは、そのタイトルにある通り、よろよろとおぼつかない足取りの名画座経営であり、お客がなかなか入らないこと、もっとありていに言えば、「お金がたくさん儲からないこと」であって、これをテーマに書き連ねてきたわけである。しかし、こんな時代だからこそ、逆張りで行きたい。シネマヴェーラ渋谷は2009年は儲けるぞ、と。

森崎東特集が好調なのである。正直いって、全然そういう予想はしていなかった。2004年に『ニワトリはハダシだ』の封切の際にイメージフォーラムでレトロスペクティブ上映があって、森崎監督の全作品が上映されたことがある。それから四年は経ったものの、同じ渋谷の地での上映なので、おそらく集客としては難しかろうという読みがあったので、上映作品も絞り込んで18

本とした。後で山根貞男さんに聞くと、2004年のレトロスペクティブは不入りだったとのことで、それを知っていたら、もしかしたらウチでやること自体をためらったかもしれない。1月中旬からのスタートの特集なので、昨年のうちに、トークショーゲストの選定やチラシの段取りをつけて、いわば粛々・淡々と準備を進めていった。

流れが変わったのは、たぶん監督自身の意気込みのせいである。当初、山根さんと監督との一回だけのトークショーを予定していたのを、もう一回トークを入れて、緑魔子さんを呼びたいとおっしゃった。一度京都での森崎作品の上映会でトークをされたことがおありで、それを再び東京でも、ということだった。もちろん、往年の森崎映画の常連で伝説の女優の緑魔子さんだから、こちらとしても是非やらせていただきたい。そうこうする内に、監督宅の新年会に集った「森崎組」の面々が、倍賞美津子さんを初日に呼んだらどうかと盛り上がり、果ては二回目のトークショーが企画されて、かねて森崎監督とお話がされたかったという周防正行監督を担ぎ出すこととなり、森崎東特集はいわば「自走」し始めたのである。

それにしても、いくら関係者本人たちが一所懸命になっても、映画はそう簡単にはブレイクしてくれない。そんなことは百戦錬磨の「森崎組」はよく分かっているはずだし、筆者自身も、フタを開けてみるまでは、半信半疑であったのである。というか、疑いの方が強かった。チラシが刷り終わって後からトークショーゲストが増えても、あまりインパクトはないし、トークショーで人を呼べば、それなりにコストはかさむ。森崎特集の「自走」が「暴走」にならないか、ハラハラしながら見ていたというのが本音のところだった。

1月17日（土）

そうして迎えた特集の初日。『喜劇 女は男のふるさとヨ』（1971）と『ニワトリはハダシだ』の二本立て。初回から悪くない客入り。しかしこの時点でも半信半疑。

森崎監督一行と山根貞男さんらは2時45分の『女は男の』の回からインして、鑑賞後、ユーロスペースの部屋を借りて念入りなる打ち合わせ。といっても、当日のトークショーのためというよりは、いま準備中の次回作に向けての打ち合わせである。劇場ではトークショー前の『ニワトリ』が上映中で、満席とのこと。とにかく、今日この日この瞬間が満員御礼状態になったことは認識するも、トークショー効果のせいであろうと、半ば醒めている。

倍賞美津子さん、6時頃にインで、場が一気に華やぐ。倍賞さんをお迎えするのは、二年前の加藤泰特集以来であるが、覚えていて下さったようで、ちょっと嬉しい。

トークショーを待つ間に、トークが終わって後の打ち上げ会場の確保が、今回は難航を極める。とにかく、非常に大勢の関係者が集まっていて、とりあえず近所の居酒屋で10人の席は確保できたが、それが増えるとなると対応できないと言われる。

6時30分トークショースタート、階段での「座り見」も出る、立ち見状態。トークショーはお客さんが多く入るとはいえ、立ち見・座り見まで出るトークショーはそうはない。少しずつ、もしかしたら森崎東特集は「来る」のかもしれないと思い始めるが、やはりまだ明日の結果を見ないと確信はできない。

トーク終了、おびただしい観客がロビーにあふれて、監督や倍賞さんを取り囲んでいる。西島秀俊さんや上野昂志さんもロビーでお見かけするが、しかしこちらは挨拶どころではなく、助監督の中村氏と打ち上げへの参加人数の確定を急ぐ。二人くらいのオーバーなら受入可能ということで、誰を連れていき、誰を別部隊とするかを二人して確定するも、結局はお店にいって、その場で振り分けるしかあるまいとの結論に。

総勢20人をこえる一団が映画館を後に渋谷の雑踏にまぎれて、確保した居酒屋にたどりついたのが7時30分を過ぎた頃合。結局つめにつめて、13人を押し込めて、にぎやかな打ち上げが始まる。監督は意外に静かである。いつも就寝時間が8時とのことだから、もう眠い時間なのかもしれない。奥様と山根さんらに囲まれるようにして、監督が去られたのが8時30分頃だったか。森崎監督は、今日のお客さんの入りを何と見ただろうか。

1月18日（日）

昨日、トークショーを終えたあたりで、やっと今回の客入りについて半信半疑くらいのところまで来たが、翌日の日曜の客入りを見て、ついにそれは確信に変わる。これは本気で来ている。この日は『生きてるうちが花なのよ死んだらそれまでよ党宣言』（1985）と『生まれかわった為五郎』（1972）の二本立てだが、客席の「みっしり感」が普段の日曜日とは違う。後で知ったが、トークショーのあった土曜と日曜の売上がほぼ拮抗していて、これは大変な事態である。

二本観てから、渋東シネタワーで『チェ 28歳の革命』（スティーヴン・ソダーバーグ／2008）を観る。人が入っていないのではないかと予想していたが、意外に大勢の観客で驚く。そうかそうなのか、森崎東が来て、ゲバラもまた来ているのか。なんか、この二人、ちょっと似てないか。

1月19日（月）

最終回の二本、『野良犬』（1973）と『喜劇 特出しヒモ天国』（1975）を観に劇場に行くと、昨日の客席の「みっしり感」がそのままそこにあって、うろたえる。一体どうしたことなのだろう。森崎東って、こんなに人気のあった監督だったのだろうか、というような、何ともいえぬ感慨。

客席に山根さんがおられ、実は、といって、六日後に迫った緑魔子さんと森崎監督のトークショーについて、司会役を監督から頼まれたという話をなさる。もともと、このトークはお二方だけでやるということだったのだが、近づくにつれて監督が心配になってこられたのだろう。その場で改めて山根さんに依頼をした。チラシに司会役の山根さんのお名前がなかったのは、そうした事情による。

『特出しヒモ天国』は二年前にもここで上映していて、傑作であることは間違いないのだが、『野良犬』はいわゆる森崎的な映画とは全然違う肌合いであるにもかかわらず、非常に感動した。傑作だと思う。

1月24日(土)

トークショー第二回の日。番組は『黒木太郎の愛と冒険』(1977)と『ロケーション』(1984)。実は、西田敏行が主演する『ロケーション』は面白くないのではないかと高をくくっていたのだが、これには泣けた。ピンク映画の撮影部隊が終盤、大楠道代と美保純の母娘関係をドキュドラマとして再構築しだすと、画面には異様な緊張がみなぎるのだ。しかもそれでいながら森崎東的笑いも炸裂する。西田敏行、侮るべからず。

この日より数日前に、四方田犬彦さんから、トークショーに先立って監督にご挨拶したいが、当日は緑魔子さんがお見えになるから非常に混雑して、難しいかもしれないとファックスで連絡をいただき、そうかな、そんなに混むかしらん、などと気楽に構えていた。甘かった。本気で混雑したのである。筆者は初回の11時からみて、二本を観終わって2時40分というところだったが、この直後の時点で満席状態になった。そしてトークショーが始まると、前週にもまして観客がそこかしこに張り付き、終わればロビーは緑さんのサインを求める人だかりで動きもとれないほどになってしまった。

この日もこの日とて、打ち上げの会場確保が至難の技で（土曜の渋谷で当日に10人超の予約を入れようというわけだから、難しいのは当たり前の話で、さりとて前日から予約するかといえば、やはりそうもゆかないのだ）、監督は監督で旧制高校時代の友人らを多数呼び集めており、緑魔子さんを含めた森崎組と熊本五高ＯＢたちという奇妙な混成部隊20人余りが、何とか確保した10人の宴席に突入した。

1月25日（日）

この日は『時代屋の女房』（１９８３）と『喜劇 女生きてます』（１９７１）の二本立てだが、潮が引いたように客席は閑散としている。何だ、ついに終わったのか、緑魔子さんの登場でもうピークに達してしまったのか、と早すぎる退潮に打撃を受ける。しかし妻に言わせると、これは『時代屋の女房』の選択が正しくなかったのだ、という。そうなのか？ 夏目雅子をスクリーンで見たくないのか？ このへんの按配が二年やっていても未だに分からぬ。山口百恵をスクリーンで見たかろうが、と思って百恵特集をやって散々の客入りだった教訓が生かされていないわけだが、分からないものはしようがない。

1月26日（月）

この日は『高校さすらい派』（1970）と『藍より青く』（1973）の二本立て。昨日の客席の「閑散感」がこの日も引き継がれ、いよいよ下降線をたどりつつあるのか、という弱気ムードにとりつかれる。

1月31日（土）

実際のところ、26日からの週は売上的に低迷が続き、水曜の『女生きてます』と『ロケーション』の二本立てを除いては、夏目雅子の呪いなのか、パッとしない日々。やれやれ最後の週はどうなるやら、と迎えた土曜日であった。

朝から渋東シネタワーで『チェ 39歳 別れの手紙』（スティーヴン・ソダーバーグ／2008）を観る。初日にしてはどうかとは思ったが、まずまずの客入り。やることなすこと、ことごとくとは言わないが、裏目に出がちな、ゲバラのボリビアでの日々がイタい。日々資金繰りに汲々とする己が身になぞらえるは不遜か。

ヴェーラに移動し、『喜劇 女は度胸』（1969）と『街の灯』（1974）の二本立て。本日は、第一週と第二週ほどではないが、さすがに先週の閑散感からは何とか抜け出ている。『女は度胸』などを観ていると、つくづく渥美清や森繁久彌などの芸達者が森崎映画を大きく盛り立てているさまが感じられる。その意味で、もはや絶対に再現不可能な類の映画なのである。

2月1日（日）

『女咲かせます』（1987）と『喜劇 男は愛嬌』（1970）の二本立て。昨日ほどではないが、まずまずの入り。監督も見に来られていて、ご挨拶を交わす。

『女咲かせます』での松坂慶子がバリバリの80年代ファッションで（肩パッドがアメフトの防具みたいになってるやつ）、ちょっと正視に耐えない。ほかの年代の映画を見ても、そうまでファッションに恥ずかしさを感じることはないのに、これはどういうことなのだろうか。やはり自分もあの時代には、ああした服を着ていた記憶が、ことさらに恥ずかしさをかきたてるということなのか。うれし恥ずかしバブルの黄金の日々よ。

2月3日（火）

本日は周防正行監督とのトークの日。平日ゆえ、こちらはトークスタートの5時30分ギリギリのタイミングで劇場入り。しかし平日にもかかわらず、客席はかなりの入り。昨日の『喜劇 女売り出します』（1972）と『女生きてます 盛り場渡り鳥』（1972）も、月曜なのに「みっしり感」が客席に漂っていて、先週から比べると再び盛り返した感がある。すごいぜ、森崎東。

さて、一二年の長きにわたって続いた本連載も、今回でおしまいである。サヨナラだけが人生だ。でもシネマヴェーラ渋谷はまだまだ続きます。今年こそは、誰も見たことのないような映画体験をあなたにお届けできるよう、しっかり儲けて、しっかり還元させていただくつもりなので、さらなるご愛顧をお願い致します。それでは、サヨナラ。

新・円山町瀬戸際日誌

岸田森は「持ってる男」なのか？ 2014

２００９年の森崎東監督特集を最後に、この日誌から長く遠ざかっていたものだが、先般ひょんなことから、当時の連載誌『ＵＰ』の担当編集者Ｙ女史と再会し、追加の原稿をものすれば単行本化も考えるとのおいしそうな話をいただき、ならばとスケベ心もあらわに、再び執筆となった次第。近頃は、フェイスブックなどを使ってプログラムの宣伝にあいつとめてはいるものの、何せ一回の文章の量は少なく、果たしてこれまで同様の日誌スタイルを維持できるや否や……。

２０１４年のＧＷ（ゴールデンウィーク）は岸田森特集である（4月26日〜5月16日）。

おいおい書いてゆくこととはなろうが、五年前の２００９年と２０１４年との大きな違いは、35ミリを映写できる劇場が全国的な規模で激減したことだ。いわゆるロードショー館で、今日35ミリ映写機を置いている所はほぼ無くなっていると思われる（その理由については、次回にでも語ろうと思う）。だからといって、ロードショー館以外の劇場など、東京のいくつかの例外（つまりウチのような名画座や二番館など）を除けば、さして数はないので、要するに全国的にはもう数えるほどしか35ミリ映写機を設置している映画館はないのである。そのことが劇場ビジネスにどういう影響を及ぼすのかだが、端的にいって、ウチのような名画座営業が危殆に瀕しているのだ。つまり、古い映画は当然、35ミリや16ミリなのだが、そうした媒体を上映する施設が全国的に消滅したわけで、配給会社としては、そうした商売を続けてゆくインセンティブが相当に低下したことになる。35ミリや16ミリプリントというのは、保管にもそれなりのコストがかかるものなので、大した売上も見込めないこの種の営業から、いつ撤退してもおかしくはない状況に、いまやなってしまったのだ。

そんな中での岸田森特集である。テレフィーチャーものの16ミリなどを加えての18本、いずれもプリント、というかプリントしかない時代の映画ばかりだ。ただ、例によって不安は不安である。35ミリをめぐる、こうした状況は、逆に都内では、奇妙なことに名画座間の競争を激化させているようにも思える。名画座の数そのものは五年前と変わってはいないのだから（むしろ浅草のいくつかの劇場や銀座のシネパトスなどが閉館して減ったわけだ。さらに最近では三軒茶屋名画座や新橋文化劇場などが閉館している）、こうした印象は単純に錯覚なのだが、体感的にはそうなのである。そうした体感からは、岸田森が出ている映画などは、名画座ファンにとってはお馴染みのものなので、いまさらお客が来てくれるだろうか、という不安。しかもGWである。

4月26日（土）

初日は『血を吸う薔薇』（山本迪夫／1974）と『曼陀羅』（実相寺昭雄／1971）の二本立て。やはり客入りとしてはいまいちな感じである。

『血を吸う薔薇』は岸田森ものとしては、主演作に近いが（言わずと知れた吸血鬼役である）、ウチでの上映は二度目だし、カルト的な人気作で、言い換えれば名画座ファンなら一度は観ていておかしくない作品だ。ただ、その割りには筆者に関しては、ストーリーも何も全然覚えておらず、初見の映画のように楽しく鑑賞できてしまった。老人力も、ここに極まれりの感強し。これも五年の時の経過のタマモノか。映画自体はさびれた洋館もののホラーの佳作だ。

『曼陀羅』は初めて観る映画。ちょうどこれがかかっている週のどこかで葛井欣士郎氏の訃報に触れたが（あとで調べたら4月30日にお亡くなりになったようだ）、その葛井氏の名もプロデューサーとしてクレジットされている、とても「ATGな」一本である。一種の宗教的・農耕的コミューンを描いていて、オウム真理教前のそうしたものへの眼差しが、今みると興味深い。何でも上映時間が10分短いとのことで、休憩時間を持て余してしまったのだが、どの記録を見ても上映時間は135分となっているのだとのこと。しかし、映画を観終わっても欠落感はない（よく東映の古いヤクザ映画なんかだと、コマ飛びが激しくて、平気で5分くらい短いプリントがあるものだが、この映画に限って、全くそういう風情はないのだ）。どういうことなのだろう。

まあそれはともかく、GWなのにこの先三週間、冴えない客入りで終始するのかと思うと、いささか憂鬱になりつつ家路につく。

4月27日(日)

特集二日目のこの日は『白昼の襲撃』(西村潔/1970)と『白い手美しい手呪いの手』(富本壮吉/1979)の二本立てだが、劇場に着いて「おっ」と思う。ロビーで待つ人の数が、昨日とは違って明らかに多いのだ。場内に入れば、その印象はさらに強化される。そうかそうか、テレフィーチャーの『白い手』に食いついたかと、昨日の暗い気分を入れ替える。

『白昼の襲撃』も典型的な名画座ネタの一本。日野皓正のシャープなジャズに乗せて物語が疾走する、イカす(死語!)映画だが、その意味では名画座ファンにしゃぶり尽くされているといえば、しゃぶり尽くされている。しかし時代を感じさせるのは(必ずしも悪い意味でそう言ってるわけではないが)、警察＝体制側が徹底的に悪であるとの描き方である。その後の浅間山荘事件などを経て、対峙する学生運動側のイメージの失墜を知る我々世代としては、ある種の感慨がある。

高橋紀子という女優が、ちょっとバタ臭くてキレイだと思ったので、他にどんな映画に出てるのだろうとフェイスブックでつぶやいたところ、『野獣都市』(福田純/1970)に出ていた人だと、誰かが教えてくれた。ウチでもやった映画だけど、例によって忘れてるわけですな。その後調べてみると、『栄光への反逆』（中平康／1970）などもあり、興味をもつ。この人で特集を組んだら、あまりにニッチだろうか。

『白い手美しい手呪いの手』は、テレビのいわゆる二時間ドラマ用に作られたテレフィーチャー作品で、CMの時間があるから正味は95分の映像となっている。暗黒経済もの系の導入部（黒岩重吾あたりが原作で、田宮二郎が主演する大映の作品で、株の買い占めとかの経済サスペンス物のことを、ひそかに「暗黒経済もの」と呼んでいる）が、スプラッター風に展開し（死体を風呂場で電気ノコギリでバラバラにする、というのは、テレビ用映画としてはかなり大胆である。まあ、風呂場の床を血が真っ赤に流れる程度の描写ではあるが）、刑事役の長門裕之の登場により推理ドラマ的に終わるというもの。

この作品などは16ミリなので、いまや35ミリ以上に上映機会はまれなものとなっている。昔のテレフィーチャーは16ミリで撮影されたものが多いらしいので、今後は神代辰巳監督のテレビものなど、発掘して上映できればと思う。

岸田森特集、これはイケるかもしれないと、反転の兆しの見えた日曜。

4月28日（月）

いつも最終回の二本を観にゆく月曜日、今年のGWは飛び石気味で、休日と休日の合間の月曜である。事務所に出てみると、受付のI上嬢からメールが来ている。就職が決まったので、転職先の都合で、急遽シネマヴェーラでの受付業務からは引退とのこと。少し前から話は聞いていたが、現実のものとなると、それなりに衝撃はある。I上さん、長かったからなあ。

この日の二本立ては、『斜陽のおもかげ』（斎藤光正／1967）と『愛の嵐の中で』（小谷承靖／1978）。まあ、平日の月曜日なので、特筆するような客の入りではない。特に良くもなく悪くもない、いつもの月曜日。

『斜陽のおもかげ』はその名のとおり、太宰治の遺した子供を吉永小百合が演じ、岸田森はその恋人役。その意味では彼本来の（？）エキセントリックな役柄ではないのだが、この時代（50年代から60年代）の映画を観ていると、どうしてああも若者たちは登山に行くのか（そして大抵遭難してしまうのか）、不思議だ。しかも遭難して死んだ山男は、決まって雪山で荼毘に付されるのだが、山の中で火葬なんかにしちゃヤバかろうと、思わずツッコミを入れたくなる展開（どういう法律になってるかよく知らないが、火葬場以外で死体を焼こうとしても絶対に許可が下りないと思うのだが）。あれは世代的なものなのだろうか。最近も、やけに団塊世代が登山とかしているが、どうも全然関心が湧かないのである。

『愛の嵐の中で』は、三人娘の中では個人的には一番のヒイキだった桜田淳子主演のサスペンスもの。岸田森はオネエの美容師（そのくせ桜田淳子に言い寄っているという奇怪な役どころ！いったいどっちだ？）という、彼本来の（！）脇役ぶり。

桜田淳子はどこかのインタビューで、舞台は菊田一夫先生にしごかれたみたいなことを語っているのを見たことがあるが、独特の、うまいようなクサイような不思議なお芝居をする。ここでもそれがサクレツだ！　またこの映画で印象的なのは、まるでニュープリントのようにキレイな画質である。黄色のポルシェがストーリー上のポイントとなるのだが、とにかくその黄色がキレイなのだ。東宝のプリントだと、たまにこういうのにお目にかかることがある。たぶん昔に焼いてそれからほとんど上映の機会のなかったような映画に、しばしば、こういうことが起こる。そんなに人気のない映画だったのかね？　なかなか悪くない作品と見たのだけれど。

5月3日（土・祝）

先週の火曜以降の客入りの様子で、岸田森特集、まずまずの手応え。というか、予想以上の入りだった。と、そのことを妻に言うと、色々考えた末なんだから当然でしょ、とのお答え。因みに、最近は邦画系のプログラミングは支配人を務める妻が手掛けることが多く、今回の特集も、ほぼ彼女が組んだラインナップである。う～む、客が入るのはいいが、それが自分の手柄ではないとなると、何となく損したような気分なり。

二週目の幕開けとなる本日の番組は『黒薔薇昇天』（神代辰巳／1975）と『ダイナマイトどんどん』（岡本喜八／1978）。先週で手応えはあったといいながら、この日は実は、あまり期待はしていなかった。『黒薔薇』はウチ的には再映で、これも名画座的マストアイテムだし、『ダイナマイト』も名画座常連作だ。なかなか客足は伸びんだろうなと思いつつ、ところが劇場に来て驚いた。人がたくさんいる。休憩時間の女子トイレに列が出来ている。しかも若い女性が、だ。やはりロマンポルノは侮れない。

さて『黒薔薇昇天』だが、岸田は芸術至上主義者のブルーフィルム監督という、うってつけというのか、例によってキッカイな役柄を演じている。大阪弁で作り込んでいて、本来東京生まれのこの人には無茶な配役と思われるのだが、なかなか好演（怪演）している。それにしても、観ていて、また来年あたり神代特集をやりたいなぁという気分になるから、つくづく神代作品は中毒性があると思う。

『ダイナマイトどんどん』にあまり期待していなかったひとつの理由は、公開時にも観たし、その後も何度か観ている作品なので、そんなに面白くなかったような記憶があったからなのだが、今回観て、いったいそれはどんな記憶じゃと、オノレにツッコミを入れる始末となった。笑える笑える、むちゃくちゃに。モウロクして口の回らなくなったという設定のアラカン親分が、何かというと「ニンキョー！」と叫ぶのが訳もなく可笑しい。進駐軍を前にしながら、実にいい加減な采配をふるう藤岡琢也の警察署長も変に可笑しい。

その後、ユーロスペースにて『ダーク・ブラッド』（ジョルジュ・シュルイツァー／2012）を観る。個人的にはリヴァー・フェニックスという役者にはそう関心はないのだが、未完成に終わった映画を監督が執念で完成に持ち込んだ、という背景に興味をそそられた。監督自ら冒頭でなお未完成である旨をアナウンスしていたが、その通りで、シーンとして完成していないところはナレーションで説明するという変わった展開。やはり完成前に主演のベラ・ルゴシが死亡したため、無理やり作り上げてしまった〝最低映画監督〟エド・ウッドの『プラン9・フロム・アウタースペース』（1959）などを彷彿とさせる（させねーよ）。

5月4日（日）

先週の平日のまずまずの集客と、昨日の劇場の熱気で、ほぼこの時点で今回の特集に完全に自信を持つに至る。岸田森、意外に「持ってる男」だった。あと二週弱は安泰だと、ひとまずの安心である。そんな思いで劇場に来て客席に座ると、一本目を終わった時点で左右の席に人が座ってくる。満席に近いというと、やや語弊があるが、とにかくかなり入ってる、という状況だ。この日は『斬る』（岡本喜八／1968）と『可愛い悪魔』（大林宣彦／1982）の二本立てで、この日の入りがいいのは、レア物としてのテレフィーチャー大林作品の故であろう。

『可愛い悪魔』はアンファンテリブル物というのだろうか、題名のとおり、天使のように可愛い少女は、実は悪魔のように怖い子だったという話だが、ここでの岸田はホンのチョイ役的な出演で、セリフもあまりないが、何というか、『帝都物語』(実相寺昭雄/1988)の加藤保憲のような、軍服姿の不思議な役柄を演じている。

かたや『斬る』は、なんだか『椿三十郎』(黒澤明/1962)のようなお話だなあと思って調べてみると、両方とも山本周五郎の原作のようだ。

喜劇監督としての野村芳太郎 2014

岸田森特集、無難に乗り切って、いや、というよりも、望外な成功のうちに終了して、次は「野村芳太郎監督特集」である。野村監督は、名画座でも取り上げられることはままある人だが、ただそれは「松本清張の人」としてであることが多い。『砂の器』（1974）を頂点とする、「清張ミステリー」の映画化の第一人者というやつだ。それもイヤだとは言わないが、あまり『砂の器』が好きでもないせいで、何とはなしに食わず嫌いに敬遠していたふしがあったのが、ある日、「野村監督は喜劇が面白い」との趣旨の小林信彦氏の発言に遭遇した（小林信彦＝萩本欽一『ふたりの笑《ショウ》タイム』）。そうなのか。俄然、野村演るべし、である。そこで今回の特集は、コメディや、普段あまり上映されない野村作品を中心に四週間の特集とは相成った次第。

5月17日（土）

初日は朝早くから病院に行く用事があり、その道々フェイスブックなどを眺めていると、柳下毅一郎氏の書き込みで鈴木則文監督逝去の報に触れる。あわててその場で柳下氏に連絡をとり、シネマヴェーラとして追悼特集を行いたいと思うので、その節は協力をいただきたい旨を申し入れ、快諾を得る。支配人の妻にも連絡を入れる。今から新たな特集を押し込むとすると7月上旬あたりになるかとの計算。

病院で用事を済ませると、まだやけに早いので、劇場に向かう前にどこかで一本観られるだろうかと映画関連アプリで検索してみるが、どうも時間が中途半端なので、諦めて渋谷に向かう。前回、この日誌を書いていた頃と比べると、フェイスブックを見たりスマホアプリを覗いたりと、そのあたりは年月の経過を感じるものなり。

本日は『左ききの狙撃者 東京湾』（1962）と『白昼堂々』（1968）の二本立て。やはりというべきか、あまり客は入ってない。それはともかく、鈴木則文追悼特集に向けて、東映にまずは押さえてもらうべき作品をリストアップして、それらがこの一年以内ほどの間にどの程度の頻度で都内の劇場で上映されたかを調べておくよう、受付に指示を出す。そうした作業を終えて、客席に着く。

『左ききの狙撃者 東京湾』は不思議な作品で、上映作品のタイトルとしては『東京湾』としか出て来ない。左ききのスナイパーによる殺人であることは映画のはじめの方で明かされるので、これは別段ネタバレでも何でもないのだが、なんで『東京湾』などという抽象的な（抽象的な割に特にカッコよくもない）タイトルにしたのか、いぶかしい。お話としてはすこぶるキレのいい警察映画の傑作になっている。おきまりの、経験は浅いが情熱漢の若い刑事と、人情に厚い老練な中年の刑事とのコンビが、難事件に挑むというものである。ただ、妙に印象に残ったのが、警察署の仮眠部屋にガイシャの遺体が置かれていて、つまり署で仮眠をする刑事たちは死骸と枕を並べて眠るという、何ともいえないシーンである。全体に、ごく真っ当なリアリズムの演出が施されていることから考えても、ここだけフィクションを入れたとは思えない。当時の警察署では、実際にそういうことが行われていたと受け止めるのが素直な見方なのだろう。考えてみると、相当に凄惨な話だ。臭いとか、どうなんだ、とキモチの悪い想像をしてしまう。

『白昼堂々』は渥美清をはじめ、藤岡琢也、フランキー堺、有島一郎などの芸達者な役者の集結した愉快なクライム・コメディ。倍賞千恵子は女スリ師として、白昼堂々の万引き集団に参加する。九州弁の（更生したというフレコミの）渥美清と、同じく更生したというフレコミ（実際、この時点では更生していたわけだが）の関西弁の藤岡琢也が、彼らを捕まえた叩き上げのスリ専門警官の有島一郎の前で繰り広げる、コントというのか、にわかとでも言うのか、そのやりとりがおかしい。有島一郎といえば、この映画の中ではグラウチョ・マルクスを意識したとしか思えない変装を披露しており、好事家としては必見である。

5月18日（日）

特集二日目は『暖流』（1966）と『踊る摩天楼』（1956）だが、相変わらず集客としては、パッとしない。プログラム的には昨日よりも弱い感じで、その分、今日の方の入りが悪いように思われる。まあ、常に勝つというわけにはゆかぬよなあ、と自らを慰めつつ観劇。

『暖流』は戦前・戦後と都合三度、映画化されている。たぶん一番有名なのは増村保造のそれで、何といってもギンという名の看護婦（今ふうに言えば看護師だけど、どうもそれだと雰囲気が出ない）を演じた左幸子の、ストーカーばりにエスカレートしてゆく怪演が印象に強い（左幸子はたいていの場合「怪演」になってしまう人ではあるが）。野村版の『暖流』のギン看護婦は倍賞千恵子が演じているので、そこはフツーの恋に悩む娘、そうしたアブナイ感はない。その意味では、メロドラマ色のより濃い『暖流』である。

『踊る摩天楼』については、越路吹雪が出ているので、ちょっと期待していたのだが（マキノ雅弘の『次郎長三国志』シリーズの彼女がすごくカッコ良かったもんで）、意外に平凡でしたね。どうもミュージカルに関しては好きなだけに、点数が辛いところがあって、この作品なども群舞シーンなど、もっとちゃんとダンサーの一挙手一投足を揃えてもらいたい。意外に良かったのが、有馬稲子の見せる日舞で、まあ日舞そのものが良かったというより、有馬稲子が日舞を踊ってる意外性が良かったのだとは思うが、さすがに華がありました。中川ブラザースのダンスのみは、さすがに揃えるべきところは揃えていて、ミュージカルはこうでなくちゃ、と思わせた。
劇場を後にして、ジムで汗を流し、時間が空いたので事務所に行って、若干の仕事をする。なんで素直に家に帰らないかといえば、この日、事務所近辺の表参道で、ひと月前に受付嬢を辞めたI上嬢の送別会があるからだった。これについては項を改めて書くべきか。

〈I上嬢送別会顛末〉

この日録を再開するに際しては、やはりいろいろと「ネタ」を意識しながら暮らすようになり、そうなると、I上さんの送別会などは最大のネタなのである。なぜかというと、この日歴代の受付嬢たちが集結して、彼女の送別を祝うこととなったからだ。筆者などは、これを逃すまじとて、ノートブックを片手に、この送別会に参加したものである。参加者は、筆者と妻を除けば、I橋さん、Y田さん、N本さんに、I上さんの総勢6人である。表参道駅のほど近い巨大なレストラン「シカーダ」の個室にて、18時半より宴は始まった。
遅れて参加するとしていたY田嬢がすでに妻とともにおり、そのうちにI上嬢・I橋嬢・N本嬢と同時に入室、華やかな雰囲気の中、送別会は開始される。I上さんはもう受付に勤務して五年になるそうで、わが劇場の受付嬢としては最長不倒記録。筆者がこれこれの事情で「ネタ」を求めていると明かすと、ヴェーラでの幽霊話（夜間の最後の上映が終わって客出しをした客席に、いつまでも出て行かない客（?）がいて、それがユーレイらしい）に始まり、名画座定番の「ちょっと残念なお客」ないし「とても迷惑なお客」の話（エロい映画を上映していると途中でハアハア言いながら場内を飛び出してきてトイレに駆け込み、直後にスッキリした表情で出てくる客や、ロマンポルノ特集などの際に電話をかけてきて、上映作品を一本ずつ受付嬢に読み上げることを強いる客（たぶん電話をかけてくるだけで、お金を払って入場してなかろうから、「客」ではないと一方的に認定！）、客席でオモラシ（尿の方）してしまう客、トイレで洗髪をする客、ビニール袋につめた10円玉で入場券を買う客とか）などに及んだところまでは良かったが、場は急速にアラサー女子会化し、やれ誰それはフタ股だ、いや誰それはミツ股だのといったことに始まり、果ては淑女の口から発せられたとは到底思えない話題がサクレツ、とてもここには記述できないような話を、力なくノートブックに採るはめとはなった。これが世にいう女子会かと、そこに一人紛れ込んだ男子たる自分は、その妖気に完全にあてられた。気がつけば23時もとうに過ぎて、この華やかにも妖しき送別会は幕を閉じたのである。

5月19日（月）

月曜の朝から寝不足気味の淀んだアタマで起床、昨晩の影響か。鈴木則文追悼上映の件、内心危惧はしていたが案の定というべきか、競合他館にさらわれたことが、東映から知らされる。まあ、仕方がない。そうは言っても人生は続くんだ。

仕事を終えて、夕刻、渋谷に出る。この日の二本立ては、『春の山脈』（1962）と『拝啓天皇陛下様』（1963）。特筆すべきほどにひどい入りではないが、要するに、あまり入ってない特集の際の月曜日の入り方である。『春の山脈』は会津若松を舞台にした青春ドラマだが、ここでの鰐淵晴子は、なんか一人だけキレイで浮きまくってる。昭和30年代の田舎に、ハーフでもないのにこの容貌の人はいないだろう、という浮遊感である。『拝啓天皇陛下様』は、戦前から戦後にかけての、二人の戦友（渥美清と長門裕之）の友情物語。長門の妻役を左幸子が演じるが、ここでは「フツー」の奥さんを演じている。藤山寛美なんかも出てるのだから、もうちょっと活用してもらいたいところ。

5月24日（土）

特集第二週目の土曜日。ここに来ての『張込み』（1958）はシビレましたね。うだるような暑さを背景に、昭和33年の佐賀を舞台に、東京から来た刑事のコンビが、容疑者の昔のガールフレンド（という言い方は、この年代とシチュエーションにはそぐわないが、取りあえず）の高峰秀子に容疑者が接触するのかどうかを張り込むという基本的なストーリー。何が素晴らしいといって、エアコンとかのない時代、夏の暑さの中では家中開けっ放しの平屋の高峰宅を、その前に建つ旅館（ここもエアコンなどない以上、暑いので開けっ放しである）の2階に張り込んだコンビの刑事による張込みということになるわけだが、オープンセットに建てられたと思しきこの二つの建物を舞台にして、見下ろしつつ観察する刑事側と、見下ろされつつ観察される高峰とが、一つのショットに収まりながら両者が動き回るさまを見せつけて、何とも言えない映画的な興奮を高めてくれる。こうして観察される高峰は、何というところも見せないのだが、後半、容疑者に接触されて以降は、目をみはるような変化を見せる、そこも、もちろん見せ場であるわけだ。思ったが、これも、今や普通には再現できない映画だ。つまりエアコンとかがないことが前提の映画であって、今の時代に『張込み』をリメイクするとしても、こういうショットは絶対にありえないのだと思うと、感慨ひとしおのところはある。野村監督、さすがに「松本清張の人」の貫禄である。

6月7日(土)

この間、いろいろあって、いきなり6月7日である。いろいろと言っても、そんなに特に語るに足ることはなくて、まあ客の入りはそう多くはないなか、野村芳太郎特集は淡々と進んでいった、というくらいのことである。うーん、正直なところを言えば、集客的にはちょっと残念なところ、ということである。

ただ、この日はそんな気分を打ち消すのに十分だった。前日からの大雨が祟り、本日も激しい雨が続いていて、そもそもお客さんが来るにはよくない日ではあったが、この日の作品は凄かった。『最後の切札』（1960）である。もちろん初めて観た作品だ。佐田啓二主演の、ハードボイルド映画といっていいと思う。しかも、佐田は徹底して悪い役どころで、救いはない。ワルなりに感情移入できる役というのもあるが、そういうのとも違う。それだけでも相当に新鮮だが、『最後の切札』は、単に「松竹大船の優等生がワル役をやった異色作」というのを超えて、間違いなく、日本のハードボイルド映画の五指に入るようなクオリティに達していると思う。ワルであることの哀しさでありつつ、それがハードボイルドであるような。『左ききの狙撃者 東京湾』でもその味があるが、そうしたものに共通する焦燥感のようなものが、全篇にあふれているのだ。惚れました。これを観られただけでも、野村芳太郎特集をやった意義はありました。

6月13日(金)

そんなわけで本日が最終日である。野村芳太郎監督の特集は、当初期待していたように、喜劇作品がそんなに面白かったかというと、個人的にはどうもそうでもなかった、というのが偽らざる感想。でも、『左ききの狙撃者 東京湾』や『最後の切札』のような隠れた傑作、あるいは『張込み』など、否定しようのない傑作の送り手であることは、改めて確認できた次第。まあ、偏見を捨てて、いまいちど『砂の器』に対峙してみるべきなのだろうか。

千葉チャンはお祭りである2014

いつも思うことだが、入りの悪かった特集の後は、次こそは、と心密かに思うものである。これは名画座に限らず、映画興行に携わるすべての人の心情だろう。たかが四週間ほどの興行が、どれだけ人を集められるかに一喜一憂する人々の群れなのである。筆者らは常に、この三週間か四週間のバクチに勝負をかけている。ヤクザな人生なのである。

その意味では、野村芳太郎特集の後の千葉真一特集（「チバちゃん祭り！ Sonny Chiba A Go Go!!」）は、ヤクザな勝負感むきだしな特集だ。正直なところ、ウチの劇場は開館以来、邦画の上映傾向としては東映に傾いていたと思う。やはり、あのミもフタもない感じの東映ムービーというものは、どうしてもキライになれないものがある。だが妻が支配人になり、作品選定に乗り出すようになって、明らかに上映作品の傾向が変わった。それはそれで結構なことだと思っている。ただ、この直近に関して言えば、オール松竹の野村監督特集の不入りを受けて、（ほぼ）オール東映の千葉チャン特集で雪辱を狙う、という構図になっており、やはりここは東映サマ・岡田茂サマお願いします、という気分にならざるを得ない。二つ連続で外せない。ヤクザな勝負師の沽券にかかわる！

6月14日(土)

千葉チャン特集は、前日のポスター貼りから実質的にスタートである。『戦争の犬たち』(土方鉄人／1980)の飯島洋一氏が、自らのコレクションから大量の千葉チャン映画のポスターをお持ち込みいただき、スタッフ一同はこれをロビーに貼りまくるのだ。それもこれも、初日にトークショーに出演いただく千葉真一御大の歓迎のためである。千葉チャン祭りと題した今回の特集だが、このニギニギしさは祭りの名に恥じない！

初日は『戦国自衛隊』(斎藤光正／1979)と『直撃地獄拳 大逆転』(石井輝男／1974)の二本立て。トークショーは午後も遅くからなのに、初回から客入りは好調。そうだよ、これを待ってたんだよ！ 多くのお客さんがロビー狭しと貼りまくられたポスターをスマホで撮影しているのを見るのも嬉しいもんである。筆者も壁一面のポスターをなめるように動画で撮影してフェイスブックにアップしてみると、1000人以上にリーチしたという！

『戦国自衛隊』は、しかし、映画としてはかなり疑問の残る作品ではある。戦車やヘリコプターが戦国時代にタイムスリップするのはいいとして、こうした機器はめちゃくちゃ燃費は悪いはずなのに、どうしていつまでも走っていられるのか。兵站無視は旧陸軍以来の伝統なのか？ そのへんのリアリティが変だし（原作は一体どうなってるんだ？）、千葉チャン扮する自衛官のキャラクター造形も、ヒーローとしてみるべきなのかアンチヒーローなのか、座りが悪い。

二本目の『直撃地獄拳 大逆転』になると、そろそろトークショーにかぶる客が入る頃合いで、客席はほぼ満席状態になる。『直撃地獄拳 大逆転』は、そんな満場のお客と一緒に観るのにうってつけの作品だ。石井輝男の下品なギャグは大笑いをもって迎えられ、70年代東映作品の香りに誰もがウットリする（どんな香りじゃ？）。当館で三度目のお目見えながら、相変わらず根強い人気を誇る大傑作だ。

二回目の『戦国自衛隊』の客入れで、立ち見が出始めたのを見届けて、トークショーの準備にとりかかる。まあ、筆者のやることといえば、ゲストの千葉チャンご一行のお出迎えくらいなものなので、たかが知れてるが、スタッフらは、ハンドマイクや壇上の椅子を用意したり、控室にお茶を用意したりと、本来の作業に加えてそれなりに忙しい。

ほぼ定刻に千葉チャンは、マネージャー氏と子息の真剣佑《まっけんゆう》氏を伴い、車で到着。やはりスターのオーラはさすがです。ただそれにしても、サービス精神が半端でなく、筆者らを相手にしても「こちらに気を使っていただいてる感」が溢れていて、恐縮する。トークの聞き手の映画評論家の磯田勉氏も到着し、打ち合わせしばし。

17時35分の定刻となり、トークショースタート。会場は大勢の立ち見つきの満杯で、ルーマニアから来たファンの方の質問などが会場から寄せられるなど、大いに盛り上がる。40分のトーク後はロビーでサイン会&撮影会となり、あまりにいつまでも人の列が途切れないので、マネージャー氏と相談のうえ強制中断として、千葉チャンには控室に戻っていただく。ひと呼吸置いて、ご一行にご退出いただき、残った磯田氏や、会場に駆けつけていた同じく映画評論家の木全公彦氏らと共に、近所の居酒屋で打ち上げ。千葉チャン特集の初日としては、最高のすべり出しといえる幕開けである。

千葉真一氏　2014年6月14日(土)

6月15日(日)

この日は午後早くから、顧問をつとめているアニメ会社の社長夫人の三回忌の法要が営まれ、よって劇場には行けず。会社の経理を担当していたから、筆者とも仕事上のやりとりはあったし、ウチの妻ともども四人でご飯に行ったこともあり、死去の当時はあまりに早すぎる逝去に茫然としたものである。はや二年で、感慨深し。

6月16日（月）

日曜から明けて月曜。

日曜の客入りは気にはなっていた。案の定というべきか、大した入りではなかった。初日にトークショーがあると、その日は大入りになるが、明けて翌日曜には大した入りにならないという現象は、これまでも多々あった。今回も、それだろうか。その方向性を探る月曜だが、まあ、さしたる客入りではない。やっぱりいつものパターンだったかという感じ。まあ、それでも途中から盛り返すということも無きにしも非ず。この日の二本立ては、『脱走遊戯』（山下耕作／1976）と『陸軍諜報33』（小林恒夫／1968）。

『脱走遊戯』は、小沢栄太郎率いる脱獄幇助屋集団と、一匹狼の千葉チャンとが、時に協力し、時に裏切りあうお話だが、小沢の情婦の美しき鰐淵晴子センセイが千葉チャンになびくというのに、ベッドシーンがゼロというのは、東映作品の名に恥じないのだろうか？ 別にオッパイ出さなくてもいいから、それっぽいシーンがないと、何だかなぁという感あり。

『陸軍諜報33』は、いわゆる陸軍中野学校ものの一本。例によって、満々たる自信が凝り固まって人格化した感のある丹波哲郎センセイが「仕切る」中野学校に、むりやりリクルートされてくるのが千葉チャン。何せ、デッチ上げの非行事件で軍法会議にかけられ、死刑判決を受けた挙句に、中野学校に叩き込まれるというのだから、念が入っている。それを裏で全部仕切るのが、言わずと知れた丹波センセイである。緑魔子の可憐な魅力が、丹波センセイの毒気を打ち消して、健闘しています。

6月21日(土)

それなりの期待をもって臨んだ二週目の土曜。というのも、ニュープリントでお目見えの『新幹線大爆破』(佐藤純彌／1975)の上映だからである。佐藤純彌監督のこの作品、長く東映にあっては傷だらけのプリントしかなく、最近になってニュープリントが焼かれたものなので(ライムスター宇多丸氏が焼いたプリントだとのこと。この場を借りて感謝!)、これへの食いつきを大いに待望したわけだ。

ただ、現実にはそれほどの客入りとはならず。作品としても、確かに面白いことは面白いのだが、何というか、ムダが多い感じのする映画だ。時間が長い点もさりながら、キャストがムダに豪華である。たった一言のセリフやシーンのために、北大路欣也や志穂美悦子を動員する意味があるんだろうか? 千葉チャンも新幹線の運転士なので、アクションシーンはゼロ。主演の高倉健は、要するに食い詰めて新幹線を人質に巨額の身代金を要求するのだが、動機としてそれはアリなんだろうか? いや、もちろんそういう犯罪者はいておかしくないのだけれど、健サンの演じる役柄として、それでいいのか、ということです。

それに引き換え、どうせSPもの（ショート・プログラム。日本映画界で一時期作られた、45分から60分程度の長さの中編映画）と思ってタカをくくって観た『ファンキーハットの快男児』（深作欣二／1961）は、まことに侮りがたし。脚本がすごくよくできていて、複数の事件がひとつにまとまってゆく様が、見事。脚本がいいと言ったが、よくよく考えると、これは演出の巧みさと見るべきだろう。観ていてちょっとウットリする感じである。C調モードの千葉チャンをうまく描いていて、楽しい一篇である。

6月22日（日）

この日は『浪曲子守唄』（鷹森立一／1966）と『ウルフガイ 燃えろ狼男』（山口和彦／1975）の二本立て。

『浪曲子守唄』は、千葉チャン版の『キッド』とでも言うべき父子物だが、そこはそれ東映作品なので、例によって悪の権化たる安部徹大親分などが色を添えるヤクザ物となっている。別れた元妻の嵯峨三智子が泣かせる役どころで、大原麗子が実にカワイイ。

『ウルフガイ 燃えろ狼男』は、お色気にアクションと、正統的東映千葉チャン映画の王道的作品。やはり、こうでなくっちゃ。

6月28日（土）

第三週目の最初の土曜、この日のラインナップは『東京大地震マグニチュード8.1』（西村潔／1980）と『宇宙からのメッセージ』（深作欣二／1978）だが、あいにくと、シネマヴェーラ渋谷も加盟するコミュニティシネマセンターの年次総会があるため（筆者はここの非営利法人の監事をおおせつかっている）、一日、会場のフィルムセンターを離れられず、観劇はおあずけである。前者はテレビのスペシャル番組のため、なかなか劇場では観られない作品なので、残念である。おまけに、特撮監督の川北紘一氏（この時期、ハリウッド版ゴジラの上映も近づいているところで、ご本人も忙しいとの由）のトークショーもあるというのに！[*1]

総会後の懇親会では、スクリプターの白鳥あかねさん（ちょうどこの時期、著書『スクリプターはストリッパーではありません』の刊行を記念して、ラピュタ阿佐ヶ谷で、スクリプターとして参加した作品群が特集上映中であった）や映画評論家の平野共余子女史らと旧交を温める。

6月29日（日）

当館で三度目の上映となる『日本暗殺秘録』（中島貞夫／1969）。トークショーの中でも言及があったが、当時テレビ番組の『キイハンター』に出演中だった千葉チャンが、番組を休んで打ち込んだ作品がこれで、数々の賞を受賞したという、演技開眼の一作。因みに『キイハンター』

といえば、例によって丹波哲郎センセイが仕切るスパイ集団（？）のお話で、本当に丹波センセイ、仕切り屋である。

もう一本は『子連れ殺人拳』（山口和彦／1976）、千葉チャン王道のカラテアクションもの。最後まで姿を見せない天津敏が、登場するやいなや、スゴイ迫力で暴れまくるのが見もの。

7月1日（火）

『激突！殺人拳』（小沢茂弘／1974）は激しい退色プリントにもかかわらず、何とも良かった。何か、カラテ映画のタマシイを感じさせてくれる、というか。千葉チャンはかなりダーティな役柄で、志穂美悦ッチャンもまた、汚れ役なのもいいです。エッちゃんのパンチラすれすれ感もいいし（て、結局そこかい！）、いやいや、それだけじゃなくて、暴漢どもに輪姦されてしまうような、何というか「全然大切に扱われていない風情」の、エッちゃんのB級感が、今となっては超貴重（やっぱ、そこかい！）。というか、別の千葉チャン作品でも感じたが、志穂美悦子は初期においては、不思議な使い方をされている。仕込み中の芸妓として一瞬画面を横切るような登場の仕方だとか。どういうつもりだったのだろうなあ？志穂美悦子マニアとしてはとても気になる。

7月6日（日）

親父が倒れて入院するなど、週末前から家が騒然としていて、劇場に行けない中、『沖縄やくざ戦争』（中島貞夫／1976）のプリント状態をめぐり、お客様からお叱りを受ける。確かに東映からも事前に「プリントに難あり」との指摘を受けており、事前にプリントチェックをした末に、映写係からは「何とか上映は可能」との回答を得ていたものではあったが、ラストの十数分が欠落しているとのことで、そこを見落としていたのは完全にこちらのミスである。フェイスブックを介してのお叱りだったので、フェイスブック上でお詫びを入れた。ただ、少ない人員で回している劇場なので、今後はこうしたことがないように一段と気をつけはするものの、絶対に再発しないミスだとも断言できないことを一言付け加えた。まあ、受け取りようによっては余計なひと言だ。ただ筆者らには、たとえばフィルムセンターのように、常にきっちり管理されたプリントを、手間暇かけてチェックするなどして準備して、一日に二度だけの上映のために上映する、というような「贅沢」は、人的・財務的・設備的リソース上、全然許されていない。自転車操業じゃないけれど、常に走りながら上映活動を行っているようなもんである。そこのところは理解してほしいのである。

＊1　川北氏はこの年の12月5日に亡くなった。

11度目の「映画史上の名作」の夏　あるいは興行事情激変の巻　2014

　また、夏の恒例「映画史上の名作」の季節がめぐって来た（冬の年末年始の時期と夏休みシーズンの年に二回）。今回で11回目である。その第一回となったのが、瀬戸際日誌の「年末年始への慌ただしさ」（本書一〇八頁）で触れている、たった二週間のオール16ミリによる興行だった。２００８年11月の下旬のことで、今が２０１４年の7月だから五年半前のことだが、遥か昔のようにも思えるし、ついこないだのことのようにも思える。

　当初、このシリーズを始めた動機は、以前にも書いたように、洋画を劇場でかけることにあまりに制約がありすぎることだった。権利自体を日本国内の配給会社が持っていることが少ないし、たまさか持っていても上映素材がないことが圧倒的に多い。それなら、いわゆる権利切れ（著作権の保護期間の消滅したもの）の洋画を集めて、上映してみようということから、始まったのである。そこで、まずは日本語字幕のついた16ミリ素材を買い入れて、二週間の上映を試みた。なぜ二週間かといえば、三週間をもたせるだけの本数がなかったからだ。なぜ16ミリかといえば、DVDなどのデジタル素材に対する観客の反応が読めなかったからだ。劇場に映画を観にくる観客は、プリント信仰が厚いと思われている、少なくとも2008年の時点では。だからデジタル素材を映画館で見せると、ソッポを向かれるおそれがあったのである。

結果としては、まずまずの客入りで、この路線への自信は深まるのだが、問題は16ミリ素材である。今でも少しはあるのだが、16ミリフィルムを扱う業者というのは、当然ながら減少傾向にあり、そうしたところからフィルムを安定的に調達することはなかなか難しい。アテネフランセ文化センターにも何十本かはあるが、日本語字幕のついているものはそう多くはない。そこで目をつけたのが、アテネの保有する字幕投影システムだ。これがあれば、字幕のない16ミリにも、こちらでつけた日本語字幕を同時投影することで、映画館での上映が可能となる。16ミリ素材はアメリカのネットオークションサイトで入手すればいい。むしろ、日本の16ミリ業者の持っている素材は、キレイなプリントであることはまれなので、質的にはいいものが期待できるかもしれない。こうして第二回目の「映画史上の名作」が2009年8月に送り出され、四週間にわたり24本の作品が上映された。字幕投影システムで独自に字幕をつけたものとしては、『ラヴ・パレイド』（エルンスト・ルビッチ／1929）、『襤褸と宝石』（グレゴリー・ラ・カーヴァ／1936）、『キートンの探偵学入門』（バスター・キートン／1924）、『ヒズ・ガール・フライデー』（ハワード・ホークス／１９４０）、『トップ・ハット』（マーク・サンドリッチ／１９３５）の５本である。

ところで、この５本の顔ぶれを見てもお分かりのように、独自に字幕をつけるとなれば、作品選択の幅は飛躍的に高まるのだが、なぜ24本もの作品を上映する中で独自字幕作品は５本にとどまるのか。それはコストが非常にかかるからだ。アテネも、まとめての作業になるのでかなりまかせてはくれているのだが、やはり高い。それでも年に二回、この特集をやり、また合間に「番外編　サイレント小特集」などもはさみながら、徐々に作成本数を６本にし、７本にするなど、ジリジリと多くしていった。当初は、サイレント作品は英語の字幕がついているので、あるいはフランス映画などにも英語字幕がついているので、そのまま上映するなどの「荒技」も繰り出した。少しでもコストを落とすため、サイレント映画の字幕は筆者自身が作るなどし、さらにトーキーの一部についても自作するなど、コスト削減のため懸命の努力を続けたものである。

そうこうする中で転機となったのは２０１２年の夏の上映だった。この「映画史上の名作」第７弾では、大量にデジタル素材のものを入れてみた。従来、名画座ファンはデジタル素材での上映を好まないのではないか、という見方から、控えていたわけだが、そうも言っていられない色々な動きが顕在化してきたのだ。

まずは上映環境の問題。16ミリでの上映は、ソフトとしての16ミリフィルムの調達の難しさもさることながら、ハードとしての上映機器の問題が、この２０１２年の段階ではクリティカルなところに来ていたのだ。そもそも消耗品としてのランプの入手が困難になりかかってきた。映写機の故障などが起きても（事実、そうした事故が２０１２年３月に起こり、上映不能の事態が起きている。そのことを筆者自身が報告した２０１２年４月３日付けのブログの中では「おそらく16ミリ上映は、もってあと五年というところでしょう。現実的には三年くらい先でもうダメかもしれない」と書いている）、対処のしようがなくなりつつあった。[*1] 16ミリの問題とは直接には無関係だが、35ミリの映写機ですら、似た問題が起きかけている（ウチの映写機のメーカーである、国内最大手の日本電子光学工業は２０１２年３月に倒産した）。そして、２０１２年あたりを境に大きく広がってきたデジタルシネマの波がある。全国の多くの劇場で、使うあてのなくなった、あるいはデジタル映写機を入れるためスペースの都合上、既存の35ミリ映写機は廃棄されていったのである。

つまり２０１２年になって、名画座ファンが好もうが好むまいが、とても16ミリを主体に洋画上映などはやってられない状況に直面しつつあったのだ。これ以降、16ミリ映写機は持ちネタの16ミリフィルムを再上映する場合に限定して稼働させることとし、新作はすべてデジタル素材で字幕付けをするようになった。デジタルでいいことは、字幕を付けやすいことであり、またＨＤ素材であれば35ミリに劣らない画質であることだ。これによりコストも劇的に下がり、今では五週間で30本の作品の中に、新たに作る字幕作品として10本、以前の16ミリ時代の字幕をデジタル素材に移したものを5本程度、量産している。

7月12日（土）

初日は、柳下美恵さんのピアノ伴奏による『陽気な巴里っ子』（エルンスト・ルビッチ／1926）の特別上映に始まり、二本立て作品が『ドクターTの5000本の指』（ロイ・ローランド／1953）と『キートンの西部成金』（バスター・キートン／1925）。

個人的なオシは『ドクターT』である。これは今から四半世紀も昔、ニューヨークに留学中にフィルム・フォーラム（侯孝賢《ホウシャオシェン》のようなアート系映画を上映したかと思うと、夏のSF特集でウィリアム・キャッスル監督の『ティングラー』（1959）を「動くイモムシ」付きでイベント上映をしてしまうような[*2]、奇妙な映画館で、今も存在するが、現在は当時のような「ハジケ」たプログラミングではない）で観て、ひどく感動した一篇である。邪悪なミュージカルとでも形容すべき、日本未公開の正真正銘の傑作である。まさに（当時の）フィルム・フォーラム的な好みの横溢した、ひねりの利いたカルト映画なのだ。今年の夏の「映画史上の傑作」の巻頭を飾るにふさわしい作品として、自信をもって投入したわけだが、さて客入りはというと、さほどでもない。

洋画ものも、随分とやってきたので、何が入り何が入らないかは、おぼろげに分かってはいるのだが、以前にも記したとおり、どうもミュージカルが好かれない傾向にある。ところで筆者は

ＭＧＭミュージカルの熱狂的なファンなので、ここがどうしても難しいことになる。もう一つ指摘できることは、ある意味では当たり前のことかもしれないが、知らない作品は集客が悪い。しかしこの点も個人的には異論があって、知っている作品などより知らない作品の方がワクワクするじゃないかと、筆者などは思う。まあ、それはともかく、『ドクターＴの５０００本の指』は知らない作品でミュージカルであるという二重苦を背負わされた映画で、苦戦の原因はそこにあると見た。

それでも腐っても鯛で、映画史上の名作、苦戦とはいっても、邦画の不入りとは訳が違う。それなりの数字は稼いでくれてはいる。ただそれにしても、連日の集客は、悪くはないが、目に見えてよいというほどでもない。この時期、ウチとしては取りそこなった鈴木則文監督の追悼上映が他館で進行中だが、それと客層はあまりかぶらないだろう。11回目にして、映画史上の名作シリーズも飽きられつつあるということだろうか。

7月20日（日）

今回の特集で、客入りの観点から注目していたのは『湖中の女』（ロバート・モンゴメリー／１９４７）である。過去に二度、フィルムノワール特集を企画したが、いずれも妙に客入りがよかった。なぜか分からないが、フィルムノワールは受けるのだ。だから『湖中の女』も、全体的にマイルドな客入りとなっている今回の特集で、際立った集客となるのかどうか、注目していたのだ。

さて、その結果だが、どうも大した集客でもない。映画自体はかなり面白いものと筆者は見た。一人称の実験映画というフレコミの作品ではあったが、そこに魅力があるというよりは、レイモンド・チャンドラーの長編作品に特有の、分かったような分からないようなモサモサしたストーリー展開の感じが、うまく再現されていると思う。無名に近い女優が二人出ているが、ちょっとした演技合戦を繰り広げていて、これも楽しめる。ノワール好きなら、この映画は「買い」だと思うのだが、当方の宣伝その他にそこまでの浸透力がなかったのか。あるいは「ノワール特集」という括りでないと、いちいち個々の作品にまで反応するだけの熱心さは持ち合わさぬということなのか。

7月26日（土）

この日は再映の『怪人マブゼ博士』（フリッツ・ラング／1932）と『青春一座』（バズビー・バークレイ／1939）の二本立てである。フリッツ・ラング物とはいえ、再映作であり、かつ16ミリの短縮版と、MGMミュージカル作品である。集客的には、さして期待していなかったのだが、不思議なことに、この日の入りは上々であった。このへんが正直よく分からない。

『青春一座』は、ミッキー・ルーニーとジュディ・ガーランドの一連の青春アイドル路線の第一作だが、あのバズビー・バークレイをバズビー・バークレイたらしめている華麗なダンスシーン演出はなくて、むしろ当時のＭＧＭの看板スターのクラーク・ゲーブルをめぐる楽屋オチを楽しむような、ミュージカルファンにはやや物足りない一篇である。ああ、そうか、それでむしろ一般の客は入ったのか⁉ いや、しかしそこまで中身を熟知して、見に来てるとは思えないわけで、どうにも合点がゆかぬ。

８月２日（土）

８月に入り映画史上の名作も第四週に突入するのに、どうも客足が伸びない。不入りとまでは言わないが、今一つの手ごたえだ。

この日は『ハラキリ』（フリッツ・ラング／１９１９）と『嵐が丘』（ウィリアム・ワイラー／１９３９）の二本。正直、ちょっと弱いなあと思っていたのだが、客足は意外に悪くない。なぜ弱いと思っていたかといえば、『ハラキリ』はサイレントだし、『嵐が丘』は再映の16ミリ作品だからだ。『ハラキリ』の字幕では間違いを見つけてしまう。なかなか完璧な仕事をするのは難しい。

妻は、ラングは客が来ると、なぜか無根拠に断言するのだが（そういえば『怪人マブゼ博士』の日は割と来ていた）、どうも解せない。

8月3日（日）

この日も客入りは悪くない。今になってやっと調子が出てきたということなのだろうか？ 出し物は『悪魔とミス・ジョーンズ』（サム・ウッド／1941）と『無責任時代』（ウィリアム・A・ウェルマン／1937）。両方ともHDデジタル素材だから画質には自信があるが、お客がそこで来たり来なかったりするのではないことは身にしみて分かってるので、そこは置いておくとして、やはり何に反応して来ているのか、考えてもよく分からない。前者は社会民主主義的な風潮を讃える良質のコメディ（サム・ウッドは1949年に死去しているが、赤狩りの時代まで生き永らえたら悲惨なことになっていたかもしれないような、組合運動賛美的なコメディだ）、後者はスクリューボール・コメディで、いずれも面白いことは間違いないが、面白い映画だから客が来るわけではないことも、さすがに学んだので、この日の客入りの良さは、謎である。

8月4日（月）

月曜ではあるし、出し物としては、『モンテカルロ』（エルンスト・ルビッチ／1930）はともかく、併映は借り物で、画質もそう芳しくない『終着駅』（ヴィットリオ・デ・シーカ／1953）なので、集客的には多くを期待せずに劇場に行ったところ、妙に入っている。受付に聞くと、朝から

『終着駅』目当てのお客さんが大勢来られました、とのこと。そう言われて、ついに心折れる！一体オレが苦心してプログラミングし、字幕までつけているこの活動は、まったくお客の心を捉えていないものだったのか、と。

＊1　２０１５年9月現在、16ミリの消耗品問題はかろうじて対処はできている。ランプなどは共同調達の方法で、まとめ買いができているからだ。しかし、さすがに、あと五年は持たないと思われる。

＊2　意味が分からない方は２０１３年のカナザワ映画祭のホームページ（http://www.eiganokai.com/event/filmfes2013/）を参照して下さい。

台北番外篇 2014

夏の休暇ということで台湾に来ている。なぜ台湾かと言われても、特に理由はない。去年の夏は香港だったので、今年は台湾という程度の理由。食い物がうまいし。

台湾はタクシーが安いという印象がある。何年か前に来たときには、台北から一時間くらいかけて郊外の町に向かい、高速をタクシーで飛ばして、そこでやっていた香港映画を観たのだが、それで片道2000円くらいだった。日本なら1万円くらいじゃなかろうか。

8月8日（金）

羽田を夕刻に離陸する日航機で台北へ。機内上映作品は『ライズ・オブ・シードラゴン 謎の鉄の爪』（ツイ・ハーク／2013）。過去には金城武なども演じてきたいわゆるディィー探偵ものだが、今回のディィー役はマーク・チャオという、知らない役者。ワイヤーアクションも健在だし、海洋シーンも迫力あったが、これは多分、日本で公開されないで終わるのだろうな、などと思ってたら、ツイン配給で六本木シネマートでもう公開していたんだ。失礼いたしました。

8月9日（土）

行き当たりばったりの旅行である。そもそも観光などしない一家なので、朝から、今日は何をしようなどと、呆けたことを言っている。ビル全体が本屋になっているところがあって、そこにCDショップも併設されているから、妻が探している香港映画のサントラも売ってるかもしれない、というので、誠志書店というお店に行くが、目当てのCDはなし。ついでにDVD売り場を覗いて、もしや『牯嶺街《クーリンチェ》少年殺人事件』（エドワード・ヤン／1991）のDVDがあるかもしれぬと当たってみたが、これもナシ。

その本屋にたまたま貼ってあったポスターで、歴史博物館なるところでドラキュラ展をやっているのを見つけて、面白そうだから、午後はこれに行こうということに。一事が万事、テキトーな旅行である。実在のドラキュラが、いかにメディアによって吸血鬼となっていったかということを、いろいろな展示物で示していて、面白かったことは面白かったが、映画に関しては、なぜか『魔人ドラキュラ』（トッド・ブラウニング／1931）ではなく、コッポラの『ドラキュラ』（フランシス・フォード・コッポラ／1992）にスポットを当てている。そこは違うような気がするのだが、何か、権利関係の問題でユニバーサルの許可が下りないといったことなのか。手塚治虫の「ドン・ドラキュラ」などの展示（台湾で出版されている中国語版のマンガ）もあった。

歴史博物館を出て、地下鉄の駅に向かって歩いていると、交通標識に「牯嶺街《クーリンチェ》」の文字を発見。

そうか、実在の街だったのか、と改めて認識する。そういえば、この界隈は国語の実験小学校とか、妙に教育熱心な雰囲気のあふれた特殊な場所のよう。そうした背景での殺人事件として見られるべき映画だったということなのかしら。今となってはストーリーも定かには覚えてないけれど。もう一度、見直したいなあ。

8月10日（日）

本日は、『悲情城市』（侯孝賢《ホウシャオシェン》／1989）の舞台となった九份に行こうかと言っていたのが、面倒だからやめた、となって、朝から「台北之家」に行くことにする。これは侯孝賢がプロデュースした映画館とカフェと物販店の複合体的な建物。観ようと思ったのは、朝の10時半からの一回きりのモーニングショー上映の、ミディ・ジーという監督の作品で、短編の『海上皇宮』と新作長編の『冰毒』（いずれも2014）の二本。この人について何の事前情報もなく、ただ「台北之家」でやっている地元映画で（その他二本が上映されていたが、いずれも西洋映画だった）、しかも英語字幕がついているという程度のやる気のなさで観にいったのだが、これが大変な傑作。『海上皇宮』の張りつめた緊張感が素晴らしいし、その主演女優と主演男優が、そのままミャンマーを舞台に物語を繰り広げる『冰毒』も感動的である（インターネット情報によれば、監督のミディ・ジーはミャンマー出身で、台湾に渡った後に侯孝賢に師事したという）。旅先での映画館通いは、ときおりこういう大当たりに当たることがあるのが醍醐味だ。

映画館としての「台北之家」は、客席が80席ほどの、トイレなどを含めた設備面からすると、相当クタビレ感のある小屋だが、設備一覧の中にDCP上映機もあるのを見て、心中「負けた」などとつぶやいた。ここの物販店ではかつては台湾映画のDVDなどが豊富に置かれていたので、もしかしたら『牯嶺街少年殺人事件』のDVDがあるかもとチェックしてみたが、やはりナシ。数年前に来たときよりも、地元物のDVDは減っているという印象である。

昼食をすませて、蔡明亮《ツァイミンリャン》カフェなるものがあるというので、行ってみることに。迷った挙句にたどりついたのが、大きな劇場のある建物の4階の、廊下を改造してカフェにした、何とも長細いフシギな空間である。蔡明亮映画のスチール写真が何枚か飾ってあるが、それ以外どうということのない場所で、いちおう来てみました、という程度のもの。何とも脱力系のカフェだった。

8月11日(月)

本日が、台湾で動き回れる実質的な最終日となる。妻がネットで探しだしたのが、台北郊外の新北市というところで、香港映画をやっているという情報。前回来た時に、タクシーで行った、アレではないか、ということで、ちょっと調べたところ、地下鉄で近くまで行けそうなので、今回は地下鉄で行くことにする。3時の回と5時の回で、連チャンで見ることに。

府中（フーチョンとか発音する）という、板橋（これはバンキョー）の次の駅で、イタバシの次のフチュウだなどと言って降りたはよかったが、場所が分からず、グーグルマップを使って恐る恐るたどってゆくと、到底映画館などありそうもない場所に、本当に映画館があった。林園電影城という名の小屋だが、前回タクシーで行った劇場はもっと繁華街にあった立派な小屋であって、ここは外から見たのでは全然映画館には見えないし、周囲の街並みもそれらしくはないところなので、見つけた時は、心底、グーグルマップに感謝した。

ただ、切符を買おうにも、ボックスオフィスのオバちゃんは英語が通じず、スマホに上映映画のポスターを表示させて、「これを二枚くれ」と身振りで伝えて、やっとのこと購入。モギリにチケットを渡すと、手の甲にスタンプを押され、これが半券の代わりということらしい。林園電影城は、そのシャビーな外貌に似ず、総スクリーン数が六つほどある、巨大シネコンだった。

一本目が『竊聽風雲3』（英語題は『Overheard 3』。フェリックス・チョン&アラン・マック／2014）。香港の新界（New Territory）を舞台にした、土地開発がらみのヤクザの争いを描いた作品だが、題名のとおり三部作の最終章である。でも、特にスジが分からないということもなく、普通に楽しめた。ただ、空調がやたらきつい。この暑がりの筆者が寒いというのは、尋常ではない寒さだ。

寒さにこりて、二本目の『急凍行者（上巻）』（英語題は『Iceman』。ロー・ウィンチョン／2014）は、なるべく空調の吹き出し口から遠い席を狙う。因みに、客足はまことに低調だから、どこでも座れるし（まあ、平日の夕方だから、それは無理もない）、おまけに、映画の冒頭に「ケータイは切れよ」というメッセージが出されているにもかかわらず（漢字だからよく分からないが、たぶんそういう意味だと受け止めた）、映画の上映中にケータイは着信するわ、そのまま席で大声で受け答えはするわで、場末感はいやが上にも盛り上がる。

『急凍行者』はドニー・イェン大兄主演のアクションものだが、明代の武将が雪崩に巻き込まれて氷漬けのまま現代に甦るという設定。ドニーは敵の倭寇と通謀した嫌疑をかけられていて、かつての仲間の武将から命を狙われているさなかに、氷漬けになるのだが、刺客の側も同じく氷漬けの身が現代に甦るわけである。何百年もの眠りから覚めたあとということで、ものすごい勢いで放尿するシーンとか、不思議なギャグを繰り出す映画だが、ひとつ気になったのは、敵方の一人が「俺は日本人が大嫌いだ」とやたらと放言するところ。設定的には、倭寇と通じたとされているドニー・イェンをつけ狙う役だから、不自然ではないのだが、ちょっと前なら香港映画の大のお得意先は日本だったから、敵方といえども、こうしたあからさまなセリフをしゃべらすのは控えたのではなかろうか。現在の香港映画の最大のスポンサーである中国を濃厚に意識したセリフなのだろうなあ、と感じた次第。

いいところまで来て、さあどうなると思ったら、え？ こんなところで終わりなの、といった感のエンディング、改めて、『急凍行者（上巻）』となっているのに気づいた次第。一つ前の作品もそうだが、こうしたシリーズものは、ますます日本で公開されるのは難しいんだろうなあ。来年、香港でも行ったら、ＤＶＤをまとめて購入しよう。[*1]

8月12日(火)

帰りの飛行機での機内上映は、未見の『WOOD JOB!〜神去なあなあ日常〜』(矢口史靖／２０１４)や『ジゴロ・イン・ニューヨーク』(ジョン・タトゥーロ／２０１３)などを観ようかどうしようかと迷った挙句、こんな時でなければまず自分からは観そうもない『キャプテン・アメリカ　ウィンター・ソルジャー』(アンソニー・ルッソ&ジョー・ルッソ／２０１４)を選ぶ。キャプテン・アメリカ・シリーズには何の予備知識もなかったが、しかし、これは面白かった。アメリカの善を体現するスーパーヒーローが、実はその善と見えたものの裏側にとんでもない悪を見出すというのは、日本の作劇術的にはよくありそうな展開だが、ほかならぬディズニー／マーベルコミックの映画が、そんなストーリーを語ってみせるとは。『アナと雪の女王』(クリス・バック&ジェニファー・リー／２０１３)で見せつけてくれたように、連中も進化してるんだ。侮れない。

＊1　『竊聽風雲』は『インターセプション 盗聴戦』、『急凍行者』は『アイスマン』の各邦題で、それぞれ２０１５年８月、同年３月に日本で公開されたという。

8月15日（金）

映画史上の名作の最終週は、台湾行きで全く劇場で観ることはできなかった。ただ、日々の売上はチェックしているので、客入りは把握している。相変わらず、悪いというほどではないが、すごく良くはない。どことなくくすぶるものを抱えつつ、特集は終了した。明日からは、特集の決定も、上映作品の選定も、ほぼ妻が仕切った中村登監督の特集上映（「甦る中村登」）である。

8月16日（土）

中村登特集初日。今日はフィルムセンターから借りてきた、特別上映の『土砂降り』（１９５７）が朝イチであるのだが、所用のため行けず。三回しか上映しないので（ＦＣからの借り物は最大上映回数が三回である）、次週の日曜か次々週の土曜かの、いずれかで観ねばならない。習い事をしていて、隔週の土曜の朝に劇場に出かけられないのだ。毎日曜の朝も。だから、ＦＣ系の特別上映がそこにハマってしまうと、ずっと観られないことになる。今回のスケジュールを組んだ妻に、そのことで文句を言うと、「アナタの都合に合わせるなんておかしいじゃない」と言い返される。だってオレの劇場じゃないか。「土日土と組むのが、一番お客さんの利便にかなうはずよ」というから、「いや、オレのような都合のお客もいるはずだから、土土日と組むべきだ」と反論。今度フィルムセンターからの借り物を上映する折には、おそらく土土日と組んだものとなるはず。オレの劇場なんだから。[*1]

それはともかく、特別上映の『土砂降り』が終わり、通常上映の『いろはにほへと』（1960）を終えた劇場に顔を出す。ロビーの人の多さにたじろぐ。受付のH島嬢が「もしかしたら満席かもしれません」と注意してくれて、さらに驚く。いったいどうしたことか。中村登になぜそんなに客が来るのか。しかも、これが嬉しいような嬉しくないような、いわく言い難い気分である。妻のドヤ顔が目に浮かぶようだ。「映画史上の名作」の微妙な客入りの後だけに、これは堪《こた》える。

多くの客でごった返す中、『塩狩峠』（1973）から観たわけだが、何とも「妄執感」あふれる映画である。冒頭のナレーションで、明治42年の何月何日だかに、塩狩峠という所で何らかの悲劇的な事件が起こることが明かされて、汽車で移動中の主人公の回想の形式で物語は語られてゆく。彼はもともとキリスト教徒ではないのだが、あるキッカケで信徒になり、そうなったとなると、熱狂的というのか、激しく帰依してしまう。病気になった女性を妻にしようと、粘り強くその回復を待ちながら、オナニーの誘惑に抵抗して真夜中に水をかぶったりする。どうも、宗教系は妄執系につながるような気がしてならない。敬虔なクリスチャンだからオナニーしてはいけない、ということのようだが、塩狩峠の悲劇とは、機関車につながれていた車両が離れてしまい、坂道を逆走しはじめたので、主人公が自分の身を犠牲にして、車輪の下敷きとなり、これを止める、ということなのだ。敬虔なクリスチャンは自殺しちゃいけないんじゃないのか？ オナニーはいけなくて、自殺はいいのか？

もう一本の『いろはにほへと』は、よりストレートな骨太の傑作である。保全経済会事件をモデルにしたとされるストーリーで、佐田啓二が投資経済会なる庶民相手の投資会社の経営者を演じ、それを追う刑事を伊藤雄之助が演ずる。伊藤を手なずけようとして、彼の前に五百万円の札束を積んでみせた時の、伊藤の苦悩ぶりが何とも素晴らしい。高度成長期に入りかかった時代を象徴するように、佐田の社長室の外に見える、隣の土地に立つ工事中のビルの演出（ストーリーが進むにつれて段々と出来ていくようになっている）も見事である。ただ、この二本を見て、中村登という人の作風が分かったかと言われれば、全然分からない。

8月17日（日）

本日は『危険旅行』（1959）と『夜の片鱗』（1964）。お客の入りも、まずまずのレベルをキープしている。

コメディエンヌとしての魅力をいかんなく発揮する有馬稲子を、ロードムービーとして描く『危険旅行』は、いつものようにちょっと滑舌に難ありの高橋貞二がコメディリリーフで支える佳作。この人を見るといつも思うが、この二枚目半くらいのポジションにいた高橋貞二という役者、なかなか貴重だったと思うのだが、早逝してしまったことは残念である。

しかしながら、この日の最大の収穫は『夜の片鱗』。冒頭のタイトルバックから桑野みゆきの存在感がタダゴトではない。『堕落する女』（吉村公三郎／1967）を見たときもそう思ったが、この人はいつからこんなに化けたのだろう。出る映画、出る映画で、ニコニコと屈託なく笑っているだけの女優さんだとばかり思っていたのに。工場勤めの女の子がふとしたはずみで街娼にまで身を落とし、そこで客として出会った男と愛し合うという、ただそれだけの話なのだが、手で触れれば切れてしまいそうに、全編シャープに研ぎ澄まされた、スタイリッシュの極みといえるメロドラマだ。2013年にヴェネツィアやベルリンの映画祭で上映されて、大きな反響を呼んだとの由、本当にその通りだろう。これに乗れなきゃ、映画ファンじゃない。中村登、ますますナゾである。

8月18日（月）

月曜はさすがに、客入りはそう多くを望めず。番組的にも、やや弱めの『二十一歳の父』（1964）

と『千客万来』（1962）。

『二十一歳の父』は、どことなく不穏な空気の漂う一篇だ。もしかしたら、それは、この作品の公開された年に開催された東京オリンピックと関係があるのかもしれない。街全体が落ち着かなげな喧騒につつまれた、そうした歴史的環境に。

などと思いながら見終わった次の作品が『千客万来』で、これは何の陰りもないオールスターキャスト映画。野田高梧が脚本参加したせいなのか、まるで小津映画のようなストーリーの中を、小津映画のようなキャストが動き回る、楽しい作品。何を考えて作った映画なのだろう。

8月23日（土）

劇場ビルの1階からエレベータに乗ろうとすると、ユーロスペースからの帰りと思しき大量のおばさん客が降りて来る。4階に行って受付に尋ねると、フラメンコ映画が今日からユーロで始まったとの由。なるほどと納得。団塊男の好きなソバ打ちと、団塊女の好きなフラメンコというわけで、ソバ打ち男とフラメンコ女の不倫物の企画で映画を作れば、大入り間違いなしではないか、などとクダラない妄想にひたる。

中村登特集は本日より第二週目に突入。この日は『惜春』（1967）と『古都』（1963）。客入りとしては、やや弱含みというところか。

中村登といえば女性映画の巨匠というのが世間の通り相場だが、この日の二本立ては、そうした王道の中村ムービーの二本といえよう。女性映画といえば、キレイなお着物を着た美女が不可欠で、その点『惜春』の新珠三千代はバッチリはまっている。対するもうひとりの着物美人の香山美子も、なかなかの演技で作品を盛り上げてくれている。着物を着ない現代的美女の加賀まり子が、映画の後半で初めて着物を着て登場すると、作品が悲劇的展開に急傾斜していくというのも、そうした「キレイなお着物の女性映画」ならではの法則というか「呪い」なのかもしれない（因みに、悲劇というのは加賀まり子が琵琶湖で自殺するのだが、加賀まり子、『美しさと哀しみと』（篠田正浩／1965）でも、琵琶湖で自殺未遂を起こしていなかったっけか？）。

『古都』の岩下志麻も、渋くてキレイな数々のお着物を見せてくれる。劇中のセリフにもあったが、若い女性が渋い着物を着ているのは、なかなかいいものです。それはともかく、宮口精二が13歳の芸妓に、あの鋭い眼光で異常な関心を示すオジサンを演じていて、すごくヘン。

8月24日（日）

ようやっと『土砂降り』の特別上映を観ることができた。後半の淪落する女としての岡田茉莉子が素晴らしい。ダメ男の佐田啓二もまたいい。佐田啓二という人は、単純な二枚目俳優のように思っていたのだが、とんでもない誤解でした。今回の『いろはにほへと』や野村芳太郎監督の

『最後の切札』(1960)などアクの強い役柄をやらせても素晴らしく、実に芸域の広いアクターであることを、再認識させられる。

通常上映の二本立ては『集金旅行』(1957)と『波の塔』(1960)。特別上映の余波か、客入りはまずまず。

『土砂降り』の佐田・岡田コンビの余韻も冷めぬ中、『集金旅行』では元祖草食系男子の佐田啓二と、本家肉食系女子の岡田茉莉子とが、楽しいロードムービーを繰り広げる。ただ、この展開からは、誰もが二人のハッピーエンドを想像するわけだが、ちょっと意外な結末が待っている。まあ、井伏鱒二の原作だから、ヘンと言えばヘンなのだろうが、映画なんだからハッピーエンドにしちゃえば良かったのに、と思わぬでもない。

『波の塔』の有馬稲子は、冒頭から薄幸そうな風情を全身から漂わせて、秀逸なるたたずまい。ところが、こともあろうに、『土砂降り』の岡田茉莉子の実家であった連れ込み宿「ことぶき」が、鋭い列車の汽笛音とともに、ここにも登場するのはご愛嬌でした。

8月31日(日)

昔、古本屋に行くと、堤玲子の『わが闘争』という黒い装丁の本(たしか三一書房から出ていた)をよく見かけたものだったが、読んだことはなかったので、こういう話だとは知らなかった。佐久間良子が主演の『わが闘争』（１９６８）だが、正直、佐久間はミスキャストのように思えるがなあ。どん底の生活から男を糧に這い上がるヒロインという役柄だが、観ていてちょっとイタイ感じがする。キレの良さみたいな感じが、佐久間良子だと出ないのだ。

もう一本は『つむじ風』（１９６３）。風呂屋どうしの客引き合戦がモチーフだが、『顔役（噛みつかれた顔役）』（１９５８）に引き続き、「三助あがりで銭湯の経営者にまで出世した立志伝中の人物」を、いずれも伴淳三郎が演じている。どういうキャスティング上のこだわりなんだろうか。とても不思議だ。

9月1日（月）

何とはなしに映画の神様からは愛されていなさそうな、吉永小百合と石坂浩二の二人を主演にすえて、橋田〈ワタオニ〉壽賀子のオリジナルシナリオで、シドニーとマニラの海外ロケを一挙敢行とくれば、誰がどう見ても、三重苦・四重苦を背負わされた中村登、という言葉も脳裏にちらつく『風の慕情』（１９７０）。どこを取っても、この人の題材じゃないでしょう、と思う。でも観てみると、意外やミステリータッチで、それなりに楽しめてしまいました。こうなると怪物としか思えない、中村登。

かたや『明日への盛装』（１９５９）は、高千穂ひずるのモノローグも冴えた佳作。貧乏な床屋の娘が親に内緒で学習院（らしき大学）に入学し、周囲のお坊ちゃまやお嬢ちゃまに無理やり合わせようと四苦八苦するストーリー。最近では地方出身の女子大生が風俗でアルバイトをして学費や生活費を稼ぐということが話題になっているが、この映画などを見ると、そういうことは半世紀以上も前に現実だったのかと（ただし、当時のことだから、風俗といってもキャバレーだが）、気づかされる。そんなモチーフも古びていないところが、さすがの中村登！

9月6日(土)

『結婚式・結婚式』（1963）は、これぞ松竹大船調の王道をゆく、結婚を同時に三つも成立させてしまうという、ややインフレ気味のホームドラマ。笠智衆が主人公の岩下志麻の亡くなった父親として、遺影で突然に登場するのが微笑ましい。

観る前はちょっとイヤな予感のしたのは『智恵子抄』（1967）。というのも、病妻ものはナンだよな、と思っていたわけで。ところが、まさかの丹波哲郎センセイ演ずる高村光太郎とは！やはりこの人が出るだけで、映画の勢いが違う。周囲をヘイゲイしちゃいますから。でも、この作品ではだいぶ本来の「丹波色」を抑えていた模様。まあ、そりゃそうだ、東映映画じゃないんだから。その意味で、正直、キャスティングに疑問なしとしないところではありますが（笑）。

9月7日（日）

今回、中村登特集に関して、いつまでもダラダラと書き連ねてる感が、正直ある。というのも、この人、よく分からないのである。女性映画の監督という紋切型の評価の仕方はあるが、少なくとも今回上映した諸作品をまとめて、とても女性映画という括り方はできない。何々の人、という括り方が、どうにもしにくい。

この日の『暖春』（１９６５）にしてもそうだ。小津安二郎と里見弴の原作をもとに、それでいながら、ほとんど非小津的な役者を使って撮られたこの作品は、ちょうど『彼岸花』（小津安二郎／１９５８）での山本富士子の生まれ変わり（？）のように、京都から東京に「家出」をしてくる岩下志麻を軸にして物語が紡がれてゆく。『千客万来』でも思ったのだが、小津という松竹の中の巨大な存在にあえて関わりを持ちながら（チョッカイを出しながら？）、何をしようとしたのか、何とも不思議なのである。

もう一本は中村としては珍しい東宝作品の『三婆』（１９７４）。登場人物は、文字通りババアとして居直ったような演技を見せる三益愛子、田中絹代、木暮実千代で、文字通りの怪演。増村保造作品で有名なプロデューサー・藤井浩明の手になるもので、よくこれらの「強面《コワモテ》」のババア役者を口説いて、出演させたものだと、驚嘆する。

9月8日（月）

本日は一本立ての『紀ノ川』（1966）。いつもそうなのだが、一本立ての客入りは良くない。本日も、ちょっと目を覆いたくなる惨状だ。

『紀ノ川』などは、確かに中村登を女性映画の監督だ、と言いたくなるようなところはあるが、でもこれにしても、丹波哲郎センセイの存在が光っている。実際、ここでの丹波センセイは、主人公の司葉子が嫁ぐ旧家の次男坊を演ずるのだが、センセイにしては珍しく、密かに兄嫁の司葉子を慕っていながらも、お得意の「直接行動」に出ることなく、ともに白髪になっていくという実にしおらしい役柄に徹しておられる。滋味掬《きく》すべきものありや。

＊1　支配人たる妻の仕切りのもと、2015年9月現在も、相変わらず「土日土」のパターンである。

洋画でカラブリ? 2014

9月13日(土)

今日からは「35ミリフィルムの映画祭」である。何だ、それ?って言うようなタイトルの特集だが、要は、日本での上映期間がもうすぐ切れることになっている35ミリの洋画（フィルムセンターに寄贈するというようなことがない限り、そのままジャンクされる運命である）を、もったいないから最後にまとめてウチで上映しよう、という趣旨の特集である。いくつかの配給会社から集めてきたものだが、一部から、「もうすぐ権利切れということをうたって欲しくない」という注文がついたので、ウチで上映してるのはいつだって大半が35ミリなのに、「35ミリの映画祭」などという趣旨不明の特集タイトルとなった。

初日は『007 ロシアより愛をこめて』（テレンス・ヤング／1963）と『荒野の七人』（ジョン・スタージェス／1960）である。見るからに往年の「日曜洋画劇場」（淀川長治が解説者をつとめていたアレである）のようなラインナップで、自分でも、果たしてこれらの映画を劇場で観たことがあるのかどうか、心もとない。封切時に見てないことだけは確かだ。昔の名画座的には、東急名画座とかによくかかっていた類の映画だ。そんな「ド定番」の作品群の目白押しな特集だから、集客的にも安全パイとみて初日の劇場に入ってみると、意外に客足は鈍い。今回の多くの作品は、「午前10時の映画祭」で上映され、その後都内の名画座を含めたいくつかの劇場で再映されている。やはりそうした点が祟ったか。いつもの邦画の特集に比べて「原価」もかかっているので、ちょっと暗い気分に。

『ロシアより愛をこめて』を観て、それは当たり前なことだけども、冷戦時代の映画なんだ、ということを改めて思う。ただ、この映画はそこにひとひねりがあって、米ソ冷戦を利用しながら、謎の犯罪組織がひと商売を企てるというところがミソ。東西の要衝としてのトルコが舞台だが、今も「イスラム国」をめぐって、ここが要衝になっているというのは興味深いところだ。

『荒野の七人』は、その後、本家の『七人の侍』（黒澤明／1954）などを見た目からすると、案外に面白くない。全体として鈍重な感じがする。黒澤の映画は三時間もあるのに、さほど長すぎるという印象を受けないのに、もっと短い『荒野の七人』は重いんだなあ。

9月14日(日)

二日目のラインナップは『さよならをもう一度』（アナトール・リトヴァク／1961）と『月の輝

く夜に』(ノーマン・ジュイソン/1987)。

昨日の『ロシアより愛をこめて』を観ながら思っていたのだが、主演のショーン・コネリーの年齢が妙に気になったので調べてみると、映画の公開当時で33歳だという。でも見た目の年齢としては40代中盤くらいに見える。『ロシア~』は1963年の映画だが、それと公開の時期的には近い『さよならをもう一度』のイングリッド・バーグマンは、実際には46歳だが40歳の役柄を演じていて、これはむしろ若く見える(つまり40歳くらいに見える)。西洋人は老けやすいという俗説があるが、男と女では必ずしも単純にはそうならないと見るべきか。でも、そうも簡単な話ではないようで、『月の輝く夜に』でのニコラス・ケイジはひどく若く見えて、実際23歳くらいのはずだが、これが映画の中では実年齢で18も年上のシェールと恋に落ちるのだけれど、それはそんなに不自然には見えない。『さよなら~』のバーグマンが15歳の年の差でウダウダ思い悩んでいたのが(年下のアンソニー・パーキンスと恋に落ちる、事実婚の人妻を演じている)、ウソのようである。結局、時代の影響の方が大きいのではないのだろうか。現代に近づくほど、人々は若作りとなり、また「年の差婚」的なものに寛容になってくる。それが映画にも影響を与えていると見るべきなんだろう。

9月15日(月・祝)

鬼門の一本立ては『大いなる西部』(ウィリアム・ワイラー／1958)。やはり、前特集での一本立ての『紀ノ川』同様、集客はよくはない。『大いなる西部』は、西部劇としては異色といっていいもの。主演のグレゴリー・ペックは、さっそうと馬にも乗らず、ガンプレイも披露しない(とはいいつつ、馬にも乗ってみせるし、銃も手にしはするのだが)。ペック自身がプロデューサーとなっているので、そうしたアンチ西部劇的なものを本人がやりたかったということか。

これから記す話の都合上、いささか懐旧的な前振りをする。今から四半世紀以上も前にアメリカに留学に行っていた。1987年から89年にかけてのことだ。当時は、日本で売られていた市販の映画のVHSビデオカセットが1万円を超えるような時代だった。これは、それを購入して家庭で観るというような酔狂な奴(この筆者のような)はいない、マニアでも借りて観るのが主流である、という思想のもとに付けられた値札だったのだと思う。つまり業務用のビデオであり、だからやたらと高かった。素人のコレクション用には、レーザーディスクかVHDディスクかの両規格のビデオディスクが販売され、一枚5000円ほどだったかと記憶する。ただし、ビデオカセットに比べると、ディスクの種類は限られていたので、たとえば石井輝男監督の『直撃地獄拳 大逆転』(1974)など、どうしても欲しい作品については、業務用のビデオカセットを買ったりもしたのである。洋画も同様であったが、クラシックの洋画などは、そもそも種類も限られていた。当時の渋谷には輸入したアメリカ映画のＶＨＳを売っている店があって、当然字幕などはないのだが、そうした店で買うとやはり１万円くらいはしていただろうか。

つまりホームビデオの値段は安くない、80年代の後半とはそうした時代だったのだ。それがアメリカに行くと、一本10ドル以下（当時のレートは１ドルが１３５円ほどだった）で売っていたりしたものだから、たまらない（反面、ディスク製品はほとんど流通していない）。やたらと買いまくり、５００本ほどのコレクションができあがってしまった。この膨大なコレクションを抱えて帰国し、その後四半世紀が過ぎ、これらはいつしか巨大なお荷物と化してしまった。

そうしたことから、ついにこの日、意を決して、すべてのＶＨＳビデオカセット・コレクションを劇場のお客さんに向けて、無償でお持ち帰りを願うことにした。筆者の家では、すでに数年前からビデオカセットの再生機が姿を消しており、ＤＶＤやブルーレイも日に日に増殖しており、センチメンタル・バリューしかないＶＨＳをとても手元に置いておく余裕がなくなっている。

懸念は、タダとはいえ、果たしてお持ち帰り願えるかどうかだ。ビデオの再生機を手放した人も多かろうし、何よりほとんど全部が日本語字幕のついていないアメリカ映画だ。そこで試験的に40本ほどをロビーに置いてみて、反応を見ることとした。どうなることとやら……。

9月20日（土）

本日の二本立ては『夜の大捜査線』（ノーマン・ジュイソン／1967）と『華麗なる賭け』（ノーマン・ジュイソン／1968）。

今回の作品は妙にノーマン・ジュイソン監督作が多い。スティーブ・マックイーンの出演作も目立つ。スクリーンクレジットでは、ミリッシュ・カンパニーのプロデュース作品が目につくので、調べてみると、以下がそうだ。

『荒野の七人』、『夜の大捜査線』、『華麗なる賭け』、『大脱走』（ただしクレジットなし）。

この作品群が「午前10時の映画祭」起源なのだとすると、たまたまハリウッドの大物プロデューサーたるウォルター・ミリッシュの作品に古き良き傑作が多いから、こうなったということなのか。それとも、権利関係などの具合で、ミリッシュ・カンパニー系の作品が新たにライセンスをしやすいから、といった理由で、こうなったのだろうか。古い作品だと、当時のプロデューサーと現在もめていて、ライセンスを出せないといった話がたまにあるものだ。

だがそれにしても、俺が番組を組んだら、ノーマン・ジュイソンを同じ日に二本は組まないぜ、などとブツブツ妻に文句を言う。面と向かっては、しかし、怖いから言わない。

9月21日（日）

15日に初めて放出したVHSだが、最初こそ動きは鈍かったものの、残ったら引き取ります、などと言ってくれる奇特なお客様も現れたりで、コンスタントにハケていった。面白いもので、いつもはフェイスブックに上映映画の感想などをアップしても「いいね！」は十数件なのが、VHS放出の告知文をアップすると三十数件に倍増する。やっぱタダというのは、何であれインパクトが大きいのか。

この日に第二弾の放出VHSを劇場に持ち込んで、残りは23日にすべて放出し、四半世紀にわたって我が家の一角を占めていたビデオカセットは、ついに一本残らず消え去るに至ったのである。この種のもののコレクターとして、シミジミとした感慨がないでもない。

本日、番組としては『昼下りの情事』（ビリー・ワイルダー／1957）と『情婦』（ビリー・ワイルダー／1957）。なんで、ビリー・ワイルダーの二本立てなんて、贅沢すぎるプログラミングをするんだと、またしても心の中で毒づく。もったいなさすぎるだろうが！

『昼下りの情事』では、モーリス・シュヴァリエの起用といい、艶笑喜劇的な展開といい、ジプシー楽団（おっと、ジプシーというのは差別用語なのかもしれない。ロマ楽団？）を使ったお笑いといい、ルビッチへの強い目配せを感じさせる。

ゲーリー・クーパーは当時56歳ほどで、オードリー・ヘップバーンは28歳くらい。ただ、西洋人にしては華奢な彼女は、この映画の設定である学生くらいの年に見える。対してクーパーは、むしろ老けて見える。独身のプレイボーイという設定だが、ちょっと無理してる感があるなあ。『情婦』も、その背景には「年の差婚」的なものがある。敗戦国ドイツでキャバレーの歌手だったマレーネ・ディートリッヒと結婚して、いわば「救ってやった」つもりのタイロン・パワーが、そのジゴロ的活動の延長上で金持ちの未亡人を殺害した嫌疑をかけられる、という物語である。むろん見どころとしては、法廷弁護士役のチャールズ・ロートンによるキャラクター造形の妙である。病院から退院したばかりのロートンを健康に保とうとする看護婦との間の丁々発止のやりとりが、ひどく可笑しい。

9月28日（日）

松田優作の遺作『ブラック・レイン』（リドリー・スコット／1989）、主演は高倉健でもあるわけだから、こういう作品は東映あたりが日本での永久的な上映権を持っていてくれないものかと、思わず映画業界の弁護士であることを忘れて、ついグチを言いたくなる（映画の権利的には、そういうわけにはいかないのである）。まあ、その種のグチを言い始めたら、今回上映したような名作の類は、どれも常に上映できて然るべきものばかりだから、キリがない。それでもこの『ブラック・レイン』についてだけは、松田優作に免じて、ということで。

併映の『キャリー』（ブライアン・デ・パルマ／1976）、これは大学生のころ、ブライアン・デ・パルマ特集などでよく当時の名画座で観たものだったが、そのころは映画冒頭の女子学生たちのシャワーシーンは当然ながらボカシが入っていた。それが今みると、イン毛丸出しの女子高生たちがシャワールームで戯れている図で、アメリカ人の女子高生なのでちっともエロくなく、むしろケダモノ的な感じであって、ああ、これじゃキャリーちゃんがイジメられるのも無理ないわなと、妙に納得させられるものがあった。やはり、イン毛ひとつ取っても、表現には必然性というものがあるのですね。

9月29日（月）

グロリア・スワンソンがセキララな怪演を見せる『サンセット大通り』（ビリー・ワイルダー／1950）は、今は忘れられつつあるサイレント時代の大女優に、売れない脚本家がからむというハリウッド内幕物なので、楽屋オチネタが満載の、素晴らしい作品。執事役のエリッヒ・フォン・シュトロハイムも良いですね。『三婆』（中村登／1974）のときも思ったけど、よくスワンソンは出演を決断したものだ。『三婆』は呆けたババアだったが、こっちは狂気のババアだからなあ。目の玉をひんむいて階段を降りてくるシーンは、ちょっとしたホラーである。

殺されてプールに浮かぶ脚本家ウィリアム・ホールデンの、その死んだ男のナレーションで映画が幕を開けるというのは、やはりフィルム・ノワールの影響なんだろうか。

『アンタッチャブル』（ブライアン・デ・パルマ／1987）は初めて観た作品（たぶん）、ショーン・コネリーが快演。アメリカの警官といえばアイルランド系ということになっているようだが、本当はスコットランド人の彼も、ここではアイリッシュの警官を演じている。

10月3日（金）

全体的に、期待したほどの集客もなく、「35ミリの映画祭」は幕を閉じる。まあそうは言っても、自慢じゃないが、ウチで客入りが悪いといったら、本当に悪い。それに比べれば、随分とマシなもんだ。腐ってもタイ、外れても洋画、である。

佐分利信でリベンジ?・2014

10月4日(土)

前特集がいまいちの集客だったときには、新たな特集が始まると、今回こそは、とリベンジを誓うわけだが、ただ、今回こそは、と力んでいるその時点では、もう手遅れというか、何もやることなどなくて、ただただ、入ってくるお客さんを見ているしかない、というのがこの商売。

さて次なるは佐分利信特集(「日本のオジサマⅡ 佐分利信の世界」)、春の「日本のオジサマ」シリーズ第一弾と銘打って上映した山村聰の二匹目のドジョウ、どこまで健闘してくれるやら……。

今回の特集は仕込みには随分と手間ヒマをかけました。フィルムセンター借入が全部で三本と空前の規模で、その分、お金もかかってます。そうした借入物件の『人生劇場 第一部 青春愛欲篇』(佐分利信/1952)で幕開け。全部で三回しか上映しない、特別料金・入れ替え制の上映スタイルでの提供です。客入りもまずまずといったところ。続く、二本立て上映の『慟哭』(佐分利信/1952)と『渇き』(島耕二/1958)も順調な入りで、初日はトークショーで、『慟哭』に主演されていた女優の阿部寿美子さんの登壇(聞き手は下村健氏)。客席も満席とまではいかずとも

8割方埋まっている感じで、悪くない。

10月5日（日）

本日は『夜の鷗』（佐分利信／1957）と『軍神山本元帥と連合艦隊』（志村敏夫／1956）の二本立てだが、朝イチで『人生劇場 第二部 残侠風雲篇』（佐分利信／1953）もやったものの、筆者は毎日曜の日課があるゆえ、観られず。昨日はまずまずの客入りだったのに、二日目となると、特別上映も一般の二本立て上映も、どうもあまり冴えない。

『夜の鷗』は、新珠三千代演ずる美貌の女が、結婚をするたびに連れ合いに先立たれるという、あまりのその繰り返しに、ダンナの死亡シーンだというのに場内からは笑いが起こり、そういうブラックコメディなのだろうと思いながら観つづけていると、どうもそうでもないらしい、という不思議な作品。佐分利は、彼女が最後に結婚をしようとする風変わりなアーティストを演じている。

『軍神山本元帥と連合艦隊』はそこへ行くと、すこぶるストレートフォワードな作品。「日米開戦に反対した海軍」を代表するかたちで、山本五十六を、例によって佐分利信が重厚に演じている。

10月6日(月)

だいたい、入りが芳しくない特集でも、このごろは三日目くらいになるとアキラメもついてきて、平常心で映画を観ている。今回もそんなところである。この日は『男の償ひ 前後篇』(野村浩将/1937)と『婚約三羽烏』(島津保次郎/1937)の二本。

『男の償ひ 前後篇』は、佐分利と恋愛関係にあった田中絹代が、佐分利を実家のムコとしたために ギクシャクしてしまい、そのため佐分利と別れるのだが、その後に次々と不幸に見舞われ、ついには発狂してしまい、それがどういう訳か佐分利の責任だということになるらしく、そこで責任を痛感する佐分利が「男の償ひ」をするというか、せざるを得ないところに追い込まれてしまうという(実際、二人の共通の友人である桑野通子は、佐分利に、そうしろと迫るのである)、何とも不条理なストーリーで、そのあまりの理不尽さはほとんどシュールなおかしさにまで達している。悪いのは、佐分利の兄の河村黎吉で、佐分利じゃないと、声を大にして言いたい!(笑)

『婚約三羽烏』は、今日ではなかなか観られない島津保次郎ものの一篇。佐分利に加えて、上原謙と佐野周二の三人が、デパートに新人社員として雇われて、社長令嬢の高峰三枝子をめぐる恋のさやあて、というお決まりのパターン。

10月13日（月・祝）

週末に引っ越しをした関係で、バタバタしていて、ようやっと『人生劇場 第二部 残侠風雲篇』（佐分利信／1953）を見る。

この日は、『帰郷』（大庭秀雄／1950）『戸田家の兄妹』（小津安二郎／1941）が通常の二本立てだが、こうして戦争物（といっても、ドンパチやってる戦争物ではないのだが）を続けてみると、戦争の影というものを否応もなく意識させられる。妙なもので、ヨーロッパでの戦争の流れというのは、何度かナチスもの特集をやったことで、何とはなく分かった気になっているのだが（よく言われるように、僕らは学校で歴史を習っても、どういうわけだか現代史まで到達しないのだ！）、日本がどのように戦争に突入していったかについては、実はよく知らない。この2本で分かったとは言わないが、少なくとも、盧溝橋事件から以降の、中国大陸その他のアジア地域へのジリジリとした食い込みの一端は感じることができる。いい悪いは別として、このジリジリ感がいかにも日本的だとも思う。ヒトラーのズデーデン侵攻のような、明確なものがないところが特徴なのだろう。自分の祖国ながら、キモチの悪い国だと思う、そうしたところは。

10月19日（日）

佐分利信が「自由か……」とつぶやくと、高峰三枝子がカメラ目線で「フンッ！」と一蹴して始まる『自由学校』（1951）は、難解な喜劇を作るというので毀誉褒貶半ばする澁谷實作品の中でも、筆者の個人的な好みのひとつなのだが、久々に観て、改めて「愛」を再確認したところの作品。笑えない澁谷作品（全部が全部そうだというわけではない、もちろんの話）を、また観てみたいという妙な欲望も、また沸々とわき立ってきた。「モソモソした佐分利信」というキャラクターも、実際、こうした作品でかなりキッチリ確立された感がある。

10月25日（土）

どこかで書いたかもしれないが、昔、映画好きの仲間の間で流行ってた遊びとして「佐分利信ゴッコ」というのがあって、ノドの奥で「オー」とか「アー」とかいう声を、できる限りくぐもったように出すという他愛のないものなのだが、『燃える秋』（小林正樹／1978）では、佐分利はまさにその声で、「面倒をみている」ところのうら若き真野響子に向かって、ノーパンで来いとかイヤらしい指令を次々と下すのだから、佐分利信（公開年で当時69歳）も、やはり長生きしてるとイイことがあるなあと、感慨深いものがある。そんなことをフェイスブック上で発信したら、『わが愛』（五所平之助／1960）では「おとなになったら浮気しようね」と、佐分利が言っているシーンもスゴいぞと教えてくれた方もいて（今回、上映したにもかかわらず見損なっている。残念！）、やはり佐分利信、タダモノではない。というか、ケダモノ？

10月28日（火）

映画や劇場とは関係ないが、一応ここで記しておきたいことがある。それは九年間飼ってきたペットのケヅメリクガメ（ガメラのモデルになったカメだ）が、死んでしまったことだ。名前はキノという。クリクリとした黒目が、可愛いカメだった。シネマヴェーラ渋谷の開業が2006年の1月で、キノは我が家に同じ年の4月に生後まもない姿でやってきた。だから、シネマヴェーラの歩みとともに大きくなったペットだった。偶然だが、この映画館の入っているビルは、当初はQ－AXビルと称していたものが、2010年に映画美学校がQ－AXシネマと入れ替わりに入居したことに伴い、キノハウスと名称変更したわけだが、筆者らにとっては何だか、ビルが「キノの家」になったようで、そこはかとなく嬉しかったものだ。

しばらく前に引っ越しのことにちょっと触れたが、キノは、どうやら引っ越しに適応できなかったようなのだった。新たな住居に馴染めぬ様子で、排泄物を出せない状況に陥ってしまった。都内の獣医を転々として、とうとう爬虫類の権威と目される獣医師のところにまで持ち込んだのだが、MRIまで撮っての結論は、しかし、目覚ましいものではなかった。

六義園近くのペット葬儀社で、家族だけで見送った。甲羅は縦に約60センチ、幅が30センチ近くある大型のカメだから、骨壺も相当なもので、人間の子供の骨壺より大きいかもしれない。子供の頃は手のひらに乗るくらいの大きさだったものだ。その頃の写真を遺影として、部屋に置いている。

10月31日(金)

キノちゃん騒動で、実際のところ、筆者も妻も、映画館どころではなかったというのが正直なところだ。10月の中旬以降、連日のように病院に行っていた。死んだら死んだで、今度はお葬式だ、お骨の引き取りだ、というようなものである。まあ、長い映画館生活、そういう日もあるさ、というところだろう。佐分利信特集、集客としては今一つのところでした。素材としてはなかなか面白いのに、残念なところではありますが。「日本のオジサマ」シリーズ、果たしてシリーズ化しうるや否や。

韓国映画の怪物たち2014

11月1日(土)

今度の特集は、なかなか仕込みに手間がかかったシロモノである(「韓国映画の怪物 キム・ギヨンとキム・ギドク」)。なにせキム・ギヨンである。フィルメックスや東京国際映画祭でかなりの数のキム・ギヨンものが上映されるようになったとはいえ、基本的には滅多にお目にかかれるものではない。今回も、通常の二本立て上映に組み込むことはできず、それぞれが三回までの上映しか認めてもらえなかったので、一本立ての特別上映スタイルをとることになった。ギヨン作品については、たまたま韓国で販売されていたDVDボックスセットに日本語字幕がついていたということもあり(これが発売された当時は、一部の日本のファンの間では、どこそこのネット通販サイトで買えるといった噂がかけめぐり、ハングル語のネット通販サイトで恐る恐る購入した記憶がある。なにせ英語とかの表記がないので、押そうとしているボタンが本当に「購入ボタン」なのかどうなのか、見当がつかないため、「恐る恐る」でボタンを押したわけだ)、上映素材として、これらのDVDも動員する。

また、DVDやブルーレイを上映素材とする際は、事故時の対応用として必ずバックアップを用意するようにしているため、もう一組ボックスセットを買おうとしたのだが、すでに販売終了となっていた作品であって、知り合いの韓国人の方に頼んで中古品を購入するなどして、今回の上映に臨んだわけだ。

キム・ギドクについては、ちょうど四年前の同じ頃に一度特集を組んでいるが、キム・ギヨンだけでは一つの特集とするのが難しいという現実的な理由もあるが、ギヨンと対抗できる「毒」のある監督としては、やはりギドクでしょ、ということで併映を決定する。後日、今回の上映に奔走してくれた石坂健治氏がおっしゃっていたが、ウチでの初日の数日前にキム・ギドク監督にチラシを見せたところ、ニヤリと笑って、「こいつら、分かってるじゃないか」と言ったとか。

そうした準備を経ての初日。一本立て特別上映は『下女』（キム・ギヨン／1960）。この映画はウチでも何度か上映しているが、いつやってもよくお客が来る。画質はお世辞にもいいとは言えないが、やはりそうしたことを越えて、ギヨンの変な波動がひしひしと伝わるからだろう。トークショーは変則な入れ方で、一本立てのギヨン作品が終わったところで、ギヨン作品の観客にのみ提供することとした。初日は、ギヨン好きで知られる篠崎誠監督と石坂さんの対談。まだギヨン作品がメジャーになる前に（今だって、いわゆる「メジャー」とは言い難いものがあるが）、映画祭で知り合ったポン・ジュノ監督からギヨン映画のコピーを貰ったエピソードなどが紹介される。

二本立ては『弓』（2005）と『嘆きのピエタ』（2012）のギドク物。『ピエタ』は何度みても、泣かされる。

夜興行の一本立てがまたしてもギヨン作品『肉体の約束』（1975）。信じがたくヌルい伴奏音楽（もしかして意図的？）の中で展開される、『西鶴一代女』（溝口健二監督／1952）や『女が階段を上る時』（成瀬巳喜男／1960）を彷彿とさせるダメンズウォーカー（要するに「悪い男運を確信的に選んでしまう女」ですね）の物語。爆笑を誘わずにはいられない、主人公らの言動がチャーミング。

11月2日（日）

本日はギヨン作品が二本続けての朝興行で、都合により二本目から見たのが『異魚島《イオド》』（1977）だったが、主人公がいろいろな人の話を聞くほどに謎が深まるという構造のこの作品は、まるでベルトルッチの『暗殺のオペラ』（1969）のようだと舌なめずりをしていたところが、途中から異様に土俗的な展開になり、そうした「何々みたい」といった見方が心地よくも裏切られてゆく。つくづくキム・ギヨン特集をやってよかったと思える一篇。

二本立てギドク作品の本日は『悪い男』（2001）と『受取人不明』（2001）。前者は、キム・ギドクの名を確立した代表作。本当は純愛の人（？）である主人公のヤクザが、露悪的な振る舞いに及ぶという、いかにもなギドク臭。どうしてもキライになれません。

『悪い男』のヤクザを演じたチョ・ジェヒョンは、近作の『メビウス』（2013）でも主演をつとめて、自分のペニスを切断するという「痛い演技」を見せているが（ここでは文字通りに「痛そうな」という趣旨である）[*1]、『受取人不明』でも犬殺しのオヤジという、ギドク臭フンプンの役柄をこなしている。今回はどうしてもレアものとしてのキム・ギヨンの影に隠れた感はあるが、やっぱりギドクはいいわ。

11月8日（土）

本日は都合によりギドクの二本のみを見る。客入りとしては、やはりギヨンの割を喰ってか、やや寂しいものがある。

『サマリア』（2004）は、個人的にはすごく好きな作品。高校生売春をしていた仲良し二人組の女の子のうちの片方が、警察の手入れの際に逃げようとしてホテルの窓から飛び降りて死んでしまい、残された片方が、客となった男たちに受け取ったお金を返すために、彼らに体を与える「巡礼」を行ってゆくという、ひどく「刺さる」話である。『嘆きのピエタ』でも思ったが、キム・ギドクは、実にロマンチックな、「泣き」の話が好きな人なのではないのか。『うつせみ』（2004）も、そうしたギドクのメルヘン的（？）な側面のよく出た作品だろう。他人の留守宅に上がり込んでメシを喰い、その償いのために洗濯をするという奇妙な行動をとる主人公が、留守宅と思い入り込んだ金持ちの家で、夫に虐待されている人妻と出会い、恋に陥るという、「どこから、こんな不思議な話を思いつくのか」としか思えない展開である。しかし、荒唐無稽であってもリアリティがないとは思わせないのもまた、ギドクである。

11月9日（日）

キム・ギドク作品の魅力のひとつは、その本来のリリシズムというかロマンチシズムをわざと隠蔽するかのような、極端に振れた設定での露悪的なストーリー展開といったことがあると思うわけだが（近作の『メビウス』などもその典型だろう）、整形天国の韓国を舞台に、恋人の真の愛を得るために整形をして別人になった主人公の女性が、別人として改めて恋人に近づいて彼の愛を得ようとする『絶対の愛』（2006）などは、まさにそうした路線の成功例の一つといえよう。彼女の行動に翻弄される恋人が、ついには自らも整形に踏み切るという展開は、公開当時のキャッチコピーの「まさかの整形返し」が、実に的確に表現している（笑）。

『鰐』（1996）は、ギドク作品お馴染みのチョ・ジェヒョンもの。河原で暮らすホームレスのジェヒョンらのもとに、自殺未遂のうら若い女性が住みつき、ツンデレの関係になるが、ここでもジェヒョンは「悪い男」ぶりを遺憾なく発揮しています。

11月10日(月)

一本立ての夜興行の『死んでもいい経験』(1995)だが、これには参りました。ものすごいとしかいいようがない。キム・ギヨンの遺作とされているこの作品、いや、そんなありきたりのものじゃないと言うべきか、まさに人生集大成たる遺作に相応しいと言うべきか、とにかく映画の定石的なことは全く無視して、キム・ギヨンが好き勝手に暴走しているようにしか見えない、まさに怪作。

11月15日(土)

昨日で、キム・ギヨン&キム・ギドク特集は幕を閉じ、二週間のスケジュールで、シネマヴェーラ始まって以来のロードショー興行での『金日正のパレード』(アンジェイ・フィディック/1989)と併映の『北朝鮮・素顔の人々』(稲川和男&朴炳陽/2014)が、今日から始まる。正直なところ、ウチはロードショー興行はまったく自信がないので、筆者としては一週間の興行にとどめるべきだと主張していたのだが、いろいろな「政治的事情」があって、二週間を受け入れざるを得ないこととなったのだ。

案の定、トークショーなどを入れた初日でも、客入りはあまり冴えず、この調子で二週間を持たせるのは辛いものがあると痛感。

11月17日(月)

二週間あるから、いつ見ても構わないやと思いながら、月曜に『パレード』を見に行く。久々の対面で、たしか最初に見たのは中野武蔵野ホールだったなあ、など感慨深いものがある。ただ改めて思ったが、この映画の中で北朝鮮政府は激しくイベント(マスゲーム、軍隊の行進などを開催しているが、あれはさすがにポーランドの取材チームのためにやっているわけではないはずで(この映画はポーランドのテレビの取材陣が北朝鮮でのドキュメンタリーを撮影したものである)、あの当時はそうした国家的イベントを行うことが統治上有効だと考えられていたからなのだろう。だが、あの一糸乱れぬマスゲームに象徴されるようなイベントを実現するために、いったいどれだけの練習が行われたのだろうか。言い換えれば、そんな練習に励む人民を食わせていたわけだから、当時の北朝鮮は、今と比べれば余裕があったということなのだろう。

そうしたことと関係がないわけでもないが、マスゲームのシーンや、スタジアム全体を使っての人海戦術的体操シーンには、バズビー・バークレイのミュージカルのような趣があって、素直に感動せずにはいられない。思想を越えて、鍛錬の成果としての肉体の動きを見せつけられると、そこに感動は結実してしまうのである。それって、しかし、ナチス的＝レニ・リーフェンシュタール的な美学なのか？

帰宅して晩飯を食べ終わった頃に母から電話があり、父の危篤を告げられる。父は四ヵ月ほど前から寝たきり状態になり、正直、長くはなかろうと思われていたので、驚きはなかったものの、やはり来る時はあわただしい。入居していた介助付きの老人ホームに駆けつけると、すでにこと切れていた。枕元で葬儀社を待つ間にスマホに浮かんだニュース速報に「高倉健死去」の文字がおどり、「おう、オヤジは高倉健と同じ命日か！」と嬉しいような、誇らしいような妙な感情が湧くが、どうやら健さんは一週間前に亡くなっていたとの由。前月のカメの死去に続き、こんなに近接して身近な者たちが逝ってしまったことについては、それなりの感慨がある。

11月28日（金）

前月はカメだったが、今月はオヤジの葬式で、しかも二十年来のつきあいのある顧問税理士も亡くなり、オヤジの告別式と税理士のお通夜をダブルヘッダーでこなすという、自分でも意味の分からないお弔い日和。そんなわけで、映画館は二の次の騒動だった。

本日で『金日正のパレード』のロードショー興行が終わったが、やはり予想通り、集客的には芳しくないもので終わった。

＊1　陰茎切断という話は、実は2015年の夏の段階で、筆者の所属する弁護士業界では、この夏に起こったショッキングな事件（現役のロースクール生が妻を伴って、その妻が事務員として勤務していた法律事務所の所属弁護士を殴打した挙句、その陰茎をちょん切り、トイレに流したという）によって、身につまされるトピックとして、現実化している。

曾根中生追悼！2014

曾根中生監督とウチとは因縁がある。といっても一方的なものにすぎないのだが。約三年ほど前となる２０１０年の１月に、「消えゆく曾根中生⁉」と題した特集上映を行っているのだ。なぜ「消えゆく」かといえば、周知のとおり、曾根監督はある時期からふっつりと映画界から姿を消していて、「そのスジの人」に殺《あや》められたのだという噂すら、まことしやかに業界で囁かれていたこともあるが、そのことではなくて、２００９年の中盤あたりからロマンポルノの上映プリントが大量にジャンクされるという事態がおこり、曾根作品もその対象になるというので、「近日中に曾根特集をするから、ジャンクは少し待って欲しい」と頼み込んで、何とか翌年の１月に上映できたからだ。文字通り、曾根映画は消えゆく定めにあったのだ。この時は、監督作品で上映可能なものをかき集めても15本ほどで、プロデュース作品の『ブレイクタウン物語』（浅尾政行／１９８５）や、脚本作品の『殺しの烙印』（鈴木清順／１９６７）と『壁の中の秘事』（若松孝二／１９６５）を投入して、何とかウチの常態的な興行形態の三週間18本にまとめたものだった。客入りも、比較的よかったと記憶する。

その後の曾根監督については世の知るところである。２０１１年の湯布院映画祭で奇跡の「復活」を果たし、翌２０１２年の日活百周年でのロマンポルノ特集では永年お蔵入りとなっていた監督作の『白昼の女狩り』（１９８４）が陽の目を見ることになった。因みに、当ビル３階のユーロスペースで開催されたこの特集のトークショーゲストとして上京された監督に、筆者は控室でご挨拶させて頂いた。２０１４年には自伝を出版する（『曽根中生自伝 人は名のみの罪の深さよ』文遊社）などの健在ぶりを見せつけるも、その自伝の刊行のわずか数日後の、奇しくも湯布院での復活のちょうど三年後である２０１４年8月26日に、帰らぬ人となった。

実は今回の特集は、人に勧められたものだったのだが、当初はあまり乗り気ではなかった。ウチで一度は特集上映をしており、また一年ほど前に、当ビル２階のオーディトリウム渋谷で研究書の刊行とからめて曾根中生特集が組まれていたので、集客的に難しいのではないかと危惧したからだ。だが調べてみて、日活百周年などでかなりのニュープリントが焼かれていることが分かり、俄然乗り気になった。上映素材のなかった三年前とは様変わりだ。かくて、曾根中生監督の追悼特集は始まった。

11月29日（土）

初日なので、この日は片桐夕子さんと映画評論家の鈴木義昭氏のトークショーもあるのだが、あいにくなことに午後いっぱい、著作権関係のシンポジウムへの登壇で、劇場に行けない。終わったところで駆けつけて、トークショー後の『㊙極楽紅弁天』（1973）を観る。

時代劇だが、当時の全共闘運動への目配せらしきものが随所に見られる。ただ、コメディを指向しているわけだが、どうもさほどに笑えない。小説は風俗の部分から腐るなどと言われるが、その典型か。早くも、なかなか理解しがたい曾根映画の面目躍如か。

11月30日（日）

本日は『赤い暴行』（1980）と『天使のはらわた 赤い教室』（1979）の二本立て。客入りもまずまず。

『赤い暴行』は、むしろ初公開から三十余年を経た今日に観てこそ、新たな意味づけを見いだせる作品かもしれない。失われた20年だか30年だかを体現するかのように、ここでの金銭感覚は今もリアルだ。「売れようとしてあがくバンド人生」が、そうした金銭感覚の中で、鮮やかに描かれている。そうした意味で今こそ「再発見」されるべき傑作だと思う。

『天使のはらわた 赤い教室』は言わずと知れた、いまや古典的な名作。昨年亡くなった蟹江敬三の名演に応え、水原ゆう紀も熱演を返す、この永遠のメロドラマだが、今回は敢えて三日回しにはプログラムせず、二日にとどめた。蟹江追悼系の特集で、各所でやられ過ぎていたからだ。

12月1日（月）

『博多っ子純情』（1978）はポルノ的な要素の全然ない「中坊《チューボー》」映画だが、ストレートに可笑しい作品である。『㊙極楽紅弁天』だと笑えなくて、『博多っ子純情』だと笑える、そのツボの差は何だろうかと考える。これは筆者の個人的な嗜好の問題ではおそらくなく、実際、前者ではお客さんはあまり笑っていなかったが、後者ではドヨめくのだ。もちろん出来の良しあしということはあるから、『博多っ子純情』ではたまたま好調だった（『㊙極楽紅弁天』ではたまたま不調だったというべきか）、ということもあるだろうが、どうもそれだけではないような気がする。

併映の『不良少女 野良猫の性春』（1973）は、前回の曽根特集で上映した映画だが、残念ながら今回は都合で観られず。

12月6日（土）

『大人のオモチャ ダッチワイフ・レポート』（1975）は、前回の特集の際も上映したものだが、好きな作品である。ここではダッチワイフのメーカーが登場して、これが謎の職人コンビなのだが、妙に可笑しい。晩年を発明家として生きた曽根中生の、何かが投影されているのだろうか？曽根版のフランケンシュタイン物語と受け止めてみてもいいのかもしれない。

『実録白川和子 裸の履歴書』（1973）も不思議な話で、劇中の「白川和子」はピンク映画界の旗手として活躍するも、まったく唐突に、怪しい男に誘拐監禁されてしまうのだが、どうやらそれは事実ではないらしい。それなら、普通は作劇上それらしい理由を描きながら、そうした誘拐エピソードを盛り込みそうなものなのだが、そんな段取りは一切ないのだ。どこが「実録」かとアキれるが、曽根映画には時として、この種のフシギにあふれているように思う。

この日は白川和子さんと鈴木義昭氏のトークショーがあり、客席は大いに盛り上がった。

12月7日（日）

『女高生100人㊙モーテル白書』（1975）だが、そもそも何故「女高生100人」なのか。女子高生の集団売春事件を扱った、そういうタイトルの週刊誌の特集記事の、「その後」を取材する主人公が体験する、あれやこれやのストーリーというのが、ここでのお話なのだが、その起源のところが不在なのが、何とも不思議であり、そこにかぶってくる高校生同士の「ロミオとジュリエット的悲劇」が真実なのかどうか、という謎解きは、うまく化学反応を起こしさえすれば、大傑作となったかもしれないのだが、どことなく不発で終わった感が強い。何というか、あまりうまく書かれてないアンチミステリを読まされたような感覚。相米慎二の脚本とのことで、このあたりの不思議さの源は彼なのか？

対して『花嫁に手をだすな！　わが子は殺人者』（1980）は、今から見れば、異常なまでに豪華なキャスト。主演の鶴田浩二に始まり、森下愛子、本間優二、鹿沼えりといった具合で、しかも原作は近年再評価著しいパトリック・クエンティンである。テレビドラマながらも、鶴田センセイの得意技の頬っぺた筋肉ヒクヒクを複数回にわたりご堪能いただけます！

12月8日（月）

『新宿乱れ街 いくまで待って』（1977）は、前回の曾根特集の際にウチで焼いたプリントと記憶する。名作の誉れ高い作品だが観たことがなかったので、ニュープリントをわざわざ焼いたわけだが、当初は正直なところ、そんなにイイ作品とは思えなかった。脚本の荒井晴彦氏の十八番の脚本家ルサンチマンものというか、こじらせ男子ものというか、そこに漂う「団塊臭」が鼻についたからなのだ。だが、まあしかし、70年代の青春映画は、多くはそうしたものではあるよなと、最近は少し見方を変えつつある。素直に、青春映画の傑作と認めたいと思う。

もう一本の『続ためいき』（1974）だが、『ためいき』（1973）の方はそんなに大ヒットだったのだろうか。悪いけど、聞いたことがない。だって、「続」と題名につける以上、『続エマニエル夫人』に対する『エマニエル夫人』みたいのでないとダメなんじゃないのか？ 調べてみると『ためいき』は本作と同じ仲良し三人組のOLを主人公にした、レズものらしい。『続ためいき』は、同じく仲良しOLの群像劇ではありつつも、主人公の成長譚として、さわやかな印象を残す佳作となっている。死んだ父親の親友役の戸浦六宏が、残された母とデキていたのに、主人公にも手を出して、いわゆる「親子どんぶり」状態になるのに、不思議と憎まれないというおいしい役をこなしている。

12月13日（土）

『スーパーGUNレディ ワニ分署』（1979）では、なんだかよく分からない人だが厳然としてそこに存在する「ジャンボかおる」なる人から目が離せない。この映画での横山エミーという主役も、どう受け止めていいのか微妙な人だが、ジャンボの微妙さは、その比ではない。よくあることだが、古い映画を見ていると、どうもその当時の人気者らしき人が出演しているのだが、今となってはどういう人だか分からず、何となく居心地の悪い思いでスクリーンを見続けるということがよくあるが、「ジャンボかおる」はそういう人のようだ。キックボクシングの人だったようで、その後お笑いに転じるとある。うーん、お笑いか？

『白昼の女狩り』（1984）も、負けず劣らず、この種の微妙さに満ちた作品で、タイトルからは山上たつひこの『半田溶助女狩り』シリーズのようなナンセンス・コメディかと思わせて（まあ、今でこそ、そういう連想をするのは特殊なのかもしれないが、1984年当時なら、そう突飛なものでもなかったろうと思う）、ナンセンスのようなシリアスのような、不可思議な世界が展開する。お蔵入りになったのもムリからぬ気がする。

12月14日（日）

『私のSEX白書 絶頂度』（1976）は議論の余地のない傑作だが、そこにはいくぶんか、主演の三井マリアのシャープな美貌も貢献しているのではないか。この作品を最後に映画界から消えてしまった女優だが、調べてみると『東京ふんどし芸者』（野田幸男／1975）や『好色元禄㊙物語』（関本郁夫／1975）といった映画にも出ていたとは驚きだ。クールな美人なので、東映ピンキー路線とは一線を画す感があるからだ。

トークショーは、『絶頂度』の脚本家にしてスクリプターの第一人者の白鳥あかねさんと映画評論家の高崎俊夫氏。

12月18日（木）

菅原文太が11月28日に亡くなった。10月の高倉健に続いて、である。思わず「東映・暗黒の秋」みたいなフレーズが頭に浮かんだが、そんな話題をなぜ今ごろ持ちだすかといえば、最近の日経新聞を読んでいたら、高倉健と菅原文太が相次いで亡くなったことに絡めて、いわゆる識者的な人物が、彼らの映画を昔よく観た映画館としての銀座並木座の思い出をコラムで語っており、近年はそうした名画座が少なくなり云々と嘆息するというものに出会ったからだ。はっきり言って、これはトンデモエッセイである。

少なくとも筆者には、高倉健や菅原文太の映画を並木座で観た記憶はない。東映ヤクザ映画を観る映画館ではないからだ。まあ『昭和残侠伝』や『仁義なき戦い』の類あたりならばやっていた記憶はあるが、並木座という映画館の最大の特徴は、黒澤作品や小津、溝口、成瀬などの「王道的」な日本映画を繰り返し上映していた点にあり、良くも悪くも非常に偏りのあるプログラミングだった。文太・健さん映画を引き合いに出すなら、なんで新宿昭和館や上板東映でなく銀座並木座なのかと、この「識者」の映画的なセンスの悪さに辟易した次第。こんなことは、筆者の世代から上の映画好きにとっては指摘するまでもない、常識中の常識に属することだが、並木座とかに行ったことのない人間にとってはよく分からないことだろうから、敢えて記すところ。

12月20日（土）

本日はトークゲストの山根貞男氏の指定で、時代劇の二本立て。

『性盗ねずみ小僧』（1972）では、ねずみ小僧とは実は、遠山の金さんこと遠山金四郎による「世直し別働隊」のような存在であったものが、金四郎が結局は権力の側についてしまったため、詰め腹を切らされて処刑されたのだというお話で、団塊臭はあるものの、ストーリーとしてよく出来ていて面白かった。

『性談 牡丹燈籠』（1972）は、『ねずみ小僧』と同じく小川節子が主演だが、美貌の女優だ。映画としてもよく出来ていて、観ていて、死人との恋というテーマが『陽炎座』（鈴木清順監督／1981）を思い出させた。師匠である清順作品の方が後なわけだが。

山根さんのトークでは、要するに、曾根中生という監督は捉えどころのない監督なのだが、時代劇という観点で切り出したときに、一般映画からロマンポルノへ舵を切った当時の日活の底力が読み取れるといったもので、やはり時代劇である初監督作品の『色暦女浮世絵師』（1971）を取り上げて、こうしたことを論じておられた。やはり、曾根映画を観ていて、なんだかよく分からんという印象は、ここに山根貞男氏によってお墨付きを得たわけだ！

12月22日（月）

なんだか題名からして脱力感あふれる『ホステス情報 潮ふき三姉妹』（1975）。当時はやった「潮ふき」をタイトルに入れたかったというのは分かるが、いったい何だよ、「ホステス情報」って？ 意味が分からないです。中身は、いまは懐かしいピンサロ（キャバクラなどとは比較にならない、お下品な場所です、念のため）の話なわけで、題名は監督が決めるわけではなく、それは会社としての日活の指示ではあるとは思うが、それにしても曾根作品は、『続ためいき』だの

『女高生100人 モーテル白書』だの、奇妙なものが多すぎて、改めて曾根中生の分かりにくさを再確認。

だが分かりにくいのは題名だけでなく、中身も、ということを再認識させられるのが『教師女鹿』(1978)。これには困った！ 話として繋がっているんだか、いないんだか、よく分からない。『不連続殺人事件』(1977)でも似た思いをしたが、この映画では観客に説明する義務を完全に放棄している。ここまでくれば、いっそ清々しいかも。

映画史上の名作で一息 2014-15

曾根中生監督特集は、集客的には健闘した。筆者自身も、観ていない作品を何本も観ることができて、たいへんありがたかった。それでも、最後まで、曾根中生という監督は何者であったのかという疑問は残るわけではあるが。

さて本日からは、個人的には、待ちに待ったというか、字幕翻訳の苦難の末にというか、この数年来半年ごとに開催している「映画史上の名作」の幕開けである。字幕の作成は9月あたりから始まっているから、半年ごとの事とはいえ、やっと幕が開いたかの感はある。

12月27日（土）

今年は幕開けが年の瀬も詰まっての時期なので、第一週はあえて地味めなスタートで、初日は、再映の『凱旋門』（ルイス・マイルストン／1948）と、もう一本は今回初のお披露目の『深夜の告白』（ビリー・ワイルダー／1944）の二本立てである。それでも初回から、いい感じの集客である。

再映とはいっても『凱旋門』、どうも全然観た記憶がない。第二次大戦前夜のパリを舞台にした、無国籍者のシャルル・ボワイエと、「一人では生きていけない」系の美女（誤解はないと思うが、これは「オトコなしでは生きられない」の意味である）イングリッド・バーグマンのお話である。無国籍者だから、当局のチェックに遭うと、国外退去を命じられるのだが、そこは無国籍者のパワーで、しばらくするとまたパリに舞い戻ってくるわけだ。このあたりが地続きのヨーロッパの強みだが、ただ「一人では生きていけない」イングリッドとしては、早々に別の男とくっついてしまっていて、そこで元カレのボワイエとゴタゴタするという展開である。これにナチの役人に扮するチャールズ・ロートンが絡むという上質のメロドラマ。

もう一本の『深夜の告白』は、悪女といえばこの人、斯界の第一人者であられるバーバラ・スタンウィック先生によるフィルム・ノワール。主演のフレッド・マクマレイはともかくも（どうもこの人、キレのなさそうな出で立ちで、筆者的には納得の行かない「スター」である）、エドワード・G・ロビンソンが、敏腕の保険調査員役を実にいい味で演じ切っている。

12月28日（日）

本日は『キートンの蒸気船』（チャールズ・ライスナー&バスター・キートン／1928）と『オール・ザ・キングスメン』（ロバート・ロッセン／1949）の二本立て。

『キートンの蒸気船』は、過去に16ミリでやったものを、HD素材に改めて字幕を移植しての再映もの。だから移植の過程ではチェックのために何度も観ているわけだが、改めて観客席で観ると、大画面でのこともあり、やはり楽しい。ただし、大画面でチェックしていると、コンピュータ画面では見過ごしていた字幕の間違いも目立ち、この特集中でも何度も「アッ！」と声を上げそうな瞬間もあった。そんなわけで『蒸気船』だが、前半は意外にローキーな感じで進行する映画だ。短編などに見られるような、冒頭からギャグでの押せ押せ感はない。その代わり、父親が収監されたあたりから、嵐が街を襲うシーンに至り、キートンの至芸が爆発する。

対して『オール・ザ・キングスメン』は、どシリアスな重量級作品にして、画面から目を離せない見事な展開の作品だ。いわゆる政治的人間を描いたものであるけれど、また今回の上映素材の画質の悪さもありながら、そうしたものを超えて、人間の根幹に迫る映画としての力があり、称賛に値する傑作と言うべきものだ。

1月3日（土）

先に記したとおり、本特集は12月27日にスタートしたが、つまりは26日が金曜である。世の中では12月26日の金曜が仕事納めとするところが多かったから、この年末年始はかなり長いものとなり、その意味では、映画史上の名作特集も、第一週よりは、むしろ第二週からが派手な花火の打ち上げだ。

と言いつつ、新年はいきなりプロジェクターの不良からスタートするハメに。改めて記すほどのことではないが、35ミリプリントは35ミリ映写機、16ミリプリントは16ミリ映写機、DVDやブルーレイはそのためのプロジェクターが、それぞれスクリーンに投影をしているわけだが、この最後のプロジェクターの調子がおかしくなったという話が急遽、寄せられた。映画史上の名作シリーズの上映素材は、6割がた、DVDかブルーレイである。ことに、この三日の上映作品は両方ともブルーレイだ。いろいろあって、何とかユーロスペースのプロジェクターを借りることで、事なきを得た。修理をしようにも、正月の三が日では、動きの取りようがない。バックアップ機とか考えないとイカンと、考えさせられる。またしてもカネはかかるが。

そうした中で、若干の遅れがありつつも新年の第一弾が幕開けたのが、『街の天使』（フランク・ボーゼージ／1928）と『脱出』（ハワード・ホークス／1944）の二本立て。この日は、おそらく『脱出』人気なのだろうと思われるが、集客は予想以上。

『街の天使』は、おなじみジャネット・ゲイナーとチャールズ・ファレルの黄金コンビで紅涙を絞らされる、名匠フランク・ボーゼージ作品。ジャネットの意外な脚線美に驚かされる。

かたや、昨年亡くなったローレン・バコールの追悼として入れた『脱出』。ボギーとのコンビとしては『三つ数えろ』（ハワード・ホークス／1946）が有名ではあるものの、映画の面白さとしては、おそらくこっちが上ではなかろうか。ボギーの右腕としてウォルター・ブレナンがいつもの味を出しており、バコールも、気は強くても男気には弱い、イイ女を好演している。

1月4日（日）

長かった年末・正月休みも今日で終わり。冬の休みはスノボを滑りに東京を留守にすることが多いのだが、今年はどこにも行かなかったので、やけに長く感じられた。さて劇場は今日もいい入りである。『ニノチカ』（エルンスト・ルビッチ／1939）と『スイング・ホテル』（マーク・サンドリッチ／1942）の二本立てだ。

なんというか、ロマンチック・コメディのお手本のようなルビッチの『ニノチカ』である。これ以上はないほどかけ離れた世界にすむ男と女が恋に落ちるというシチュエーション設定がいい。女ボルシェビキを演ずるグレタ・ガルボが汽車でパリに着いて、駅のポーターと交わす会話（「あなたの仕事は社会的不正義と言うべきよ」「それはチップの多寡によりますな」）や、同志から祖国の状況について聞かれて答えるセリフ（「良好だわ。最近の大量殺戮裁判の結果、少数精鋭主義が徹底されました」）のキレの良さは、たぶん脚本に参加しているビリー・ワイルダーに由来するのではないかと想像される。一方で、パリに住む貴族のメルヴィン・ダグラスがボルシェビキのガルボと初めてキスを交わすシーンは、ため息が出るような切なさだ。素材はHDではなくSDだが、画質としても大きな問題はない。これは「当たり」である。[*1]

『スイング・ホテル』は以前16ミリで上映したものをHD素材に字幕移植したもの。パラマウント映画へのアステアの出演作なので、おそらくMGMからローンアウトされたものだろうか。基本的にはビング・クロスビーの映画で、アステアが準主役だからか、女優がちょっと弱い。この映画は一般的には名曲「ホワイト・クリスマス」を世に出した映画として知られているが、面白いのは、このアーヴィング・バーリン音楽で固めた映画にアステアが出て、その六年後に、同じくバーリン音楽による『イースター・パレード』(チャールズ・ウォルターズ/1948)(『スイング・ホテル』の中でも楽曲「イースター・パレード」はフィーチャーされている)がアステアとジュディ・ガーランド主演で作られたのは因縁であろう(もともと『イースター・パレード』はジーン・ケリーを主役に予定していたのが、彼のケガが原因でアステアに振られたそうである)。

1月5日(月)

夕刻に劇場に来てみると、妙にお客が多い。今日は、あまり画質のよくない『花嫁の父』(ヴィンセント・ミネリ/1950)と再映の『聖メリーの鐘』(レオ・マッケリー/1945)の二本立てだ。受付嬢に聞くと、どうやら『花嫁の父』人気で集客しているもよう。いつものことだが、これが解せぬ。『花嫁の父』は普通によくできたコメディで、全然悪い作品ではないのだが、何より画質は悪いし(まあ、画質が悪いとチラシ等でうたってはいないから、そのことは、集客がいいことへの「文句」にはならないが）、はっきり言ってコレといったエッジはない作品だ。何が受けてるのかサッパリ分からない。何度も言うが、これは、名画座の館主としては根源的な恐怖である。世の中一般（あるいは、名画座に来る程度の映画好き一般というべきか）の映画の好みというものが、まるっきり分かっていないのかもしれない、ということだからだ。前回のときは『終着駅』（ヴィットリオ・デ・シーカ／1953）でこの種の恐怖に直面し、今や『花嫁の父』で同じ恐怖に向き合ったわけである。不可思議だし、気味が悪い。

1月12日（月・祝）

成人の日の休日だが、本日は全長約三時間半に及ぶサイレントの大長編『ドクトル・マブゼ 第一部 大賭博師篇』『ドクトル・マブゼ 第二部 犯罪地獄篇』（フリッツ・ラング／1922）のお披露目である。確かに妻の断言どおり、フリッツ・ラングの故なのか、集客は非常にいい。

サイレント時代のラングは、漢字に興味をもっていたのだろうか。この作品では中国の地名の「済南府《ツィナンフー》」なる言葉が登場し、もっともそれは漢字ではなく、「Tsi-Nan-Fu」というアルファベットで表記されていたのだが、それがマブゼによる催眠術の導入のキッカケとして効果的に使われていた。日本を舞台にした『ハラキリ』（1919）での怪しげな漢字や、『蜘蛛』（1919―1920）での地下世界に広がるチャイナタウンでの漢字など、何かこだわりがありそうである。

観終わって、映画としては面白かったが、劇場主としての後悔も残る。この長さなので一日に二回しか回せない。これで通常料金での上映では、ちょっと何だかなあ、ということだ。今度、似たような企画をする際には、特別料金にしないと。

1月17日(土)

いやあ、『マクベス』(オーソン・ウェルズ/1948)のオーソン・ウェルズは惚れ惚れする。役としては、もちろんマクベス夫人に煽られてタジタジという役どころだが、やはりカッコいい。コスチュームが、やや太めの体格もあって、まるでマツコ・デラックスの着ている衣装のように見えなくもないが、さすがシェークスピアのセリフの妙というべきで、ミニマムなセットと相まって、独自の世界を醸成していると思う。客入りも上々。

併映は二度目の上映となる16ミリの『雨』(ルイス・マイルストン/1932)だが、受付によれば、これについても意外にお客の食いつきがいいとか。不思議なり。

1月18日(日)

本日は『疑惑の影』(アルフレッド・ヒッチコック/1942)と『マダム・サタン』(セシル・B・デミル/1930)の二本立て。いずれも新作(再映ではないという意味での新作)なので、割と贅沢な日曜で、客入りもまずまず。

ジョゼフ・コットン演ずる叔父のチャーリーと、同名の姪を演ずるテレサ・ライトとの間の心理的葛藤を描く『疑惑の影』。カリフォルニアの田舎町に降臨した邪悪な男の正体を、姪しか知らないというサスペンスが、ＨＤ素材の美しい画面を背景に展開する。

『マダム・サタン』は今回の上映の中では数少ないカルト物としての参入。夫の女遊びをやめさせるために「マダム・サタン」として仮面舞踏会に参加して夫を誘惑する、というストーリーのみに飛びついて、今回、字幕をつけてみた。「悪魔夫人」なんて、ステキじゃないか！　ところが実際にはコメディで（当たり前か）、夫が愛人の家で妻と鉢合わせしそうになるシーンなどは、かなり笑えるドタバタになっている。ちょっとした拾い物だ。

1月19日（月）

本日は、一般的には集客の悪いミュージカルの『雨に唄えば』（スタンリー・ドーネン＆ジーン・ケリー／1952）と再映物の『思ひ出』（エルンスト・ルビッチ／1927）なので、さして期待もせず夕刻劇場に行ったが、意外に入っている。『雨に唄えば』では6歳ほどの子供を何人か連れた外国人のママさんが数人連れで客席にいて、子供たちも映画を観て笑っている。たぶんアメリカ人なんだろうが、こういうのは偉い。日本人のお母さんは、子供に『となりのトトロ』（宮崎駿／

1988）は見せるかもしれないが、『生れてはみたけれど』（小津安二郎／1932）や『風の中の子供』（清水宏／1937）は見せなかろう。しかも劇場でだ。

『思ひ出』は、16ミリプリントをテレシネした素材を使っている。前回の映画史上の名作の際の、同じくルビッチの『陽気な巴里っ子』（1926）もそうだが、これらは現状でDVDやブルーレイが市販されていないものだから、極めて貴重な上映機会ということになる。

1月25日（日）

今回の映画史上の名作シリーズの最終週の日曜。昨日の『ローラ殺人事件』（オットー・プレミンジャー／1944）は極めてたくさんの客入りを記録したものだが、一転、この日は集客悪し。危惧していたとおり、西部劇である『赤い河』（ハワード・ホークス／1948）が「来ない」からだ。併映の『ナイアガラ』（ヘンリー・ハサウェイ／1953）のモンローの魅力をしても、力及ばずであったようだ。

しかし『赤い河』は、まごうかたなき傑作だ、筆者ごときが言うまでもないことだが。ハワード・ホークスらしい、男と男のぶつかり合いがあり、気風《きっぷ》のいい美女があり、笑いありの大作だ。なんで西部劇というだけで、そう嫌われるのか、理解できない。

1月26日（月）

そして、筆者にとっての今回の特集の最終日。この日は再映の『魔術師』（レックス・イングラム／1926）と『ストライク・アップ・ザ・バンド』（バズビー・バークレイ／1940）。

前者は16ミリからのテレシネ素材。アメリカのネットオークションで、他に現存していないプリントであるとのフレコミだったので、しばらく前に高値で競り勝って購入した16ミリだった。あれ、念のためと思って、今ネットで見てみると、なんだよ、2011年にDVDが出てるじゃないか！テレシネ費用、馬鹿にならない金額なのに、もったいないことしてしまった！

『ストライク・アップ・ザ・バンド』、例によって「ミュージカルの掟」により、大した客は入っていないが、かなりアツイ映画で、筆者としては大好きだ。キューバン・ナンバーの「ラ・コンガ」などはアステア映画とはまた違う、若さ溢れるミュージカルの魅力に満ちているし、ジュディがソロで歌う「私には誰もいない」の歌詞などもMGMミュージカルらしいギャグで溢れている。

結局、最終週で客入りとしては下降線をたどる幕切れのよう。なかなか好調の波を維持し続けることは難しい。

＊1　その後HD素材を入手したので、次回上映の際には、より鮮明な画質のものでお届けできることとなった。

ワイズマン！2015

筆者だけなのかもしれないが、どうも普通の映画ファンはドキュメンタリー映画を観ないような印象がある。筆者自身も、長く食わず嫌い的なところがあって、ドキュメンタリーを敬遠してきた。しかし、そうしたフツーの映画ファンにウケるドキュメンタリーというものがあるもので、たとえば原一男監督の一連の作品などがそれで、しかし、それらとはまた180度違った「フツーの映画ファンにウケるドキュメンタリー」として、フレデリック・ワイズマン映画があるように思える。

ワイズマン映画には中毒性がある。優れた映画監督の作品はすべからくそういうものだ、とも言えそうだが、何かそれとも違う。あの圧倒的な長さと相まって、いつまでもダラダラと見続けていたい欲望に駆られる。それを自分のお膝元で特集上映することができるなんて（「偉大なるフレデリック・ワイズマン」）、ワイズマン中毒者の夢ではないか！

と思ったのもつかの間、初日からノンビリと映画鑑賞などやってられないハメに。

1月31日（土）

話は少し前に遡る。実は一般の観客の方はほとんど知ってはいなかろうが、ウチの映画館には、ちょうどスクリーンの後ろ側あたりに物置小屋的なスペースがある。これは、建物の内部からはアクセスできず、廊下の突き当たりに非常階段へのドアがあるが、いったん非常階段に出て外からのみ入ることができるという奇妙な小部屋だ。これは、かつてウチのビルの地下から2階までを所有していたQ－AX（ツタヤグループの会社）が、当時1階で飲食店を運営していて、その従業員らの更衣室として使いたいということで、こんな妙な場所に細長い部屋を作ったのである。映画美学校がQ－AXから建物を引き継いだ際に、この小部屋も引き継いだわけだが、使いようもないスペースなので、シネマヴェーラで物置にしてもらっていいということで、ここに主に16ミリプリントなどを大量に置かせてもらっていた。ところが最近になり、美学校がここを使うことになったとのことで、16ミリを撤去しなければならないことになった。

ここで「もはや16ミリは不要なのでは？」問題が急浮上する。当初こそ、映画史上の名作シリーズは16ミリを上映素材としていたが、どうにも字幕付けにカネがかかるし、ランプなどの消耗品の入手の困難な上映機材の問題もあるし、画質にも不満があるしで、近年は完全に16ミリからの撤退をはかっている折りである。ここで一気に16ミリを処分してしまおうということになり、

７００本近くある16ミリプリントの大量処分に踏み切ったのだ。

実際は、７００本のすべてがこの小部屋にあるわけではなく、３分の１ほどは倉庫に収納してあり、それらは映画の題名と収納番号とがキチンと整理されているから、処分をする上では簡単である。問題はこの小部屋のもので、雑然とプリントが積み上がっているだけなので、これらを一つひとつ棚卸をするようにチェックしつつ、廃棄か保存かを決定しなければならない。映画鑑賞どころじゃないのだ。

因みに、廃棄といっても、どうやら「関係者」の間で、ウチが処分した16ミリの貰い手はすでに手配済みのようである。「関係者」とは、ウチの映写係とその周辺の人々のことだ。それは筆者にとってもありがたい。自分の物とはいえ、映画プリントをジャンクすることは忍び難い。手元に残したのは、主にＤＶＤ化されていない映画で、当然ながらマイナーなものが多いが、ドン・シーゲルの初期作品とか、ダグラス・サークの未ソフト化作品（アメリカも含めて）などもあるので、いつの日かテレシネなどして上映可能なものとしたいと思う。

そんなわけで、ワイズマン特集の初日に観ることのできたのは『病院』（１９７０）のみ。そうそう、書き記すのが遅れたが、初日は大層の入りである。『チチカット・フォーリーズ』（１９６７）などは満席に近い客入り。ありがたいことだが、観れなかったのが不満である。

2月1日（日）

本日は『基礎訓練』（1971）、『エッセネ派』（1972）など五本のラインナップなるも、諸般の事情から三本目の『霊長類』（1974）のみを観る。

『霊長類』は過去に一度観ているが、特に気にせず鑑賞。さまざまな種類のサルを研究の対象とする施設に入り込んでのドキュメンタリー。撮影中は録音係をやっているというワイズマンが、映像の中で一瞬カメラ目線で写り込むシーンにハッとさせられる。被写体の足元に蹲《うずくま》るような無理な姿勢でマイクアームを差し出しているのだ。ワイズマン映画はいわゆる「やらせ」ではないものの、自然な記録というよりも、非常に作り込まれたものだということがよく分かる、興味深いシーンである。

いつも二本立てを劇場で観るという行動パターンが染みついているので、今回の特集は何だか勝手が違う。時間的にも90分前後のプログラム・ピクチャーを二本続けて観るという感じにはならないし。

2月2日（月）

今日はいつもなら、仕事を終えて劇場で映画を観るはずが、なにせ六時間の超大作『臨死』（1989）の上映であり、この日のプログラムでは4時頃から始まって10時頃に終映だという。

とても無理だ。来週の祝日にもう一度上映されるので、その日に行くことにする。

2月7日(土)

ワイズマン特集、なかなか呼吸が合わず、今日も観ることのできたのは15時からの『メイン州ベルファスト』(1999)のみ。

観ていてふと思ったのは、肉をメスやナイフで切り裂くシーンに目が行くことだ。この映画だと、オオカミを罠で捕えて、その革を剝《は》ぐシーンやイワシの缶詰工場で工員らが次々とイワシを切り身にしてゆくシーンがそれだし、『霊長類』ではメガネザルを解剖して脳みそを刳《く》り出すシーンや、『病院』での患者の手術のシーンなどがそれだ。ある種、衝撃的なシーンだから目を引くという面もあるが、それだけではなくて、なにか、指と刃物を使って作業をすることそのものに、ワイズマンが魅せられている印象を受ける。それを観る我々も、思わずそこを注視してしまうような。

その次の回の『チチカット・フォーリーズ』は相変わらず満席に近い、絶好調の様相。受付で館内の様子が写っているモニターを見ると、冒頭の、精神病院内での患者たちによるレビューが行われている画面が見えるが、何と歌は「ストライク・アップ・ザ・バンド」だった。つい先週のあの映画のテーマ曲で「フォリー」が行われていたとは!

2月8日（日）

今日はようやくのことに、『基礎訓練』、『ミサイル』（1987）、『最後の手紙』（2002）と三連打固め打ち。集客は悪くはないが、やはり昨日ほどではない。

ワイズマンは繰り返し軍隊組織を取り上げている。本日の『基礎訓練』と『ミサイル』がそうだし、今回は上映していないがNATO軍の演習を描いた『軍事演習』（1979）などもそうだ。やはり、組織というものの独特さが際立って表出するから、ということなのだろうが、それにしても、明らかにリベラルと思しきワイズマンのような人物に（アメリカで「リベラル」といったら、むしろ共産主義者に近いニュアンスすら感じさせる場合がある）、よく撮影許可を出し、また編集の自由を与えるものだと感心する（ワイズマンはドキュメンタリー撮影に当り、施設の管理者と交渉して100％の編集の自由を得た上で映画を制作するとされているが、さすがに軍事機密や営業秘密にあたるものは、管理者側でチェックはするのだろう）。腐っても自由の国アメリカの、面目躍如というところか。逆にいえば、日本ではワイズマンのようなドキュメンタリーは百年経ってもムリなのだろうなと感じさせる。

『最後の手紙』は、驚いたことにワイズマンの劇映画だった。劇映画というか、一人芝居を映像に収めたものである。こんな作品があるとは、全然知らなかった。しかし不思議な感じがしたのはエンドロールで、常のワイズマン映画であれば、スタッフとしてクレジットされる人の数など10人にも満たないものを、このたった一人の役者しか出演していない作品について、まるでハリウッド映画のように(!)、延々とスタッフ・クレジットが続くのだ。主演女優がコメディ・フランセーズの所属の関係で、そこの人々が大勢関わっているようだが、ちょっと違和感を覚えざるを得ない。

2月9日(月)

なかなか、まだ観てない作品に出会えないのが難だが、今日の『福祉』(1975)も再見のもの。つまり、結構すでに観てしまっているということなのか。しかし、これは大好きな作品だ。何度みても笑えるというか、傑作だなぁと思わせる。ニューヨークの福祉関係の窓口を舞台に、いかにも怪しい理由を並べ立てて援助金を勝ち取ろうと攻め入る連中に対して、これを防戦すべく、官僚主義の権化のごとき窓口の役人が持久戦を挑むのだ。屁理屈には官僚主義的順法闘争を、ということか。しかし、観ていて、そうしたところが、いかにもアメリカ的だとも思えるのだ。

2月11日(水・祝)

今日は祝日で、二本のワイズマン映画を楽しむ。

『ボクシング・ジム』(2010)は、なぜか知らないがひどくいい客入りだった。もちろん例によって、ダラダラといつまでも見続けていたい類のワイズマン映画ではあるが、なんか、ちょっと「薄さ」を感じたのも事実。さすがに近年の作品として、ワイズマン先生も寄る年波に勝てなかったのか?

続けて六時間に及ぶ『臨死』。客入りも好調である。昨年に父親を、四ヵ月ほど続いた寝たきり状態の後に亡くした経験もあって、この作品には強く引き付けられた。ボストンの病院のICUを舞台に、要は「生かすことはとりあえずできる患者を、そうして植物人間として生かすことについて、医者としていかに回避するか」をめぐる話である。医療技術の発達により、脳死状態でも心臓を動かし続けることができるようになってしまった現代で、医学的・倫理的・財政的な観点から、医師たち(の多く)は植物人間として人を生かすことに反対する。しかし、家族らの感情的な反発もあり、そうした考え方はストレートには、受け入れてもらえない。それでも、執拗なまでに、医師らは家族に対し、植物人間として患者を生かすことに「ノー」と言わせようとするのである。インフォームド・コンセントなるものが、そうした「ほとんど押し付けられた同意」であることを浮かび上がらせつつも、しかし、やはりそれは「善」であると思わざるを得ない現実も活写する。ここでもまた、同意という名の押しつけを得るべく、恐ろしく執拗に患者の家族に「ご説明」を繰り返す医師たちの姿に、アメリカ的なものを感じた。おそらくそれは、ある種の宗教なのだと思う。そこにかくも深く帰依しているからこそ、そこまでの没入も可能なのだ。

ワイズマンとは、アメリカのさまざまなセクターに発生した特有の「宗教」を描くことに生涯を捧げた人なのだろうと思う。

岡本喜八讃歌 2015

因縁めいたことを言い出すときりがないが、岡本喜八特集もちょっとした因縁がある。今から二年ほど前に、喜八特集をやりたいと思って、メインとなる東宝の作品を仮押さえをし、喜八プロにも、それなりの挨拶をした。だが、どういうことがあったのかよく分からないが、某名画座のクロージング企画の一つに喜八特集が据えられていたらしく、よく分からないままに、そちらに企画をさらわれた。クローズする相手にゴチャゴチャ言うのも大人げないから、それはそれで何も言わずに終えた。まあ、大した競争相手もない世界ながら、そうしたことは必ずしも稀ではないのが不思議なところだ。そんなこともあったので、実は今回の岡本喜八特集も、大した期待はしていない。二年前に手を上げたので、一応それを、今になって実行する、というくらいのスタンスである、喜八プロ関係者には悪いけど、立ち上がりでケチのついた企画なんて、そんなもんである。

ま、そんなことを言うのも、近頃の名画座での日本映画のやられようがあるからだ。東京の専属的な名画座（ロードショーの二番館的なメニューではなく、主に旧作を上映している名画座の意味で）はウチ含めて4軒ほどだが、同じような映画が激しくかかりまくっている。小津、成瀬、溝口あたりの定番は言わずもがな、岡本喜八あたりの「中堅」作品（失礼！）も、相当に「消費」されている。だから、喜八作品の面白さやそれによる集客力に期待していないという意味ではなくて、ここまで上映されまくってる人気の喜八作品を、ここでウチがやってもさしたる集客は望めなかろうという諦念に発してのことなのだ。まあ、その意味では、今回は、過去にあまり上映されていない喜八作品を、なるべくプログラミングするよう努めてみたつもりだ。願わくば、それが集客につながりますよう！

2月14日（土）

初日は『英霊たちの応援歌 最後の早慶戦』（1979）と『月給泥棒』（1962）。このうち、『英霊たち〜』は、いわゆるレアものである。あまり上映されていないのだ。なぜこれがレアもの化したのかはよく分からないが、おそらくテレビ局管理の作品なので、担当者の問題などもあって、上映が難しいものとなってしまったのだろう。これは、80年代以降、映画が映画会社以外の会社（一般的には製作委員会、この映画に関してはいわゆる「周年事業」もので、テレビ局1局による制作だ）によって作られることによる、「映画の孤児化」の問題の一端だ。つまり作った当初はしっかり管理するものの、その道のプロではないので、権利者の側で継続して利用してもらおうという体制がない。それに伴い、ユーザーからも忘れられ、何となく権利の所在が不分明になる、という具合。著作権の世界で議論されている「著作物の孤児化」はこれとは微妙に異なるが、現象としては近いものがある。今回『英霊たち〜』がなぜ上映できたのかも、よく分からないが、旧作興行の世界はこの種の不条理と不思議に満ちているのである。

それはともかく、『英霊たちの応援歌』は、岡本喜八の「反戦争」の心意気がよく伝わる作品だ。今の時代、いや50代も後半に突入した筆者の世代と比べても、戦前の若者たちはずっと大人びていたと感じるが(それは日本だけのことではなく、西欧でも同じだ。『ロシアより愛をこめて』のショーン・コネリーらの「老け感」をめぐる感想でもそのことを指摘した)、撮影当時22歳ほどであったであろう永島敏行扮する主人公は、比較的、そうした大人びた雰囲気を出せているように思える。

『月給泥棒』は、宝田明と司洋子のソフィスティケーテッド・コメディ。バリバリの会社人間として飽くなき出世を指向する宝田明が、いつもの「宝田明らしさ」で健闘している。どちらかといえば、市川崑的な題材というべきか。

特集初日としては、あまりパッとしない集客か。レアものとはいえ、『英霊たち〜』はそんなに古い作品ではないので、さして客入りには響かないということか。

2月15日（日）

この日に劇場に来ると、妙に客が多いので受付に尋ねると、どうやら『座頭市と用心棒』（1970）目当てのお客のせいらしい。う〜ん、そういうものなんだと、例によって集客のアヤが見通せぬ筆者の感慨。

ところでその『座頭市と用心棒』、昼間から微醺を帯びていたせいで、中途で寝てしまい、何が何だか分からずじまい。勝新、ミフネは言うに及ばず、若尾文子が出るわ、岸田森は出てるわ、アラカンも出てるわで、超豪華キャストなのに、惜しいことをした。

もう一本は定番の『殺人狂時代』（1967）。都筑道夫の原作を得て、とぼけた演技の仲代達矢がウリだが、この映画の団令子はむちゃくちゃ可愛い。失礼ながら、これまであまり魅力を感じたことのなかった女優さんなんで、見直した次第。

2月16日（月）

この日は『肉弾』（1968）と『江分利満氏の優雅な生活』（1963）の二本立て。月曜の集客としては、可もなく不可もなくというところ。

『肉弾』が題材的に反戦争であることは特に驚くことではないが、『江分利満氏〜』のそこここに、反戦的な、というか戦争の影が色濃く落ちるメッセージが置かれている。日活ロマンポルノの場合、全体で何分以上だかのセックスシーンさえあれば、あとは何を題材にしてもオッケーという、新進監督にとってはクリエイティブ天国な制作環境だったというが、直木賞受賞作の山口瞳のベストセラー小説を原作とした、東宝作品の『江分利満氏の優雅な生活』において、今から見ると、よくここまでのメッセージを入れられたものだと思う。60年安保を抱えていた昭和30年代は、実は今から想像するよりは、ずっとリベラルな時代だったということなのか（東大経済学部を出て、定年まで大手都市銀行を勤め上げた、どう見てもノンポリ風情の筆者の叔父は、「オレも当時は安保反対デモに行ったんだ」と自慢げに話すのだ）。あるいは、当時ではさして反戦的とも思われないようなメッセージに、今や「反戦的」と反応するほどに「右傾化した社会」を、我々は知らず知らずに歩まされているということなのか。

2月21日（土）

本日は特集の唯一のトークショー・デイである。岡本監督夫人にしてプロデューサーの岡本みね子さんと、本日上映のテレビシリーズ『遊撃戦』の1エピソードに出演された二木てるみさんによるトークで、聞き手は映画研究者の下村健氏。

『遊撃戦』は1966年から翌年にかけて放映された全13話の「テレビ版独立愚連隊」ともいうべきもので、今回はここから3エピソードを選んで上映している。いずれも岡本みね子さんが脚本家として関与したものだ。だが、ここでも、今から半世紀も昔のこのテレビ映画を見ながら、いやスゴイなという感想がまず浮かんでしまう。日中戦争下の中国を舞台に、帝国日本軍（の落ちこぼれ兵とはいえ）と八路軍（中国共産党軍）とが交戦するさまを描くテレビ番組など、どう転んでも今の日本ではムリだろうな、と思ってしまう。何がどうという理屈ではなく、とにかく企画として通らないのだろうな、と思ってしまうのだ。

そういう意味では併映の『どぶ鼠作戦』（1962）も似たようなものである。これは劇場映画だが、独立愚連隊ものの番外篇的な作品で、同じく日中戦争下の中国大陸を舞台にした骨太なアクション映画だ。これだって、現代の製作委員会全盛の映画作りの中で、およそ企画として成立しにくいものの典型だろう。

人間は、やはりそうと意識はせずとも、世の中の雰囲気のようなものに徐々に規制されてゆく生き物なのだということが、こうした作品を観ることで改めて実感できる。

ところで、トークショーはほとんど満席の盛況だった。冒頭で、喜八監督関係者にバチ当たりな感想を述べたが、撤回したい。岡本みね子さんの熱いトークと、二木てるみさんの若々しいトークとで、客席は大いに盛り上がったものである。実際、この日以外でも、そう悪くない入りの日々が続いている。やはりキハチはスゴイ！

2月22日（日）

『ブルークリスマス』（1978）と『昭和怪盗傳』（1977）の二本立ての本日は、悪くない客入り。『ブルークリスマス』は、必ずしも岡本監督の得意ジャンルとは言いかねる作品だと思うが、公開当時に観た時に比べて（封切だったか、そうでないにしても直後の二番館で観たと記憶する）面白いと感じさせる。他の映画が相対的に地盤沈下したということなのか？　当時「お嫁さんにしたい女優ナンバーワン」などと言われていた竹下景子が、脱ぎそうで脱がない演技（？）を披露している。

テレビ映画である『昭和怪盗傳』は、あまりテレビ臭さのない、愛すべき佳作といった風情の作品だ。その代わりといっては何だが、仲代達矢臭はすごくする（笑）。説教強盗を演じてるわけだから、はまり役というべきだろう。

16ミリ処分＝整理問題は、数本の行方不明作品を除いて、ほぼ収束しつつある。行方不明とはいっても、おそらく確実に倉庫には収納されているはず（ただ、ラベルと中身が違っている可能性があるわけで、それはそれで困ったことではあるのだが）。

2月23日（月）

この日もテレビ映画である『幽霊列車』（1978）があって、併映が『独立愚連隊』（1959）。

岡本監督の最大の代表作をあえて月曜に上映したのは、有名すぎて各所でやられすぎてるから、という興行主的な配慮というか、読み。集客は、まあ普通の月曜の状況だ。

『幽霊列車』は、赤川次郎の原作のせいなのか、ミステリーとしては突っ込みどころがあるが（7人の男たちの消失というのがメインの謎だが、なんでそんなトリックを弄する必要があったのか、必然性が薄いのだ）、浅茅陽子の「おっぱい丸出し」サービスショットで、記憶に残るべき作品となったというべきか。いや、それ自体がいいというよりも、温泉の風呂の脱衣場で「おっぱい丸出し」の浅茅と鉢合わせして狼狽した田中邦衛が、何かというとその瞬間を思い出してしまい、そのリアクションをいちいち絵として見せるギャグが、思わず笑わずにはいられないところが素晴らしい。だって、見るからに「必然性がないこと承知で、わざわざおっぱい見せてます」的な、絵に描いたようなサービスショットなわけで、それを繰り返し見せることで、逆説的な笑いが生じるメカニズムだ。

『独立愚連隊』では、主人公の佐藤允（軍人であった弟の死の真相を突き止めるべく、前線取材の新聞記者のふりをしている脱走兵）の元恋人の雪村いずみが、彼を追って、従軍慰安婦として前線に流れているという設定で、元は看護婦だったという。そういえば『英霊たちの応援歌』の大谷直子も、密かに愛する永島敏行を追って、最初は飲食店のアルバイトみたいな仕事で、基地周辺に勤めていたのが、段々に、料亭の仲居、酌婦、そして娼婦へと落ちてゆく女を演じて、哀感を誘っていたが、そうした「流れる女」が喜八好みということなのだろうか。

2月28日（土）

本日は、昨年に亡くなった筆者の親父の納骨の法要があるということで、川崎の奥深いところにある霊園に朝から出かけたのだが、ひょんなところで岡本喜八縁である。霊園の宣伝というか、ロビーに、ここに眠る有名人たちの写真パネルが展示されていて、そこにキハチ監督を発見する。三船敏郎もここに眠っているとの由。東宝の重鎮らに囲まれて眠ることになった親父は、果報者かもしれない。

午後から劇場にまわり、『大誘拐 RAINBOW KIDS』（1991）と『着ながし奉行』（1981）。前者は天藤真の原作を得て、警察の裏をかくトリックを駆使する、誘拐された大金持ちの刀自の活躍が、いい感じで描かれている。後者では、例によって仲代達矢が仲代達矢的演技で、フーテン浪人のようで実はキレモノという、山本周五郎の作り上げた主人公を演じているが、同じ原作をいただく『どら平太』（市川崑／2000）で後にその主人公を演じることとなる役所広司が、ここではぺーぺーの新米俳優として初々しい演技を見せているところなどは、なかなか感慨深いものがある。

3月1日（日）

もう3月である。2月は短い月だから、ウカウカしているとすぐに3月だ。日ゼニ商売の身としては、2月の売上は他の月より1割近く低いのか、などとボンヤリと考えてみたりする。実際には、上映する演目に左右されるから、さほど顕著な結果は出ないものの、毎月末の請求書の支払が、他の月に比べて早くやってくるから、やはりイヤな月ではある。

さて本日は『侍』（1965）と『ああ爆弾』（1964）。桜田門外の変を扱った『侍』は、超スタイリッシュな時代劇。白黒コントラストのきつい映像が、幕末の騒然とした雰囲気を鮮やかに切り取っている。しかし主演の三船敏郎の役名が鶴千代というのは何だかなあ。父親が高位の武士だが、シングルマザー（今風にいえば）に育てられたという役どころなので、こうした「やんごとなき」名前なのだろうが、そもそも鶴千代なんて幼名じゃなかろうか。それとも『七人の侍』の菊千代にあやかったのか？　あの映画での菊千代は、まあパロディみたいなネーミングだから　それでいいとして、このどシリアスな作品で鶴千代はなかろうに、と思う。

3月2日（月）

月曜にもかかわらず、悪くない客入り。『血と砂』（1965）と『結婚のすべて』（1958）では、おそらく前者目当てのお客が多いのだろうと見た。

『血と砂』も、『独立愚連隊』の流れをくむ岡本監督お得意の北支戦線もの。これらの岡本アクション映画はすべて本質的には西部劇だから、本来は難しく考える必要はないのだが、本家の西部劇がインディアンを先住民と呼び換えずには作れなくなったように（というか、そうした呼び換え以上に「白人の幌馬車隊を襲うアパッチ族」のような典型的なシーンを無邪気に描けなくなったように）、現代にあっては、こうした作品はすでに失われてしまった何ものかである。

まあ、嘆くまい。失われたものは、なにもそれだけじゃない。撮影所での映画作りだってそうだし、35ミリもなくなろうとしている。新たな西部劇《キハチアクション》がなければ、古い西部劇《キハチアクション》を楽しめばよい。名画座は、そのための場所なのだから。

神代辰巳没後20周年 2015

神代辰巳特集は、２００９年の6月に四週間の上映を行ったのに続く、二度目の特集上映である（「神代辰巳の世界 没後20年メモリアル特集」）。個人的にファンなのである。以前にも書いたが、大学生時代に無謀にも映画評論家などを夢見て、当時の月刊『イメージフォーラム』の主宰していたダゲレオ出版評論賞に応募などしたのだが、そのテーマが神代辰巳だった。因みに、ダゲレオ出版評論賞は加藤幹郎氏や上島春彦氏、鈴木一誌氏などを輩出した権威ある映画評論賞で（ここは声を大にして言っておくぞ！）、拙稿「神代辰巳の現在？」は、いちおう佳作入選、その縁で月刊『イメージフォーラム』に一時は映像時評などを連載させてもらった（「弁護士ナイトウの『俺が掟だ！』」１９９３年12月号～１９９５年5月号）。それは、映画評論家となることを諦めて、弁護士になった後のことではあったけれども。評論賞を受賞した当時の担当編集者は西嶋憲生氏（映画評論家・多摩美術大学教授）、連載当時の担当編集者はとちぎあきら氏（現・東京国立近代美術館フィルムセンター主任研究員）だったと記憶する。こうして関係者を書き並べると、確かにすごい雑誌であり、すごい評論賞だったわけである。

なにぶん幸か不幸か、映画評論家としては使えなかったから、今の筆者があるといって過言ではない。だから逆説的だが、クマシロにはたいへんお世話になっているのだ。

3月7日（土）

神代特集初日のトークショーは、女優の宮下順子さんとスクリプターの白鳥あかねさんである。何事もそうだが、上映をめぐるあれやこれやは、初日の幕が上がる前から始まっている。今回は、曽根中生特集の際に遡る。曽根特集の際に、トークショーゲストとして出演していただいたあかねさんが打ち上げの席で、「もしかしたら順子を神代特集のトークに呼べるかもしれない」との爆弾発言を行ったのだ（白鳥さんは宮下さんと、ご近所の仲良し友だちなので「順子」とタメで呼ぶ）。その場では、それが「爆弾発言」とは思わなかったのだが、後になって聞くところによると、宮下順子さんは、この種のイベントにはほとんど出演されないのだという。そんなこともあって、長い話を短くすると、その後まあいろいろあった挙句、業界の大方の驚きをよそに宮下順子氏の神代特集初日のトークショー出演が実現したのである。なにせ当日は混雑が予想されるということで、弘前市在（！）の三上雅通氏（なみおか映画祭元代表）を筆頭に少なからぬ座席確保のリクエストは受けるわ、酒豪として知られる宮下氏のために打ち上げの席の予約はするわで、劇場側としても、それなりに動きはあった。

予想どおりに宮下順子トークは、立ち見のお客様にも迎えられて好調のうちに終了。『四畳半襖の裏張り しのび肌』（1974）の主演男優である男の子（当時18歳だったという）は、素人だったせいか、演技のときには「勃っていた」という宮下さんの貴重な証言も飛び出すなど、ロマンポルノのトークとしては充実しまくりの展開。

そう、初日の演目は『四畳半襖の裏張り』（1973）と『四畳半襖の裏張り しのび肌』の二本立てである。前者など、いったい何十回観たか分からないくらい観ているが、宮下順子と江角英明とのからみと、絵沢萠子と芹明香とのからみがどこで合流するのか、いつも忘れてしまって、結果的に、常に新鮮に観ていられる。恐るべし、老人力（笑）。そこへ行くと『しのび肌』はなかなかそこまでは観ていないのだが、それにしても、太鼓持ちを目指すとする主人公が演じる一人芝居（？）の段は、忘れがたいものとして観るたびに感慨深いものがある。どちらかといえば、本編よりも実は『しのび肌』が好きなのだ。

トークショー終了後、関係者一同と打ち上げ。残念ながら宮下さんは仕事で翌朝が早いとのことで不参加。打ち上げではなぜか、ゴールデンウィークに上映予定のルビッチ特集の話で盛り上がる。

3月8日(日)

クマシロ、集客は好調なり。本日は『悶絶!! どんでん返し』(1977)と『濡れた唇』(1972)。前者は、DVD素材なので画面が若干粗いのが珠にキズだが、冒頭の、恥ずかしくも懐かしいピンサロの「ハッスルタイム」シーンなど、昭和の青春を直撃する爆笑ポルノ。[*1] 後者は、もっぱらバイプレーヤーとして活躍する絵沢萠子のおそらく唯一の主演作として貴重。

3月9日(月)

クマシロのデビュー作にして、これのせいで何年か干されたという『かぶりつき人生』(1968)。どことなくヌーベルバーグ風のテイストの映画だが、そんなにひどい出来とも思えない。併映は『やくざ観音 情女仁義』(1973)。神代ものの中でもあまり上映されない、地味なというのか、目立たない作品だが、田中陽造の脚本を得て、一種異様な世界を描いている。死人の腹から生まれる赤子というのは、後の『地獄』(1979)のモチーフだし、死者との恋は『陽炎座』(鈴木清順/1981)を思わせる。

3月13日(金)

本日は大阪に出張して、アジアン大阪映画祭を遠征、三本を堪能。中でも『アバディーン』(パン・ホーチョン／２０１４）は集団心理ドラマ的なものだが、きわめて秀逸。日本公開が待たれる。『黄金時代』（アン・ホイ／２０１４）も、この人らしい素晴らしい作品で、日中戦争の時代を中国の側から見ているものであるため、ちょっとキハチ作品などを想起しながら鑑賞してしまった。天安門事件を背景にした『千言万語』（１９９９）などでもそうだったが、歴史ものを扱うと、この人は妙にぶっきらぼうに素材を差し出すキライがあるように思えるのだが、そこで、ジワジワと彼女の愛というか、想いが伝わってくるように感じられる。ぶっきらぼうに見えて、そこに含羞があるように思われるのだ。

最後の一本は『点対点』（アモス・ウィー／２０１４）で、面白い作品ではあったのだが、新幹線の最終列車に間に合わせるために、ラスト20分ほどを割愛して大阪を後にせざるを得なかったのは、返すがえすも心残りだった。

3月14日（土）

この日は、ＷＯＷＯＷの「シネマの世代〜名画座シェアハウスへようこそ」という番組の収録の入る、松江哲明監督と松崎建夫さんによるトークショー。一度は神代調をマネをして映画を撮っていた、という松江監督のクリエイターならではの発言に実感がこもる。

番組は『青春の蹉跌』（１９７４）と『黒薔薇昇天』（１９７５）の陰陽対決。ショーケンの陰気な笑顔が、妙に明るい主題音楽（一度聴くと、なんだか「ボレロ」のように、エンドレスでいつまでも頭の中で鳴り響く、印象的な曲）に映える『青春の蹉跌』と、「心意気だけは黒澤明に負けないブルーフィルムの監督」を演じる岸田森の、ハイテンションな関西弁がサクレツする『黒薔薇昇天』。どっちも好きだな。

3月15日（日）

『赤線玉の井 ぬけられます』（1974）は、いつもの神代節がこだまする作品。今は亡き蟹江啓三の演ずるヒモのヤクザが、蟹江ならいかにもこう演じてくれるだろうように演じてくれて、隙がない。その意味で、安心して観ていられる古典的傑作なのだが、併映のテレビドラマ『悪女の仮面 扉の陰に誰かが』（1980）は、そうした安定感とは無縁な、しかし、浅野温子の歴史に残る怪演で、いちど見たら忘れられない怪作。酒井和歌子の悪女ぶりも見事。

やはり『悪女の仮面』のレアさゆえか、集客は好調である。

3月22日（日）

本日は『女地獄 森は濡れた』（1973）と『恋人たちは濡れた』（1973）のダブル中川もので、これはトークショーに中川梨絵さんを迎えるための布陣（聞き手は映画評論家の高崎俊夫さん）。

中川さんは、デビューしたてで新人女優賞などを総ナメにした伊佐山ひろ子さんにライバル心を燃やしていたという話を披露されて、それを聞いて、伊佐山さんと共演した『女地獄 森は濡れた』での、ハジケまくった演技につながったのかと納得した次第。でも、『恋人たちは濡れた』での抑えた（シラケた？）演技も悪くない。白鳥あかねさんによれば、砂丘での馬跳びシーンの撮影中に中川さんは突如、演技を拒否したが、神代監督は構わずカメラを回させたという。中川さんは、そんなことは覚えていないという。『女地獄～』でもそうだが、さぞや現場では熱い戦いが繰り広げられたのだろうと思わせる。

3月30日（月）

『嗚呼！おんなたち 猥歌』（1981）は、これまでそんなに面白い映画だとは認識してなかったものだが、今回見返してみて、こんなに笑える映画だったのだと再発見した次第。ロック歌手を演じる内田裕也が、仕事である音楽方面はウダツが上がらないのに、女方面だけはキメまくるという、それだけでおかしいキャラクターを演じていて、その調子でバリバリとキメまくるんで、最後にはマネージャーの安岡力也（内田のことを「あんちゃん」と呼んで慕いまくっている善人）の恋人が楽屋に来ていたのを、自分のファンだと勘違いして、例によってムリやりキメてしまうという、バカぶり。内田の、全然反省などしてない風情が、またすばらしい。

今回の神代特集は、私事でなんやかや忙しくて、あまりキチンとは見切れなかった感がある。しかし、集客としては満足すべきものではあり、また次回、何年か後には、さらなる大特集を組みたいものだ。

＊1　いま読み返すと、本書の別の箇所でもピンサロに言及していて、そこが筆者におけるヒットポイントなのかと思うと、いささか恥ずかしい気がする。

安藤昇 祝芸能生活50周年 2015

安藤昇特集をやろうと言い出したのは俺だったよなあと、いまや自他ともに認める劇場支配人である妻に問うと、何言ってるの、ずっと私がやろうと言ってきた企画じゃないと言い返されて、ああそうだったのかと、スゴスゴと引き下がるあたり、記憶能力の減退とともに、何やら映画館主としての根本のところもグラついている感があったりして、甚だ心許なし。しかし、気分だけは、最初から自分も強く推進してきた気でいるわけで、その意味では今回の安藤昇特集（「祝・芸能生活50周年 安藤昇伝説」）、館主としても満腔の自信をもってのものであることは間違いない。

しかし、例によって、実現までにはいろいろあった。一番の問題は『阿片大地 地獄部隊撃破せよ』（加藤泰／1966）の扱いである。この映画、権利元の松竹にもまともな上映用プリントがなく、フィルムセンターにもないという難物である。しかもニュープリントを焼こうとしても、ネガが存在しないので、どうしようもないということなのだった。だが、安藤昇の主演作にして、加藤泰のいわゆる戦中派三部作の要《かなめ》をなす作品、これは何としても上映したいのである。そこで、かなり早い時期から松竹より35ミリプリント（ボロボロで、上映不能ではないかと言われていたプリント）を取り寄せて、修復を試みていたものであった。そんな中、耳寄りな情報がさるスジからもたらされたのだ。さるスジなどともったいぶった言い方をしないで端的に言えば、評論家の山根貞男氏で、どうやら『阿片大地』のネガがイマジカで発見されたのだという。なぜ、それが今まで存在しないとされていたのかといえば、松竹の名義でイマジカに預けられていたのではなくて、当時の制作プロダクションの名義での寄託だったから、ということなのだ。

それなら話は早い、そこからニュープリントを焼こうということになりそうな話だが、そこがそう簡単ではない。ここではあからさまには書けない「大人の事情」があって、まあ色々あった挙句（このあたりの事情は初日の山根さんのトークショーで、その一端が披露された）、最終的にはこちらの希望が通って、イマジカ収蔵のネガからニュープリントが焼けることに相成った。お金はもちろんかかるが、ピカピカの状態で観られるのは、何よりである。

こうしたプリント問題もさりながら、安藤昇氏その人の「お墨付き」を貰いたいというのも、もうひとつあった。お墨付きというのは大げさだが、ご本人の意向に反しての上映会というのは、当然こちらとしては避けるべきものとなろう。基本的には、我々のスタンスとしては、公表された映画はある種の公共財だから、権利元から借りられる限りはどんな特集であれ自由に上映できるはずだ、という考えでいる。けれども、特定の個人の特集で、その人がご存命の場合には、やはりご本人の意向というものは、それなりに気にはする。そして安藤昇氏の場合、俳優を事実上引退された身であるということと、やはりその出自の「特殊性」から、ご本人の意向確認に、それなりに慎重にならざるを得ず、ちょっとした手間暇がいった。しかし、この点のクリアランスも、どうにか問題なくすますことができた。これは正直いって、筆者がすべてを仕切っていた数年前ではできなかったことだろう。何といっても本業の片手間でやっていた映画館稼業である。痒いところに手が届くようにはいかなかった。妻が支配人となったからこそ可能な企画であると、認めざるを得ない。

4月4日（土）

最近は恒例化してきた、特集初日前夜のポスター貼り（次の特集にゆかりのポスターやロビーカード等で劇場の壁面を飾る作業である。ポスター等の資料は、飯島洋一氏をはじめとする、何人かのボランティアの協力者の方々のご厚意のたまものである。今回は映画ポスターに加えて、歌手・安藤昇のLPやシングルのジャケット、ご本人の書、直筆の手紙など、多彩な展示となっている）には、支配人の妻が立ち会うのが常である。筆者はといえば、極楽とんぼよろしく、当日の10時ころに劇場に入ろうとすると、道路をはさんでビルの前にある駐車場が、ただならぬ様子となっている。黒服に身をかためた、ひと目でそれと分かるスジモンが大勢たむろしている。その数、およそ20人。これはやはりどう考えてもウチが目当てなんだろうな、と思っていると、

11時の回（フィルムセンターから借りた『日本暗黒史 血の抗争』（工藤栄一監督／1967）の入れ替え制特別上映）のチケットを、若いモン数人が大量に買ってゆく。だが、チケットを買ったはいいが、いつまでたっても「幹部」らは入場してくる気配がない。お客さんは次から次へと入ってくるから、こっちとしては、満席にでもなって、そこに連中が入場してきて、席がないとか言ってお客さんとの間でトラブルになったりしたら目も当てられない。そこで、ウロウロしている若いモンをつかまえて「早く席を確保しないと、満席になると埋まっちゃうよ」と言って、「幹部」たちを中に入れるように促した。

そうした具合で、ただ幸か不幸か満席にもならずに、入れ替え制特別上映の『日本暗黒史 血の抗争』は、さしたる混乱もなく上映開始となったが、上映中に、どうも後ろの方の席が尋常じゃない。筆者は好みで、いつも前の方に座っているが、後部の席からひんぱんに人が出入りする気配がしている。ヤーサマたちは後ろの方に座っているので、どう考えても連中の仕業である。たぶん、映画とかを集中して観ていられないのだ。なんでそんな連中が映画館に来たのかと思うが、おそらく「上層部」とか「叔父貴分」とかの指示なんだろう。安藤のアニキの映画がかかるんだから、オマエら、ちゃんと見とけよ、とか何とかいう……。

さて入れ替え制の一本立て上映が終わり、通常の二本立てになるから、これで一応「安藤のアニキ」への義理立ても終わったからお引き取りいただけるのかと思ってると、意外にも、二本立てまでおつきあいいただいてしまうのである。チケット売上的にはありがたいものの、本気で映画を観たくない客はちょっとなあ……。

この日は『阿片台地 地獄部隊突撃せよ』のお目見えの日でもある。トークショーに先駆けて、この映画を再見しようと山根さんも11時の回から見えていて、「スキンヘッドの若いモンと目があったら、ウッスラと挨拶を返してきよった」と、自分の剃りあげたアタマを撫でながら不敵に笑う。いよッ、山根組組長！

トークショーを終えて、打ち上げの席に移動したが、この日の参加者は多勢かつ多彩だった。篠崎誠監督、上野昂志氏、中原昌也氏、鈴木一誌氏ご夫妻など、総勢20人弱、10人ちょっとで予約していたテーブルにギリギリまで椅子を詰め込んで、何とか席を確保した次第。いずれも、長らく観れずにいた『阿片台地』を観るために集結されたのだろう。劇場の売上も（ヤーサマのご貢献もあり）絶好調で、安藤昇特集、集客的には上々のスタートを切った。

4月5日（日）

2日目の特集、本日は一本立ての特別上映は、加藤泰の戦中派三部作のひとつ『懲役十八年』

（1967）だが、これは別の日に観ることとして、この日はパスし、『仁義の墓場』（深作欣二／1975）から劇場に顔を出すと、この日もそれなりにヤーサマがちらほらと。アプレやくざというか、破天荒なやくざ道を突っ走った石川力夫を描いたこの映画、現役のヤーサマにどういう「良き影響」を与えるものかなあと思いながら、もう何度目かになる『仁義の墓場』を楽しむ。

併映の『安藤組外伝 人斬り舎弟』（中島貞夫／1974）は初見。大学出の愚連隊あがりの安藤が渋谷を舞台にのしあがって安藤組を作る、というおなじみ「安藤昇伝説」のスピンアウト作品として、菅原文太演じる狂犬のような舎弟の物語である。安藤自身のナレーションが折々、映画をいろどり、「その時、わたしはトップ女優を愛人にしていた」などのつぶやきが流れると、画面にはキレイな女性とカクテルなどを飲む安藤の姿が映し出されて、観ているこちらとしてはシビれざるを得ない。

4月6日（月）

昼間、事務所で仕事をしていると、劇場にいる支配人の妻から連絡があった。『逃亡と掟』（湯浅浪男監督／1965）のツナギがおかしいとのクレームがあり、それらしくつなぎかえてみたが、それで大丈夫か、念のため客席から確かめてくれ、というのだ。配給会社からの指定どおりにつないだのだが、途中で話が飛んでいるので、改めて妻が客席から目視して、ツナギをかえてみたそうだ。ただ、まだ不安が残るので、念のため検証をしろということである。そこで少し早めに仕事を切り上げて、劇場入りをし、ノート片手に『逃亡と掟』を観る。こんな見方をするのは、学生時代以来だ。

しかし観て驚いた。安藤昇が、いったいどこからこんな声を出すのか、というような、奇妙に甲高い声で台詞をしゃべるのだ。一説に、安藤は台詞が下手だから初期の作品ではなるべく台詞のない役にした、というものがあり、事実、初日のトークショーでも「安藤昇大根役者説」を前提とした話（当時『阿片台地』を見て、随分うまくなったと感心したというようなこと）を、山根さんがされていたが、確かに、この『逃亡と掟』に関しては、相当にヤバい。だが、他の作品ではこんなことはなくて、どうしてこの作品のみが、異様なハイトーンでのしゃべりとなっているか、不可解である。演出の問題なのか。

それはともかく、こちらとしては映画に入り込むよりも、ツナギに関する問題箇所を見つけることが優先であるので、鵜の目鷹の目でチェックをしていると、一ヵ所、10秒前後のおかしな部分を見つけ、さらに見ていくと、終盤、先ほどのおかしな部分がはまるべきところが特定できた。映写係に問題箇所のおおよその分数を告げると、何だか「仕事をした」気分になり、我ながら誇らしい。映写の方でも、おおよそは察しがついていたようではあるが。

4月11日（土）

安藤昇特集の第二週目。本日の一本立て特別上映の『懲役十八年』を観る。黒い背広の人々は、本日もボチボチおられる。

『懲役十八年』は安藤の東映第一作にして、加藤泰戦中派三部作の掉尾を飾る作品。この作品でも、また他の作品でも繰り返し描写される、いわゆる三国人の無法な暴力に対し、警察もこれに手出しをできない中、特攻隊くずれを含む不良集団が、いわば祖国防衛的な大義名分で対抗するというストーリーは、おそらく戦後20年ほどは有効性を保っていたのだろうが、さすがに今日では、映画において語られる歴史としては納得できてもそれ以上のものではない。その意味では、1964年に組を解散して映画俳優となった安藤昇は、抜群の先見の明があったというべきなのだろう。

続く昼プログラムは『安藤昇のわが逃亡とSEXの記録』（田中登／1976）と『炎と掟』（井上梅次／1966）。前者は何度か観ている作品だが、安藤組の幹部連中が、横井英樹襲撃事件を機に一斉に逃亡に入ろうとする中で、全員が結核をわずらい咳き込んでいるというのが妙に笑える。実録なので本当らしいのだが、そんなに体が弱くて、ヤクザやっていけたのだろうか。

4月18日（土）

昨日は、妻がついにキレて、場内アナウンスを行い、上映中に頻繁に出入りをすることはやめろと告知したという。ヤーサマ客への対処である。団体で来ることはさすがになくなったが、中に二人ほど映画に目覚めてしまったのがいるらしく（笑）、よく来るのだという。しかしやはり辛抱はできないらしく、上映中に出たり入ったりを繰り返すとか。

それが効いたのか、この日はそれらしい客はいなかったように思う。プログラムは『博徒外人部隊』（深作欣二／1971）と『男の顔は履歴書』（加藤泰／1966）。

『博徒外人部隊』の特徴は、いわばヤクザにとっての高度成長の時代が終わったときに、つまり、三国人からの祖国防衛という神話が終わった時代に、居場所を確保できていない男たちがどこに次の成長の舞台を見い出すかという話で、それが沖縄だというのだ。沖縄にとっては迷惑な話だが、でも少なくとも映画を観ている限り、妙に腑に落ちる話でもある。

いつ見ても胸が熱くなるのが『男の顔は履歴書』で、これは時代的にはまさに三国人神話を扱ったものだが、ハードボイルド・ヒーローの権化のような医師・安藤昇が、軍隊時代の朝鮮籍の元の部下である中谷一郎との友情や、恋人である看護婦の中原早苗への愛に引き裂かれながら、戦後の十数年を生き抜く物語である。ラストの「よぉし！」というセリフが本当に素晴らしい。安藤昇、絶対ヘタじゃないでしょ！

4月19日（日）

この日の昼プログラムは『実録・私設銀座警察』（佐藤純弥／1973）と『血と掟』（湯浅浪男／1965）。

『実録・私設銀座警察』は、「絶対に死なない」渡瀬恒彦の怪演で有名な、カルト的名作だが、ここでの梅宮辰夫もかなり好きだ。不良番長系のC調な魅力をいかんなく発揮している。不気味な渡瀬、アタマの切れる安藤昇、粗暴な葉山良二、スケべな梅宮と、そうした様々なヤクザがぶつかり合う群像劇として、非常によくできた映画だ。

『血と掟』を観ながら、ちょっとした感慨をもった。というのも『血と掟』こそが、安藤昇の俳優としてのデビュー作にして、その後『安藤昇のわが逃亡とSEXの記録』も含めて何度もなぞり返される、安藤昇自身の伝説を語る、その最初の作品だからだ。つまり、大学出のインテリがヤサグレて、やがて渋谷一帯をシマにのし上がり、横井英樹襲撃事件をきっかけに警察の指名手配を受けて、幹部一同が徹底的に逃亡するも、最後に組の解散に至るという「伝説」である。この人は、俳優人生の最初の作品で、そうした伝説を演じてみせて、それをそれ以降も何度となく演じて、そして今も、もはや映画やドラマという形でそれを自ら演じることは求められることはないにしても、安藤昇という人格と分離不可能なまでに組み込まれた伝説。その伝説はいまだに生きてあるのだ。これを異形と呼ばずして何と呼ぶべきなのだろうか。

ルビッチ・タッチ！ 2015

毎年二回は開催する「映画史上の名作」シリーズの裏の動機は、いつか35ミリの上映用プリントを配給会社が捨て去るときが来ても、自律的に上映活動を継続できるように、自社での上映素材をコツコツと蓄積していこう、というものがあったということを、前の方で書いたかと思う。まあ、冷静に考えれば、配給会社が35ミリ素材を廃棄すれば、それに代えて、DVDやテレビ放映用素材などでの上映を認めるという方向に行くこともありうべきところで、今思えば大げさな反応だったと思うところもないわけではないが、しかし名画座にとっての「Dデイ」には何が起こるか分からないわけで、心配しすぎるということはないはずである。「映画史上の名作」シリーズに加えて、ナチス物やフィルム・ノワール物などのジャンル物の特集が加わることで（残念ながらウェスタンの特集はひどく不入りだったので、シリーズ化は難しそうだ。昔は根強いファンがいたと聞くが、どうしたのだろう？）、ますますこの種の在庫の層は厚くなっている。

ただ、そうやって段々に自社上映素材がたまってくると、別の活用の道も自ずと見えて来る。日本映画でやっているような、監督特集や俳優の特集上映企画が視野に入ってくるのである。その意味でマグマは十分に上昇していて、あとはキッカケだった。それが今回ついに実現した。国書刊行会の出版する『ルビッチ・タッチ』（ハーマン・G・ワインバーグ著）の出版とのコラボ、つまりは、エルンスト・ルビッチ特集（「ルビッチ・タッチ！」）という最高の形で、ついに噴火を起こしたのだ！　しかも時あたかもゴールデンウィーク！

4月25日（土）

今回の特集については、我々は集客については、全く心配はしていなかった。ルビッチ特集に客が来ないわけはないでしょ、という構えである。来なかったら悪いのはそっちだ、くらいの勢いである。

案の定、初日の『淑女超特急』（1941）と『生きるべきか死ぬべきか』（1942）は、立ち見こそ出ないものの、ほぼ満席のお客様とともに、これを堪能した。しかしいくつかの懸念点もある。『生きるべきか〜』は某配給会社から譲渡を受けた日本語字幕入り35ミリプリントが上映素材で、その意味では非常に貴重なものなのだが、これが痛んでいる。昨年だか、乞われて貸し出しをしたことがあり、どうもその際にキズをつけられたのではないかと疑われるのだ。妻とも話して、今後は門外不出の扱いにしようということに一致した。

『淑女超特急』については、映像の中の動きにややギクシャクしたところがあるのではないか、という映写係の指摘が案じられた。この映画の元素材はＤＶＤだが、この作品はアメリカでは昔からパブリックドメインとして著名なもので、いいかえれば正統的な素材があまりない作品なのだ。筆者自身もいくつかのＤＶＤを取り寄せて比較してみたが、どれも似たようなもので、その中では今回の素材を作る際の元データが最もキレイなものではあった。映画を観るのに先立って、そうした指摘があったので、注意深く見てみたが、正直なところ、ギクシャク感はないと思った。ただ、後になって映像のプロフェッショナルと思しき観客から、動きがおかしいのでは、という指摘があったようで、映写係といい、プロの目からすると違和感があるのかもしれない。この映画に関しては、今後もしベターな品質の画像データが入手できるようなら、改良を加えたいと思っている。

4月26日（日）

ルビッチ二日目は、『結婚哲学』（１９２４）とそのセルフリメイク作の『君とひととき』（１９３２）というチャレンジングな組み合わせ。実は、これについてプログラミング時点でひと議論があった。筆者は、同じストーリーの映画を続けて観たいお客は少なかろうから、別の日に分けるべきだ、という主張。対して支配人の妻は、来るべき客は結局は来るのだから、同じ日で問題ないし、むしろ、オリジナルとリメイクとの違いを見せるという意味では、大きな意味があるとの考え方。

まあ、集客について大きな懸念はないことを考えると、オリジナルとリメイクとを並べて見せるというのは、実は随分前にも考えとしては企画したことがあり（たとえばマキノ雅弘の『人生とんぼ返り』（１９５５）と『殺陣師段平』（１９５０）を同じ日にプログラミングするなど〔本書九五頁〕）、自分としても一度観てみたいという誘惑には勝てず、結局、妻の考えを容れたのが今回のプログラミングである。

それで集客的にどうかといえば、昨日に比べると少ないが、そもそもが初日の土曜と比べると二日目の日曜は若干の落ち込みがあるものだから、特に想定外のダウンというほどでもない。『結婚哲学』はともかく、『君とひととき』は元データの抽出と安定的な定着になかなか困難を極めたものではあった。その意味で、字幕作りは最後まで大変だったが、こうしてスクリーンで観れば感慨ひとしおである。

4月27日（月）

いかにルビッチの集客に万全の自信があるとはいえ、この日のプログラムには、さすがに自信はない。ひとつが再映かつサイレントかつシリアスドラマの『山の王者』（１９２９）で、もう一本がオムニバスの『百萬弗貰ったら』（１９３２）だからだ。今だから言えるが、これが今回の特集の中での最弱のカードということになる。

しかしそれでも集客は悪くはない。ひとつには、『山の王者』は再映とはいえ、前回上映されたのはサイレント映画特集の中の一本で、必ずしも多くの観客の目に触れていないということがあるだろう。『百萬弗〜』にしても、ルビッチ部分は小なりといえども、珍品であることは間違いない。なお『百萬弗貰ったら』の日本公開時のタイトルは『百萬圓貰ったら』である。しかし、原題は当然ながら「ドル」であることに加えて、現代においてこのタイトルが我々にもたらすスケール感を考えると、「圓」よりは「弗」だろうと考え、改題した次第。今後も、この種の改題は行うつもりなので、了解されたい。

5月2日(土)

さて、先週の水曜（4月29日水曜祝日）あたりから本格的にゴールデンウィークである。もともとゴールデンウィークなる名称は黄金時代の日本の映画業界が名付けたものだとされていて、その意味では、その末端に連なる我がシネマヴェーラ渋谷も、多少ともこれを意識したプログラミングをするのは良き伝統への恭順の姿勢である。今回それがどのあたりに現れているかというと、普段は一週間に六本の映画を回しているところを、今回は七本を回しているというのが、そこであって、まあ微妙といえば微妙である。ただ、そこに余分に投入した一本は、ルビッチの傑作中の一、二を争うといっていい『ニノチカ』（１９３９）なわけで、そこのところを見てやってほしい。

本日は『極楽特急』（1932）と『花嫁人形』（1919）の二本立て、いずれも当劇場としては再映ものながら、例によってたくさんのお客さんが入っております。『極楽特急』は、これも貴重な35ミリプリントによる上映。怪盗のハーバート・マーシャルが、女盗賊のミリアム・ホプキンスと、盗みの標的である女大富豪ケイ・フランシスの間で揺れ動くという三角関係のお話。『花嫁人形』は、ベルリン時代の常連オッシ・オズヴァルダが、現実の女の子が苦手な主人公のための「花嫁人形」を演ずるという、考えようによっては怪しい物語。

5月3日（日）

この日も集客は絶好調である。ルビッチ唯一のカラー作品である『天国は待ってくれる』（1943）とドイツ時代の『男になったら』（1918）の二本立て。

『天国～』は16ミリでの上映はしたことがあるが、35ミリプリントでは初のお目見え。16ミリも状態がよくてキレイだったが、35ミリはさすがである。どぎついまでのテクニカラーの色調をよく再現している。ジーン・ティアニーとドン・アミーチという、いささかルビッチ・コメディの主流派とは言えない俳優の布陣の中で、主人公の祖父を演ずるチャールズ・コバーンの存在が光る。

5月4日(月・祝)

本日も休日で集客は芳し。今日は、字幕訳しおろしの『陽気な中尉さん』(1931)と『青髭八人目の妻』(1938)の二本立て。

『陽気な中尉さん』だが、正直いって、この時代のモーリス・シュヴァリエ(どの時代でもそうだが)の存在というものは、どう受け止めるべきなのか、よく分からない。激しいフランス語なまりの英語をしゃべるミュージカルスター(歌うだけで踊らないミュージカルスターだが)という位置づけなんだと思うが、どうしてそれがアメリカでウケたのか、不思議なのである(やはり筆者にとって理解できないミュージカルスターとして、ジャネット・マクドナルドという人がいるが、まさにこの二人が『君とひととき』で共演している)。オペレッタ映画というらしいが、そんなものが本当にウケたのか? この映画の基調は「オーストリアの兵隊は常時女性(おそらくは複数の)とつきあっている」というものであり、もちろん艶笑喜劇としての設定だから笑ってやり過ごせばいいのだが、こういうのは今日の世界ではフィクションとしてすら、なかなかできないことなのかもしれない。ただ、そういう設定においてはモーリス・シュヴァリエは座りがいい。恋愛至上主義のフランス人、というわけだ。

『青髭〜』はお気に入りの作品である。助演陣がいい。まずはエドワード・エヴァレット・ホーントン。クローデット・コルベールの父親で、落ちぶれた貴族を演じているが、意外なことを言われてショックを受けたという顔の演技がいい（いつも同じ顔を見せるだけなのだが）。それに、ロルフ・セダンという役者のようだが、ルビッチ作品では必ず店の販売主任のような役柄で登場する人がいる。この映画では冒頭で、パジャマを探しているというゲーリー・クーパーに「左様でございますか」などと応じながら、パジャマなどお構いなしに、次々とネクタイやらコロンやらを勧めまくるデパートの販売担当を演じている。この人、『淑女超特急』では、画廊に入ったメルヴィン・ダグラスに絵を売りつけようとプッシュをかける画商を演じていた。*1

助演役者といえば、『青髭〜』には出ていないが、シグ・ルーマンという役者なども典型的なルビッチ組で、『ニノチカ』での革命ロシアからの三人組の一人を演じていた人で、『生きるべきか死ぬべきか』ではセリフのつかない劇団員でありながらラストのポーランド脱出の大芝居で重要な役を演じてみせたり、『桃色の店』（1940）にも顔を出している。今回、ルビッチ映画をまとめて観ることで、そうした常連助演陣がよく見えてきたというのも嬉しい収穫だ。

5月5日（火・祝）

この日は『ニノチカ』と『極楽特急』の日だが、『ニノチカ』はこの冬に観たばかりだからパスして、『龍三と7人の子分たち』（北野武／2015）を観ることにして、ただ『龍三〜』の前売り券が劇場の受付に置いてあるので、シネマヴェーラにまず寄ってみると、ビルの1階に「立ち見」の表示がしてあり驚く。まあ、休日で『ニノチカ』と『極楽特急』の二本立てはかなり強力だというべきだろう。

『龍三〜』を観てから書店に行くと、中原昌也氏とバッタリ出会い、これからヴェーラに行くところだとのことなので、先刻は立ち見だとのことだったが、さすがに、今なら大丈夫じゃないか、などと会話をする。ところが、後で中原氏のフェイスブックを見ると、やはり立ち見で入れなかったとのことで、何だか悪いことをしてしまった。

5月9日（土）

ゴールデンウィークも6日水曜の祝日で終わった感があるが、劇場の集客は衰えを見せない。本日は『生活の設計』（1933）と『牡蠣の王女』（1919）の二本立て。

『生活の設計』だが、ミリアム・ホプキンスという人が、どうしてルビッチのミューズ（なのだろうと思う、この作品だけでなく、『極楽特急』にも『君とひととき』にも出ているわけだから）なんだか、よく分からない。いまひとつキレのある役者には思えないのだけど。そんなミリアム・ホプキンスが、ここでは二人の才能あるアーティスト（画家のゲーリー・クーパーと劇作家のフレデリック・マーチ）に熱烈に愛されるイラストレーターという役柄を演じている。さらに3人目の求愛者もいて、これはおなじみエドワード・エヴァレット・ホーントン。ホーントンの発した言葉を、創作に行き詰っていたフレデリック・マーチがここぞとばかりに「いただき」、それが彼の芝居をかけている劇場で大ウケになるのだが、たまたまその芝居を見に来ていたホーントンがそのセリフを聴いて、例の「ショックを受けた顔」演技を披露するあたり、相変わらず笑える。

こんな調子で、エルンスト・ルビッチ特集は、シネマヴェーラ渋谷開館以来、おそらく最大の集客を記録して終了した。幸か不幸か、2014年度のシネマヴェーラ渋谷は法人税を納めるという「栄誉」を担うこととともなった（当社は3月末が決算なので、ルビッチ特集はそうした収支計算には入っていない。因みに当劇場は、開館して二年目にいわゆる黒字を達成して法人税を納めたことがあったが、最近までは一貫して赤字であり、自慢じゃないが法人税など納めたことがない）。円山町瀬戸際日誌は、よちよち歩きの名画座が日々奮戦するさまを描くというところに意義（?・）があったわけだが、法人税など納めるようになってしまっては面白味というものがなかろう。ここらあたりが筆を置く潮時である。読者諸兄よ、劇場での再見を乞う。

＊1　先般、「映画史上の名作12」でガルボの『アンナ・カレニナ』（クラレンス・ブラウン／1935）を見ていたら、やはり彼が出てきて、ガルボに何かを売っているシーンがあって、密かに笑った。

初出一覧

円山町三国志　または、余は如何にして名画座親父となりし乎（『ＵＰ』２００６年６月号）

「円山町瀬戸際日誌・渋谷名画座日録抄」全11回（『ＵＰ』２００６年９月号〜２００９年３月号）

第１回　山口百恵編（２００６年９月号）
第２回　鈴木清順編（２００６年12月号）
第３回　「廃墟としての90年代」仕込み編（２００７年３月号）
第４回　最終兵器・鈴木則文降臨！（２００７年６月号）
第５回　清水宏あるいは「素材論的憂鬱」（２００７年９月号）
第６回　グラインドハウス　Ａ　ＧＯ　ＧＯ!!（２００７年12月号）
第７回　生誕一〇〇年マキノ雅弘（２００８年３月号）
第８回　生誕一〇〇年マキノ雅弘 宴の始末（２００８年６月号）
第９回　混迷と繁忙の七月（２００８年９月号）
第10回　年末年始への慌ただしさ（２００８年12月号）
第11回　サヨナラだけが人生だ（２００９年３月号）

※収録にあたり、加筆・訂正しました。

新・円山町瀬戸際日誌　　書き下ろし

シネマヴェーラ渋谷
番組一覧 2006-2015

2006

[1.14 — 2.10]

北野武／ビートたけし　レトロスペクティヴ

今更説明するまでもない、現代日本映画界を代表する鬼才・北野武。1989年の『その男、凶暴につき』での初監督で注目を集めて以来、国際的に高く評価された監督としての活動をはじめ、ある時は役者として、ある時は原作者として、様々な映画に関わってきました。今回は、そのフィルモグラフィの中から選りすぐったタイトルを上映。ご紹介する作品の中には、久々の上映、あるいは劇場初登場となるタイトルもあるので、お見逃しの無いように！

◉『戦場のメリークリスマス』『十階のモスキート』『哀しい気分でジョーク』『コミック雑誌なんかいらない！』『その男、凶暴につき』『ほしをつぐもの』『3-4 × 10月』『あの夏、いちばん静かな海。』『ソナチネ』『教祖誕生』『みんな～ やってるか！』『GONIN』『キッズ・リターン』『HANA-BI』『TOKYO EYES』『菊次郎の夏』『ジャムセッション 菊次郎の夏 公式海賊版』『御法度』『バトル・ロワイアル』『BROTHER』『Dolls』『浅草キッドの浅草キッド』『座頭市』『血と骨』

[2.11 — 3.10]

勢揃い『次郎長三国志』全13部作参上！

13本が製作されたマキノ雅弘監督の代表作『次郎長三国志』シリーズを、全タイトル上映いたします。特に、『第六部　旅がらす次郎長一家』、『第七部　初祝い清水港』、『第九部　荒神山　前編』の3作は、長らく配給会社にフィルムの在庫がなく公開される機会がありませんでしたが、シネマヴェーラ渋谷では今回の特集に合わせてニュープリント版をご用意しました。映画ファンや時代劇ファンならずとも待望の上映です。

◉『次郎長三国志　第一部　次郎長売出す』『次郎長三国志　第二部　次郎長初旅』『次郎長三国志　第三部　次郎長と石松』『次郎長三国志　第四部　勢揃い清水港』『次郎長三国志　第五部　殴込み甲州路』『次郎長三国志　第六部　旅がらす次郎長一家』『次郎長三国志　第七部　初祝い清水港』『次郎長三国志　第八部　海道一の暴れん坊』『次郎長三国志　第九部　荒神山』『次郎長三国志　第一部（1963・東映）』『次郎長三国志

第二部（1963・東映）』『次郎長三国志　第三部（1964・東映）』『次郎長三国志　甲州路殴込み（1965・東映）』

［3.11 ― 3.31］

女優薬師丸ひろ子の軌跡

懐かしの角川映画から近年の話題作までを一挙上映！ 3 週間にわたり、薬師丸ひろ子のデビューから今日に至るまでの主な出演映画 16 本を特集上映いたします。齢 14 歳にしての衝撃的なデビュー作『野性の証明』から、今は亡き相米慎二監督の『セーラー服と機関銃』、澤井信一郎監督の『Wの悲劇』などを経て、昨年［2005］の話題作『ALWAYS 三丁目の夕日』や最新作の『あおげば尊し』に至る 30 年近いキャリアは、そのまま同時代の日本映画の歩みと重なるものです。女優という言葉が似つかわしい、現代には稀な俳優「薬師丸ひろ子」の特集を、シネマヴェーラ渋谷は自信をもってお届けします。

◉『野性の証明』『戦国自衛隊』『セーラー服と機関銃』『翔んだカップル』『ねらわれた学園』『探偵物語』『里見八犬伝』『W の悲劇』『野蛮人のように』『紳士同盟』『ダウンタウン・ヒーローズ』『病院へ行こう』『レイクサイド マーダーケース』『オペレッタ狸御殿』『ALWAYS 三丁目の夕日』『あおげば尊し』

［4.1 ― 4.21］

チャウ・シンチー★喜劇は国境を越える！

1988 年の映画デビューという意味では、香港映画の黄金時代には、むしろやや遅れて参入したチャウ・シンチーですが、チョウ・ユンファ主演の『賭神（邦題：ゴッド・ギャンブラー）』（1989）のパロディ『賭聖（邦題：ゴッド・ギャンブラー賭聖外伝）』（1990）が本家をしのぐヒットを記録し、一躍スターダムにのしあがり、以降、香港映画界の喜劇王の名前をほしいままにしています。

◉『トリック大作戦』『ファイト・バック・トゥ・スクール』『ファイト・バック・トゥ・スクール 2』『ファイト・バック・トゥ・スクール 3』『詩人の大冒険』『広州殺人事件』『0061 北京より愛をこめて !?』『ミラクルマスクマン　恋の大変身』『食神』『008 皇帝ミッション』『喜劇王』『少林サッカー』『カンフーハッスル』

[4.22 — 5.12]

激情とロマン　加藤泰 映画華

ローアングル、長回し、スッピン芝居などの数々の形容詞とともに語られるこの天才を、中村錦之助、大川橋蔵、鶴田浩二らの名演技とともに、ニュープリントで再確認して下さい。

◉『剣難女難　第一部　女心流転の巻』『剣難女難　第二部　瞼光流星の巻』『忍術児雷也』『逆襲大蛇丸』『怪談　お岩の亡霊』『瞼の母』『真田風雲録』『風の武士』『車夫遊侠伝　喧嘩辰』『幕末残酷物語』『明治侠客伝　三代目襲名』『沓掛時次郎　遊侠一匹』『みな殺しの霊歌』『江戸川乱歩の陰獣』『炎のごとく』

[5.13 — 6.2]

笑うポルノ、ヌケるコメディ

あんさんも、インテリでっしゃろ。わてらもそうや。やっぱインテリとしては、エロ映画観るにつけても「言い訳」は必須ですねん。あんたもわてもインテリでっしゃろ、そうなると、昼日中から、ただエロ映画、観てられまへんわなぁ。ちゅうわけで、わてらが今回用意した言い訳は「お笑い」ですねん。お笑い、ええやろ、ベルグソンたらいう哲学者も、なんやら言うとるくらいや。もう笑いがあれば、何でん許されるんや。エロ映画もオールオッケーだっせ。そんで裏テーマは「にっかつロマンポルノ vs. 東映ピンクバイオレンス」。にっかつ流の乾いた笑いと、東映流のコテコテの笑いとのガチンコ対決ちゅうわけや。しかし、こうして並べてみると、スタジオのカラーいうもんは、どうにも逃れがたくにじみ出てくるもんですなぁ。どっちが好みかって？そがいなこと、簡単に分かりますかいな。一個一個、観ていくほか、どうもこうも判断のしようがない、そういうもんと違いまっか。それで今回はエロ映画ばかり 17 本も誂えましたんや。どうも中には「どこがお笑いなんかぁ？」ゆうような映画もありますが、そこんところは、映画の存在それ自体がお笑いだぁ、っちゅうことで、堪忍でっせ。

◉『温泉みみず芸者』『エロ将軍と二十一人の愛妾』『花と蛇』『玉割り人ゆき』『喜劇特出しヒモ天国』『徳川女刑罰絵巻　牛裂きの刑』『嗚呼 !! 花の応援団』『大奥浮世風呂』『性と愛のコリーダ』『Mr. ジレンマン　色情狂い』『朝はダメよ！』『快楽学園　禁じられた遊び』『キャバレー日記』『㊍噂のストリッパー』『神田川淫乱戦争』『痴漢電車　下着検札』『変態家族・兄貴の嫁さん』

[6.3 — 6.30]

黒沢清による「絶対に成熟しない」KUROSAWA映画まつり

新作『LOFT』の公開も迫る中、自ら「絶対に成熟しない」と宣言する、しかし確実に変貌する黒沢清の全貌を、劇場初公開の映像多数とともに4週間にわたりお届けする一大レトロスペクティブ。

◉『ドレミファ娘の血は騒ぐ』『地獄の警備員』『893タクシー』『勝手にしやがれ!! 強奪計画』『勝手にしやがれ!! 脱出計画』『勝手にしやがれ!! 黄金計画』『勝手にしやがれ!! 逆転計画』『勝手にしやがれ!! 成金計画』『勝手にしやがれ!! 英雄計画』『DOOR III』『CURE キュア』『復讐・運命の訪問者』『復讐・傷跡』『蛇の道』『蜘蛛の瞳』『ニンゲン合格』『大いなる幻影』『カリスマ』『降霊 Kourei』『回路』『ドッペルゲンガー』『アカルイミライ』『ココロ、オドル』『楳図かずお恐怖劇場　蟲たちの家』テレビ作品『もだえ苦しむ活字中毒者　地獄の味噌蔵』「タイムスリップ」(『愛と不思議と恐怖の物語』より)『よろこびの渦巻』『胸騒ぎの15才　第12話』『ワタナベ　第1話、第12話』「あのこはだあれ？」「廃校綺談」「木霊」「花子さん」(『学校の怪談』より)「宮沢賢治 風の又三郎」(『朗読・にっぽんの名作』シリーズより)

[7.1 — 7.21]

女優・山口百恵 1973-1980

1970年代、スクリーンに百恵がいた――。1973年デビュー、1980年引退。わずか8年、されどあまりに濃密すぎる8年。時代と併走したその短い活動期間ながら昭和の芸能史へ美空ひばりにも伍する足跡を刻んだスーパースター、山口百恵。凛とした佇まい、清潔なエロスをまとった肉体の存在感、憂いを含んだ端正なマスクの内に秘めた情熱。運命に翻弄される古風なヒロイン像も現代女性のヴィヴィッドな生き方も絶妙に体現してみせる表現力。引退から4半世紀以上を数える今もけっしてカムバックすることのない神話世界の住人だが、映画のなかの彼女はつねに現在を生きる。歌謡曲の菩薩ではなく、大映ドラマの悲劇のヒロインでもなく、ひとりの映画女優・山口百恵を、今ふたたびスクリーンに召喚しよう。

歌手デビューよりも早く映画出演をはたした記念すべき作品『としごろ』をはじめ、ゴールデンコンビと謳われた三浦友和と共演し、文芸作品の名手・西河克己がメガホンをとった『伊豆の踊子』『春琴抄』、映画と同じスタッフで作られ、16ミリフィルムでの上映となるテレビ映画作品『野菊の墓』など、山口百恵出演作品・全18作品を上映。

◉『としごろ』『伊豆の踊子』『潮騒』『お姐ちゃんお手やわらかに』『花の高２トリオ　初恋時代』『絶唱』『エデンの海』『風立ちぬ』『春琴抄』『泥だらけの純情』『昌子・淳子・百恵　涙の卒業式　出発［たびだち］』『霧の旗』『ふりむけば愛』『炎の舞』『ホワイト・ラブ　WHITE LOVE』『天使を誘惑』『古都』『野菊の墓』

［7.22 ― 8.11］

監督 小津安二郎　いつもと変わらぬ103回目の夏

生誕 100 年の興奮もおさまり、むしろ小津映画にふさわしい「いつもと変わらぬ 103 回目の夏」を迎えた今､珠玉のサイレント作品３本とトーキーのほぼ全作品（19 本）を、ここにお送りします。夏休みには名作映画を。

◉『東京の合唱［コーラス］』『大人の見る絵本　生れてはみたけれど』『非常線の女』『出来ごころ』『一人息子』『淑女は何を忘れたか』『戸田家の兄妹』『父ありき』『長屋紳士録』『風の中の牝鶏』『晩春』『宗方姉妹』『お茶漬の味』『東京物語』『早春』『東京暮色』『彼岸花』『お早よう』『秋日和』『小早川家の秋』『秋刀魚の味』

［8.12 ― 9.1］

アニメはアニメである――夏休みは親子でアニメ映画を！

古今東西の傑作アニメ 30 数作品を上映。なかでも、皆さまおなじみの『ミトン』の脚本家であるジャンナ･ビッテンゾンが同じく脚本を担当した『小舟のチージック』他、『ペンギン・スーの贈り物』、『最後の一葉』の３本の劇場未公開作品を上映いたします。子供のみならず、大人も楽しめるノスタルジックで心なごむ作品です。またムーミン唯一の劇場版作品『ムーミン谷の彗星』の完全版が登場。この夏休みちょっと早起きして渋谷でムーミンの世界に浸ってみてはいかがでしょう？

◉『くもとちゅうりっぷ』『桃太郎　海の神兵』『わんわん忠臣蔵』『長靴をはいた猫』「岡本忠成①『小さな五つのお話』『南無一病息災』」「岡本忠成②『おこんじょうるり』『モチモチの木』」「川本喜八郎①『鬼』『いばら姫またはねむり姫』『セルフポートレート』」「川本喜八郎②『道成寺』『火宅』『セルフポートレート』」『パンダ･コパンダ』『パンダ･コパンダ　雨降りサーカスの巻』『うる星やつら２　ビューティフル・ドリーマー』『クレヨンしんちゃん　暗黒タマタマ大追跡』『キリクと魔女』『クレヨンしんちゃん　嵐を呼ぶモーレツ！オトナ帝国の逆襲』『デジモンアドベンチャー　ぼくらのウォーゲーム！』『デジモンアドベンチャー 02 デジモンハリケーン上陸 !!　超絶進化 !! 黄金のデジメンタル』『チ

キンラン』『アリーテ姫』『ニュー　ハル＆ボンス』『ムーミン谷の彗星』『パペットアニメ　ムーミン』『The World of GOLDEN EGGS』『鋼の錬金術師　シャンバラを征く者』『ミトン』『レター』『ママ』『ペンギン・スーの宝物』『最後の一葉』『小舟のチージック』

［9.2 — 9.29］

妄執、異形の人々 Mondo Cinemaverique

カルト、キッチュ、モンド、言わば言え。いま映画史の闇から立ち上がる、妄執のヒーロー、異形の映画の群れに括目せよ！　特に山口和彦監督『怪猫トルコ風呂』、牧口雄二監督『女獄門帖 引き裂かれた尼僧』などは劇場での上映は久々となります。また、増村保造、市川崑、深作欣二など、監督たちのいつもとは一線を画す作風、船越英二、吉田輝雄、安田道代など隠れた名優たちの迫真の演技を見ることができる、ソフト未発売のものを含む全 24 本。タイトルを聞くだけで長い間見ることができなかった名作、怪作の数々を、是非スクリーンで堪能していただきたいと思います。

◉『獣人雪男』『九十九本目の生娘』『不知火検校』『黒い十人の女』『怪談　蚊喰鳥』『マタンゴ』『くノ一忍法』『散歩する霊柩車』『黒蜥蜴』『吸血鬼ゴケミドロ』『セックスチェック　第二の性』『秘録おんな蔵』『江戸川乱歩全集　恐怖奇形人間』『奇々怪々俺は誰だ ?!』『盲獣』『おんな極悪帖』『怪猫トルコ風呂』『好色源平絵巻』『犬神の悪霊［たたり］』『女獄門帖　引き裂かれた尼僧』『地獄』『ゆきゆきて、神軍』『丹波哲郎の大霊界 2　死んだらおどろいた !!』『無頼平野』『極道恐怖大劇場　牛頭』

［9.30 — 10.20］

ホウ・シャオシェン映画祭——百年の恋歌

「映画は、暗闇に光が映し出されて始まる」。この当たり前のことを、ホウ・シャオシェン作品は、新たな驚きとして私たちの目に焼き付けてきた。貴重なフィルムを集めて今、彼の挑戦の軌跡を追い、その真の魅力に迫ります。

◉『ステキな彼女』『風が踊る』『川の流れに草は青々』『坊やの人形』『風櫃［フンクイ］の少年』『冬冬［トントン］の夏休み』『童年往事　時の流れ』『恋恋風塵』『悲情城市』『戯夢人生』『好男好女』『憂鬱な楽園』『HHH：侯孝賢』『フラワーズ・オブ・シャンハイ』『ミレニアム・マンボ』『珈琲時光』『Métro Lumière』

[10.21 — 11.17]

鈴木清順 48本勝負

東京国際映画祭と協賛し、鈴木清順監督デビュー 50 周年記念の特集上映をいたします。日活時代の作品を中心とした傑作・怪作 48 作品の上映。ウォン・カーワァイ、クエンティン・タランティーノほか、海外の映画監督からも多大なリスペクトを受ける世界の鈴木清順監督の怒濤の作品群を、是非この機会にスクリーンでご堪能ください。

◉『港の乾杯　勝利をわが手に』『帆綱は唄う　海の純情』『悪魔の街』『浮草の宿』『8時間の恐怖』『裸女と拳銃』『暗黒街の美女』『踏みはずした春』『青い乳房』『影なき声』『らぶれたあ』『暗黒の旅券』『素ッ裸の年令』『13 号待避線より　その護送車を狙え』『けものの眠り』『密航０ライン』『すべてが狂ってる』『くたばれ愚連隊』『東京騎士隊［ナイツ］』『無鉄砲大将』『散弾銃［ショットガン］の男』『峠を渡る若い風』『海峡、血に染めて』『百万弗を叩き出せ』『ハイティーンやくざ』『俺に賭けた奴ら』『探偵事務所 23　くたばれ悪党ども』『野獣の青春』『悪太郎』『関東無宿』『花と怒濤』『肉体の門』『俺たちの血が許さない』『春婦伝』『悪太郎伝　悪い星の下でも』『刺青一代』『河内カルメン』『東京流れ者』『けんかえれじい』『殺しの烙印』『悲愁物語』『ツィゴイネルワイゼン』『陽炎座』『春桜ジャパネスク』『ピストルオペラ』ドラマ作品［「愛妻くんこんばんは」第 33 話『ある決闘』『木乃伊［ミイラ］の恋』『穴の牙』］

[11.18 — 12.8]

錦之助・橋蔵と東映時代劇の巨匠たち

伊藤大輔、内田吐夢、マキノ雅弘、松田定次、沢島忠、加藤泰、工藤栄一……。巨匠たちと不世出の二大美男スターがおりなす絢爛豪華な名作・傑作のチャンバラ時代劇。昭和 30 年代の東映パワーが今ここに蘇る！

◉『おしどり駕籠』『殿さま弥次喜多　捕物道中』『森の石松鬼よりこわい』『海賊八幡船』『炎の城』『水戸黄門』『反逆児』『家光と彦左と一心太助』『源氏九郎颯爽記 秘剣揚羽の蝶』『千姫と秀頼』『血文字屋敷』『恋や恋なすな恋』『若様やくざ　江戸っ子天狗』『関の彌太ッペ』『紫右京之介　逆一文字斬り』『黒の盗賊』『主水介三番勝負』『徳川家康』

[12.9 — 1.5]

ヌーヴェルヴァーグはもうすぐ50歳になる

今さらヌーヴェルヴァーグ？ それとも、ヌーヴェルヴァーグって何？ あなたの反応はど

ちらでしょうか。でも、「今さらヌーヴェルヴァーグ」派のあなたも、そして「ヌーヴェルヴァーグって何？」派のあなたも、生まれてもうすぐ50年も経つヌーヴェルヴァーグシネマを、年越しで楽しもうではありませんか。年の改まる喜びを、永遠の若さのシンボルとしての、これらの映画に託しつつ。

◉『夜と霧』『美しきセルジュ』『獅子座』『いとこ同志』『ヒロシマ・モナムール（二十四時間の情事）』『女は女である』『5時から7時までのクレ』『モンソーのパン屋の女の子』『シュザンヌの生き方』『恋人のいる時間』『幸福』『アルファヴィル』『男性・女性』『彼女について私が知っている二、三の事柄』『ベトナムから遠く離れて』『モード家の一夜』『クレールの膝』『ロバと王女』『万事快調』『愛の昼下がり』『O侯爵夫人』『ヌーヴェルヴァーグ』『新ドイツ零年』『嘘の心』

[1.6 ― 1.26]

大俳優・丹波哲郎の軌跡――死んだらこうなった！

デビュー当時から既にふてぶてしい面がまえの大丹波。どうしてこの人は、いつも偉そうなんだろうと思いながらも、いつしか僕たちは納得させられてしまわざるを得ない。あの世へと旅立たれてしまった、この不世出の大俳優を、にぎにぎしくも送り出す特集。

◉『怪異宇都宮釣天井』『白蝋城の妖鬼』『怪談累が渕』『裸女と殺人迷路』『女奴隷船』『豚と軍艦』『霧と影』『白昼の無頼漢』『誇り高き挑戦』『太平洋のGメン』『パレンバン奇襲作戦』『ジャコ萬と鉄』『忍法忠臣蔵』『決着［おとしまえ］』『波止場の鷹』『脱獄者』『お熱い休暇』『ポルノ時代劇 忘八武士道』

[1.27 ― 2.16]

帰ってきた「次郎長三国志」とマキノ時代劇大行進！


シネマヴェーラ渋谷開館から早や1年。日頃のお客様のご愛顧にこたえて当劇場がお馴染みいただく上で大事な役割を果たした『次郎長三国志』全9作のリバイバル上映を行います。昨年見逃した方はこの機会に、また昨年見てしまった方には、併映の痛快マキノ時代劇の数々を御覧いただきたく。土日祝日は3本立てでお送りいたします！

◉『弥次喜多道中記』『続清水港』『昨日消えた男』『阿波の踊子』『待って居た男』『阿片戦争』『次郎長三國志　次郎長賣出す』『次郎長三国志　次郎長初旅』『次郎長三国志　第三部　次郎長と石松』『次郎長三国志　第四部　勢揃い清水港』『次郎長三国志　第五部　殴込み甲州路』『次郎長三国志　第六部　旅がらす次郎長一家』『次郎長三国

志　第七部　初祝い清水港』『次郎長三国志　第八部　海道一の暴れん坊』『次郎長三国志　第九部　荒神山・前編』『やくざ囃子』『次郎長遊侠伝 秋葉の火祭り』『次郎長遊侠伝　天城鴉』

[2.17 — 3.9]

ナインティーズ——廃墟としての90年代

オウム真理教地下鉄サリン事件や阪神大震災を折り返し地点としての「失われた15年」の間、僕らはどこを彷徨っていたのだろうか。平成バブルと現在の「体感なき好景気」にはさまれた、この奇妙な時空を描く渾身の20本で、廃墟としての90年代を追体験する！

◉『機動警察パトレイバー2　the Movie』『突然炎のごとく』『夜がまた来る』『日本製少年』『マークスの山』『BeRLiN』『MIDORI』『渇きの街』『鬼火』『雷魚 RAIGYO』『バウンス ko GALS』『ラブ & ポップ』『PERFECT BLUE』『劇場版 新世紀エヴァンゲリオン DEATH (TRUE) 2/Air/ まごころを、君に』『冷血の罠』『M/OTHER』『DISTANCE ／ディスタンス』『リリイ・シュシュのすべて』『カナリア』『理由』

[3.10 — 3.30]

祝生誕100年！ 監督 渋谷実

乾いた笑いで現代風俗を描かせたら、この人の右に出るものはない「反逆児」渋谷実監督も、気がつけば生誕100年。京橋フィルムセンターでも特別なイベントはなしとのことで、まっこと僭越ながら、現在商業的に上映可能な全渋谷作品を網羅して、シネマヴェーラ渋谷で勝手に100周年をお祝いします。

◉『奥様に知らすべからず』『をじさん』『自由学校』『本日休診』『現代人』『やっさもっさ』『青銅の基督』『女の足あと』『気違い部落』『悪女の季節』『霧ある情事』『バナナ』『もず』『好人好日』『酔っぱらい天国』『二人だけの砦』『モンローのような女』『大根と人参』『仰げば尊し』

[3.31 — 4.20]

魅惑の20世紀フォックス映画の世界

20世紀フォックスの「スタジオ・クラシック」シリーズのバックアップを得て、ジョン・フォードやハワード・ホークスらの巨匠からベルナルド・ベルトルッチに至る、魅惑のクラシック映画17本が、いまスクリーンによみがえります。モンロー、ヘップバーンらの輝くスター

たちに酔いしれてください。

◉『周遊する蒸気船』『若き日のリンカーン』『わが谷は緑なりき』『三人の妻への手紙』『紳士は金髪がお好き』『ナイアガラ』『帰らざる河』『ショウほど素敵な商売はない』『七年目の浮気』『めぐり逢い』『悲愁』『恋をしましょう』『唇からナイフ』『おしゃれ泥棒』『いつも２人で』『明日に向かって撃て！』『1900年』

[4.21 ― 5.11]

最終兵器・鈴木則文降臨！


長らく上映プリントのなかった『徳川セックス禁止令』と『聖獣学園』のニュープリント２本をひっさげ、満を持しての鈴木則文監督特集で、ＧＷは狂い咲きます！ 全人類よ、エロと笑いとアクションの最終兵器、ソクブン攻撃を受け止めよ！

◉『緋牡丹博徒　一宿一飯』『シルクハットの大親分』『関東テキヤ一家　喧嘩火祭り』『女番長ブルース　牝蜂の逆襲』『徳川セックス禁止令　色情大名』『エロ将軍と二十一人の愛妾』『不良姐御伝　猪の鹿お蝶』『まむしの兄弟　恐喝三億円』『聖獣学園』『少林寺拳法』『華麗なる追跡』『お祭り野郎　魚河岸の兄弟分』『ドカベン』『トラック野郎　度胸一番星』『多羅尾伴内』『忍者武芸帖　百地三太夫』『吼えろ鉄拳』『コータローまかりとおる！』『文学賞殺人事件　大いなる助走』

[5.12 ― 6.1]

プロデューサー 一瀬隆重の仕事。

『THE JUON / 呪怨』の全米ヒット等でさらに加速する、進化するプロデューサー 一瀬隆重の20年の仕事を回顧する。

◉『帝都物語』『帝都大戦』『ヤクザVSマフィア』『押繪と旅する男』『NO WAY BACK　逃走遊戯』『クライング・フリーマン』『D坂の殺人事件』『リング』『もういちど逢いたくて　星月童話』「ビデオ版『呪怨』」『LOVE SONG』『修羅雪姫』『血を吸う宇宙』『呪怨』『いぬのえいが』『THE JUON / 呪怨』『ノロイ』『叫』

[6.2 ― 6.22]

官能の帝国　ロマンポルノ再入門

スタジオシステムなき時代の最後のスタジオとして、無数のプログラムピクチュアを生産しつづけた日活ロマンポルノの作品群。映画通のあなたも、ロマンポルノ初心者のあな

たも、是非ともこの傑作群を再見あれ。

◉『㊙女郎市場』『八月はエロスの匂い』『エロスは甘き香り』『恋人たちは濡れた』『赤線玉の井　ぬけられます』『鍵』『㊙色情めす市場』『実録阿部定』『花芯の刺青　熟れた壺』『暴行切り裂きジャック』『暴行！』『わたしの SEX 白書 絶頂度』『さすらいの恋人 —眩暈—』『オリオンの殺意より　情事の方程式』『桃尻娘　ピンク・ヒップ・ガール』『もっとしなやかに もっとしたたかに』『狂った果実』『女教師狩り』『美少女プロレス失神 10 秒前』『宇能鴻一郎の濡れて打つ』

[6.23 — 7.13]

フランソワ・トリュフォー

お馴染みアントワーヌ・ドワネル物を中心に、フランソワ・トリュフォー監督の最初期の作品から、中期を経て、晩年に至る代表作全 14 作を一挙に公開！

◉『あこがれ』『大人は判ってくれない』『ピアニストを撃て』『突然炎のごとく』『二十歳の恋』『柔らかい肌』『夜霧の恋人たち』『家庭』『恋のエチュード』『私のように美しい娘』『逃げ去る恋』『終電車』『隣の女』『日曜日が待ち遠しい！』

[7.14 — 8.3]

清水宏大復活！


小津も溝口も一目置いた、不世出の天才監督にして傲岸不遜の叙情詩人、清水宏の全貌を、27 作品の未曾有の最大規模で回顧します。

◉『泣き濡れた春の女よ』『大学の若旦那』『東京の英雄』『有りがたうさん』『恋も忘れて』『花形選手』『按摩と女』『信子』『みかへりの塔』『暁の合唱』『簪』『サヨンの鐘』『蜂の巣の子供たち』『小原庄助さん』『母情』『その後の蜂の巣の子供たち』『しいのみ学園』『次郎物語』『何故彼女等はそうなったか』『母の旅路』『母のおもかげ』『不壊の白珠』『銀河』『港の日本娘』『風の中の子供』『子供の四季』『人情馬鹿』

[8.4 — 8.17]

新藤兼人傑作選

可笑しくも哀しき、されど歓びに満ちた——新藤兼人、半世紀を超える映画人生が刻みつけた珠玉の 24 作品——ここに比類なき人間のいとなみがある。

◉『愛妻物語』『原爆の子』『縮図』『どぶ』『狼』『第五福竜丸』『裸の島』『人間』『母』

『鬼婆』『悪党』『藪の中の黒猫』『かげろう』『裸の十九才』『わが道』『ある映画監督の生涯・溝口健二の記録』『竹山ひとり旅』『絞殺』『北斎漫画』『さくら隊散る』『濹東綺譚』『午後の遺言状』『生きたい』『三文役者』

[8.18 — 9.7]

ユナイテッド・アーティスツの栄光

チャップリンやグリフィスによって設立されたユナイテッド・アーティスツ社は、アメリカ流の作家主義を標榜して、あまたの傑作を世に送り出しましたが、マイケル・チミノの『天国の門』の興行的大失敗をきっかけに崩壊に至ります。栄光の UA 傑作群の一端をお楽しみください。

◉『裸足の伯爵夫人』『キッスで殺せ!』『現金に体を張れ』『情婦』『十二人の怒れる男』『暗黒街の女』『お熱いのがお好き』『アパートの鍵貸します』『荒馬と女』『ナック』『ザ・ビートルズ/イエロー・サブマリン』『ラストタンゴ・イン・パリ』『ロング・グッドバイ』『ガルシアの首』『アニー・ホール』『マンハッタン』『レイジング・ブル』『天国の門』

[9.8 — 10.12]

妄執、異形の人々Ⅱ

今年もまた、映画史の闇から、異形の群れが立ち上がる! 昨年来の「お約束」の『怪談せむし男』のほか、中川信夫の秘められた傑作『日本怪談劇場 牡丹燈籠』や封印された怪作『スパルタの海』など、話題作目白押し!

◉『海女の化物屋敷』『結婚の夜』『花嫁吸血魔』『蛇精の淫』『黒蜥蜴』『二匹の牝犬』『怪談せむし男』『博徒七人』『戦後猟奇犯罪史』『砂の香り』『眠れる美女』『首』『異常性愛記録 ハレンチ』『黒薔薇の館』『にっぽん '69 セックス猟奇地帯』『日本怪談劇場・牡丹燈籠 鬼火の巻、蛍火の巻』『銭ゲバ』『俺の血は他人の血』『ウルフガイ燃えろ狼男』『妖婆』『処女監禁』『ビューティ・ペア 真赤な青春』『震える舌』『徳川一族の崩壊』『きつね』『スパルタの海』『愛の陽炎』『超能力者 未知への旅人』『鬼畜大宴会』『発狂する唇』

[10.13 — 11.2]

子供たちの時間

子供たちはいつでもスクリーンの中の特別な存在であり続けています。数々の映画を輝

かせてきた子供たちの姿をもう一度その目に焼き付けてください。

◉『先生のつうしんぼ』『転校生』『ションベン・ライダー』『スタンド・バイ・ミー』『友だちのうちはどこ ?』『100 人の子供たちが列車を待っている』『風の又三郎　ガラスのマント』『少年、機関車に乗る』『青い凧』『流星』『ヴァージン・スーサイズ』『どこまでもいこう』『バーバー吉野』『父、帰る』『誰も知らない』『ローズ・イン・タイドランド』『小さき勇者たち〜ガメラ〜』『鉄コン筋クリート』

[11.3 — 11.23]

スポーツする映画たち

秩父宮スポーツ博物館「スポーツと映像」展とタイアップで送る、スポーツ映画珠玉の 18 作品！

◉『花の講道館』『力道山の鉄腕巨人』『不滅の熱球』『まらそん侍』『黒帯三国志』『一本刀土俵入』『リングの王者　栄光の世界』『一刀斎は背番号 6』『鉄腕投手　稲尾物語』『雷電』『続雷電』『東京オリンピック』『おれについてこい！』『直撃地獄拳　大逆転』『世界最強の格闘技　殺人空手』『ボクサー』『野球狂の詩』『はみ出しスクール水着』

[11.24 — 12.14]

グラインドハウス A GO GO！　タラちゃんとゆかいな仲間たち

タランティーノ＝ロドリゲス軍団が、コフィー、ヴィクセン、片腕カンフーをひきつれて、グラインドハウスムービーの狂い咲きだ！
▶グラインドハウスとは、主に 60・70 年代にアメリカ各地に存在していた、ポルノ／アクション／ホラー系の B 級映画を 2、3 本立てで公開していた映画館のこと。平気で途中のリールが欠けている映画を上映したりなど（ロドリゲスの『プラネット・テラー in グラインドハウス』では、そのことがギャグとして使われている）、劇場も「やる気がない」が、観客の側ももっぱらハッテン場として使用していたりで、似たようなありさま。けれども、若きタランティーノやロドリゲスたちは、こうした映画館で、ブレイク直前の香港映画や今日再評価著しい日本のアクション映画などに目覚めていったのだ。
◉『ファスター・プッシーキャット　キル！キル！』『ヴィクセン』『徳川女刑罰史』『チェリー、ハリー & ラクエル』『子連れ狼　子を貸し腕貸しつかまつる』『コフィー』『修羅雪姫』『片腕カンフー 対 空とぶギロチン』『スーパー・ヴィクセン』『ゾンビ／ディレクター

ズカット完全版』『ウルトラ・ヴィクセン』『フォービデン・ゾーン』『エル・マリアッチ』『エスケープ・フロム L. A.』『フロム・ダスク・ティル・ドーン』『ジャッキー・ブラウン』『キル・ビル vol.1』『キル・ビル vol.2』

[12.15 — 1.11]

「踊る人」の系譜

ミュージカルなくして何の人生！ アステア以外に神はなし！ 極上のミュージカルとダンス映画の数々で年末年始をお過ごしください。

◉『踊る大紐育』『舞姫』『雨に唄えば』『踊りたい夜』『君も出世ができる』『プロデューサーズ』『ニューヨーク・ニューヨーク』『オール・ザット・ジャズ』『ステッピング・アウト』『ザッツ・エンタテインメント PART3』『書かれた顔』『BALLET アメリカン・バレエ・シアターの世界』『魅せられて』『Shall we ダンス？』『ロミオ＋ジュリエット』『Hole』『タップ・ドッグス』『ウォーターボーイズ』『ムーランルージュ』『トーク・トゥ・ハー』『バレエ・カンパニー』『花とアリス』『ライズ』『フラガール』

[1.12 — 2.1]

焦燥★70年代★深作欣二

フカサク逝って 5 年目の命日に捧げる、70 年代日本映画の頂点を極める諸作をとくとご賞味あれ！

◉『狼と豚と人間』『ガンマー第 3 号 宇宙大作戦』『君が若者なら』『軍旗はためく下に』『現代やくざ 人斬り与太』『人斬り与太 狂犬三兄弟』『仁義なき戦い』『仁義なき戦い 広島死闘篇』『仁義なき戦い 代理戦争』『仁義なき戦い 頂上作戦』『仁義なき戦い 完結篇』『資金源強奪』『仁義の墓場』『県警対組織暴力』『暴走パニック 大激突』『新仁義なき戦い 組長最後の日』『ドーベルマン刑事』『いつかギラギラする日』

[2.2 — 2.22]

特殊学園Q

定番ジャンル「学園もの」の地平のかなたにたゆたう、アヤしき一団のムービーたち、その名も「特殊学園 Q」！

◉『偽大学生』『あなた好みの』『ハレンチ学園』『タリラリラン高校生』『女教師 私生活』『女番長 タイマン勝負』『愛と誠』『青春讃歌 暴力学園大革命』『男組』『暴力教室』

『嗚呼!! 花の応援団　男涙の親衛隊』『夢野久作の少女地獄』『台風クラブ』『花のあすか組!』『1999年の夏休み』『ベンヤメンタ学院』『死者の学園祭』『魁!! クロマティ高校　THE ★ MOVIE』「特別上映作品『世界の心』」

［2.23 — 3.14］

東宝アクション！

スマートな作風が身上の東宝映画の土壌に咲いたアクション映画の一群は、原作や脚本に都筑道夫などの異色の人材を迎え、やがて東宝ニューアクションへと開花する。若大将ではない加山雄三、アクションする三橋達也らを、とくと堪能されたい。

◉『密輸船』『脱獄囚』『遙かなる男』『奴が殺人者だ』『断崖の決闘』『暗黒街の弾痕』『地獄の饗宴』『国際秘密警察　火薬の樽』『血とダイヤモンド』『100発100中』『国際秘密警察　絶体絶命』『100発100中 黄金の眼』『狙撃』『死ぬにはまだ早い』『弾痕』『野獣の復活』『豹［ジャガー］は走った』『ヘアピン・サーカス』

［3.15 — 4.4］

若松孝二大レトロスペクティブ

『実録・連合赤軍　あさま山荘への道程』の劇場公開を記念して、若松プロダクション時代の同監督の作品を、レア物を含めて一挙公開いたします！

◉『鉛の墓標』『壁の中の秘事』『胎児が密猟する時』『続日本暴行暗黒史　暴虐魔』『性の放浪』『犯された白衣』『処女ゲバゲバ』『ゆけゆけ二度目の処女』『裸の銃弾』『狂走情死考』『現代好色伝／テロルの季節』『性輪廻／死にたい女』『新宿マッド』『日本暴行暗黒史　怨獣』『性賊　セックスジャック』『秘花』『性家族』『天使の恍惚』『赤軍　PFLP・世界戦争宣言』『裏切りの季節』『噴出祈願　15歳の売春婦』

［4.5 — 5.2］

生誕百年 マキノ雅広(3)

フィルムセンターでも上映しなかった14作品を含む決定版の大特集。ニュープリント作品も多数上映いたします。

◉『忠臣蔵　天の巻・地の巻』『婦系図（総集編）』『殺陣師段平』『すっ飛び駕』『丹下左膳』『続 丹下左膳』『抱擁』『ハワイの夜』『人生とんぼ返り』『恐怖の逃亡』『遠山の金さん捕物控　影に居た男』『江戸の悪太郎』『雪之丞変化』『恋山彦』『江戸っ子

繁昌記』『九ちゃん刀を抜いて』『次郎長三国志』『続 次郎長三国志』『次郎長三国志 第三部』『次郎長三国志 甲州路殴り込み』『侠客列伝』『昭和残侠伝　死んで貰います』『日本やくざ伝　総長への道』『関東緋桜一家』　特別上映『幽霊暁に死す』

[5.3 — 5.30]

配給:ケイブルホーグ

伝説の配給会社ケイブルホーグの配給した数々の名画が、今ここに甦る!

◉『アイアン・ホース』『詩人の血』『俺は善人だ』『暗黒街の弾痕』『希望/テルエルの山々』『ミッドウェイ海戦/ドキュメント真珠湾攻撃』『真珠湾攻撃』『死刑執行人もまた死す』『恐怖省』『外套と短剣』『ビッグ・ヒート　復讐は俺にまかせろ』『グレンとグレンダ』『怪物の花嫁』『ホンジークとマジェンカ』『カレル・ゼマンと子供たち』『プラン 9・フロム・アウタースペース』『ほら男爵の冒険』『ガラスの墓標』『ワイルドバンチ』『美しき冒険旅行』『注目すべき人々との出会い』『フィッツカラルド』『ストレート・トゥ・ヘル』『春にして君を想う』『エル・パトレイロ』『コールド・フィーバー』『デス&コンパス』「特別上映作品 『狩人の夜』『賭博師ボブ』」

[5.31 — 6.20]

最終凶器・鈴木則文の再降臨

昨年に引き続き、今年もやって参りました、則文師匠の乱れまい!!

◉『大阪ど根性物語 どえらい奴』『兄弟仁義 逆縁の盃』『シルクハットの大親分　ちょび髭の熊』『現代ポルノ伝　先天性淫婦』『すいばれ一家 男になりたい』『温泉みみず芸者』『温泉スッポン芸者』『女番長ブルース　牝蜂の挑戦』『女番長ゲリラ』『トラック野郎　望郷一番星』『トラック野郎　一番星北へ帰る』『トラック野郎　熱風 5000 キロ』『堕靡泥の星　美少女狩り』『伊賀野カバ丸』『パンツの穴』『カリブ・愛のシンフォニー』『大奥十八景』『塀の中のプレイ・ボール』『文学賞殺人事件　大いなる助走』

[6.21 — 7.11]

吉田喜重レトロスペクティブ——熱狂ポンピドゥ・センターよりの帰還

ポンピドゥ・センターで日本人監督として初のレトロスペクティヴ上映を終えた吉田喜重監督を迎えて、パリでの上映会を再現した特集です。

◉『ろくでなし』『血は渇いてる』『甘い夜の果て』『秋津温泉』『嵐を呼ぶ十八人』『日

本脱出』『水で書かれた物語』『女のみづうみ』『情炎』『炎と女』『樹氷のよろめき』『さらば夏の光』『エロス＋虐殺』『煉獄エロイカ』『告白的女優論』『戒厳令』『人間の約束』『嵐が丘』『鏡の女たち』『美の美』『吉田喜重が語る小津安二郎の映画世界　第1回～4回』「吉田喜重が語る小津さんの映画『夢の映画、東京の夢　明治の日本を映像に記録したエトランジェ ガブリエル・ヴェール』」「特典映像『吉田喜重　映画監督とは？』」

[7.12 — 8.1]

イタリア萬歳！

ヴィスコンティ、フェリーニらを輩出したイタリア映画の黄金時代を回顧する。

◉『靴みがき』『道』『崖』『甘い生活』『若者のすべて』『山猫』『赤い砂漠』『魂のジュリエッタ』『ルートヴィヒ』『イノセント』『女の都』『ノスタルジア』『ニュー・シネマ・パラダイス』『ジョバンニ』『復活』『家の鍵』『トリノ、24時からの恋人たち』『マルチェロ・マストロヤンニ　甘い追憶』

[8.2 — 8.22]

内田吐夢110年祭

生誕110年を迎えた巨匠の全体像を、ニュープリントで甦った作品を含む20作品で再発見します。内田吐夢監督のサイレント時代の傑作『虚栄は地獄』と『生命の冠』の2作品も活弁上映いたします。

◉『土』『血槍富士』『たそがれ酒場』『自分の穴の中で』『大菩薩峠』『大菩薩峠　第二部』『大菩薩峠　完結篇』『妖刀物語　花の吉原百人斬り』『宮本武蔵』『恋や恋なすな恋』『宮本武蔵　般若坂の決斗』『宮本武蔵　二刀流開眼』『宮本武蔵　一乗寺の決斗』『宮本武蔵　巌流島の決斗』『飢餓海峡』『人生劇場　飛車角と吉良常』『真剣勝負』「特別上映作品『どたんば』『虚栄は地獄』『生命の冠』」

[8.23 — 9.19]

妄執、異形の人々Ⅲ

今年もやってきました、カルト映画の大特集。目玉は野田幸男の幻の傑作『青春トルコ日記 処女すべり』のニュープリント!!

◉『海人舟より　禁男の砂』『ガス人間第1号』『女体渦巻島』『電送人間』『大虐殺』『鯨神』『武士道残酷物語』『生首情痴事件』『吸血髑髏船』『怪談　蛇女』『とむらい師た

ち』『無人列島』『悪魔が呼んでいる』『闇の中の魑魅魍魎』『忘八武士道 さ無頼』『東京ディープスロート夫人』『青春トルコ日記 処女すべり』『毒婦お伝と首切り浅』『草迷宮』『丑三つの村』『スキャンティドール 脱ぎたての香り』『暗号名黒猫を追え！』『狂わせたいの』『実録外伝 ゾンビ極道』『蒸発旅日記』

[9.20 — 10.10]

RURIKO——浅丘ルリ子の映画たち

満州生まれの美少女は、やがて戦後日本映画史に咲く大輪のバラとなる。キレイな女はこう生きろ！

◉『絶唱』『南国土佐を後にして』『拳銃無頼帖 抜き撃ちの竜』『波濤を越える渡り鳥』『危いことなら銭になる』『憎いあンちくしょう』『銀座の恋の物語』『何か面白いことないか』『アカシアの雨がやむとき』『夜明けのうた』『紅の流れ星』『私が棄てた女』『女体』『四十七人の刺客』『渚の白い家』『待ち伏せ』『嫉妬』『木曜組曲』

[10.11 — 10.31]

フランス映画の秘宝2 アキムコレクション東京最終上映会

マルクス兄弟からショウウラザースまで、映画史を彩る兄弟群の中でも、ひときわ異彩を放つ兄・ロベールと弟・レイモンのアキム兄弟。彼らは 10 代後半でハリウッドに進出して映画産業のノウハウを身に着け、1935 年パリで映画会社を設立する。そして 37 年に『望郷』を発表して一夜にして成功を収めるが、「映画を作ることが生きる証」との哲学から表舞台には一切出ず、その後も上質の作品を次々に生み出していった。今回が東京での最終上映となる傑作群を是非お見逃しなく！

◉『望郷』『獣人』『肉体の冠』『嘆きのテレーズ』『ノートルダムのせむし男』『奥様ご用心』『二重の鍵』『気のいい女たち』『太陽がいっぱい』『太陽はひとりぼっち』『エヴァの匂い』『めんどりの肉』『輪舞』『ダンケルク』『昼顔』『夜明けのマルジュ』

[11.1 — 11.21]

映画作家岩井俊二の全貌

日本映画監督協会新人賞受賞の衝撃的デビューから 15 年。映画作家岩井俊二の全貌に迫ります。

◉『短編ドラマ 殺しに来た男』『短編ドラマ 見知らぬ我が子』『短編ドラマ 夏至物語』

『短編ドラマ　オムレツ』『短編ドラマ　蟹缶』『短編ドラマ　雪の王様』『打ち上げ花火、下から見るか？　横から見るか？』『GHOST SOUP』『短編ドラマ ルナティックラブ』『Undo』『Love Letter』『PiCNiC』『スワロウテイル』『Fried Dragon Fish Thomas Earwing's Arowana』『四月物語』『少年たちは花火を横から見たかった』『式日』『リリイ・シュシュのすべて』『花とアリス　ショートバージョン』『花とアリス』『市川崑物語』『虹の女神』『ARITA』『毛ぼうし』

[11.22 — 12.5]

映画史上の名作1

すべて16mmで送る、珍品多数の世界映画史上の傑作群！

◉『フランケンシュタイン』『我輩はカモである』『宝の山』『桑港［サンフランシスコ］』『歴史は夜作られる』『モロッコへの道』『カサブランカ』『君を呼ぶタンゴ』『山河遥かなり』『凸凹フランケンシュタインの巻』『忘れられた人々』『恐怖の報酬』

[12.6 — 12.19]

黄秋生(アンソニー・ウォン)、遊侠一匹

『エグザイル／絆』の公開を記念して、アンソニー・ウォンの出演映画を大特集！　全作品をご覧いただいた方の内、8名にアンソニーのサイン入りポスターをプレゼントするスタンプ・ラリーを実施！

◉『インファナル・アフェア　無間道』『インファナル・アフェアⅡ　無間序曲』『インファナル・アフェアアⅢ　終極無間』『メダリオン』『ツインズ・エフェクト』『マジック・キッチン』『ドラゴン・プロジェクト』『頭文字［イニシャル］D THE MOVIE』『愛と死の間で』『姉御』『雪山飛狐 第1話、第2話』『ハムナプトラ3　呪われた皇帝の秘宝』『イザベラ』

[12.20 — 1.16]

官能の帝国 ロマンポルノ再入門2　バトンは受け継がれる

衰退する日本映画界にあって、70年代を通じて500本以上のプログラム・ピクチャーが作られた。それが日活ロマンポルノ、まさに「官能の帝国」である。ご好評いただいた前特集に続いて、『新宿乱れ街　いくまで待って』のニュープリントをひっさげて帰ってきた、特集第2弾！　30年の歳月を越えて、今バトンは受け継がれる!!

◉『白い指の戯れ』『愛欲の罠』『実録白川和子　裸の履歴書』『不良少女　野良猫の

性春』『黒薔薇昇天』『江戸川乱歩猟奇館　屋根裏の散歩者』『夫婦秘儀くらべ』『悶絶!!どんでん返し』『壇ノ浦夜枕合戦記』『新宿乱れ街　いくまで待って』『横須賀男狩り少女・悦楽』『レイプ25時　暴姦！』『人妻集団暴行致死事件』『十八歳、海へ』『肉の標的 奪う！』『妻たちの性体験　夫の眼の前で、今…』『ズームイン　暴行団地』『スケバンマフィア　恥辱』『女教師　汚れた放課後』『ラブレター』『女高生偽日記』『天使のはらわた　赤い淫画』『縄と乳房』『3年目の浮気』『ピンクカット　太く愛して深く愛して』『性的犯罪』『双子座の女』『天使のはらわた 赤い眩暈』

[1.17 — 2.6]

森崎東の現在

『ニワトリはハダシだ』公開から4年が過ぎて、次なる飛躍も期待される森崎東監督。監督をトークショーに迎えて、監督デビュー40周年目の2009年冒頭、森崎喜劇を回顧する。

◉『喜劇･女は度胸』『高校さすらい派』『喜劇･男は愛嬌』『喜劇･女は男のふるさとョ』『喜劇・女生きてます』『喜劇・女売り出します』『女生きてます・盛り場渡り鳥』『生まれかわった為五郎』『野良犬』『藍より青く』『街の灯』『喜劇･特出しヒモ天国』『黒木太郎の愛と冒険』『時代屋の女房』『ロケーション』『女咲かせます』『生きてるうちが花なのよ　死んだらそれまでよ党宣言』『ニワトリはハダシだ』

[2.7 — 2.27]

東映セントラルフィルムの栄光　プロデューサー黒澤満の軌跡

日活ロマンポルノの隠れた生みの親にして、その才能を岡田茂に見込まれ、東映に移籍した黒澤満は、東映セントラルフィルムのプロデューサーとして、松田優作という逸材をもとに多くの傑作を制作し、やがて角川映画で80年代の日本映画を牽引する。2008年『カメレオン』をひっさげて、かつての「匂い」を日本映画界に復活させた彼は、2009年、どこへ行くのか!?

◉『最も危険な遊戯』『殺人遊戯』『皮ジャン反抗族』『生贄の女たち』『処刑遊戯』『俺達に墓はない』『蘇える金狼』『十代　恵子の場合』『野獣死すべし』『ヨコハマBJブルース』『化石の荒野』『探偵物語』『友よ､静かに瞑れ』『それから』『早春物語』『ア･ホーマンス』『黒いドレスの女』『カメレオン』

[2.28 — 3.20]

シャブロル3部作発売記念「紀伊國屋書店レーベルを讃える」

すべてのDVDファンの熱い支持を集めて、今月も紀伊國屋書店のDVDレーベルの快進撃は続く！クロード・シャブロルの3部作『女鹿』『不貞の女』『肉屋』が1月31日に発売されたのを記念して、シネマヴェーラ渋谷は紀伊國屋レーベル特集を行います。

◉『吸血鬼ノスフェラートゥ』『フォーゲルエート城』『最後の人』『戦艦ポチョムキン』『メトロポリス』『スピオーネ』『毒婦高橋お伝』『はなればなれに』『女鹿』『不貞の女』『肉屋』『旅芸人の記録』『アレクサンダー大王』『離魂』『犬猫』『家宝』

[3.21 — 4.10]

カワバタ・フナハシ・その他大勢　昭和文豪愛欲(エロネタ)大決戦！

川端康成、舟橋聖一など、綺羅星の如き昭和文豪の山脈。彼らの愛欲（エロネタ）原作を得て、スクリーンはいま身悶える！ 山村聰のエロスを見よ!!

◉『武蔵野夫人』『山の音』『四十八歳の抵抗』『白い魔魚』『女であること』『鍵』『氾濫』『花影』『斑女』『女は夜化粧する』『瘋癲老人日記』『雁の寺』『獣の戯れ』『帯をとく夏子』『肉体の学校』『美しさと哀しみと』『愛の渇き』『別れぬ理由』

[4.11 — 5.1]

東宝アクション！ 2

昨年ご好評をいただいた東宝アクション映画特集の第2弾。今年もまだまだ健在です。

◉『恐怖の弾痕』『恐喝』『野獣死すべし』『男対男』『「みな殺しの歌」より 拳銃よさらば！』『非情都市』『顔役暁に死す』『紅の海』『紅の空』『国際秘密警察　指令第8号』『国際秘密警察　虎の牙』『国際秘密警察　鍵の鍵』『殺人狂時代』『白昼の襲撃』『野獣狩り』『ザ・ゴキブリ』『野獣都市狩り』『野獣死すべし 復讐のメカニック』

[5.2 — 5.22]

緑魔子伝説

いま蘇える伝説の女優、緑魔子。ゴールデン・ウイークのシネマヴェーラ渋谷に降臨！

◉『二匹の牝犬』『にっぽん泥棒物語』『かも』『非行少女ヨーコ』『吹けば飛ぶよな男だが』『大悪党』『カモとねぎ』『帰って来たヨッパライ』『盲獣』『日本一の断絶男』『喜劇　深夜族』『あらかじめ失われた恋人たちよ』『やさしいにっぽん人』『生まれかわっ

た為五郎』『日本妖怪伝　サトリ』『御用牙　鬼の半蔵やわ肌小判』『吾輩は猫である』『まむしと青大将』『日本人のへそ』『僕は天使ぢゃないよ』『活弁上映会 パンドラの箱』ヴェーラ古典クラブ第１回『トップハット』

[5.23 — 6.12]

シナリオライター小國英雄のすべて

マキノ雅弘や黒澤明の右腕にして天性のストーリーテラー、小國英雄の脚本作品を『小國英雄シナリオ集』（ワイズ出版）の出版を記念してお届けします。

◉『エノケンの法界坊』『續清水港 ―清水港代参夢道中―』『昨日消えた男』『男の花道』『或る夜の殿様』『女性操縦法（グッドバイ改題短縮版）』『待って居た象』『女医の診察室』『海賊船』『東京のえくぼ』『煙突の見える場所』『宇宙人東京に現る』『吸血蛾』『眠狂四郎無頼控 第二話 円月殺法』『日露戦争勝利の秘史　敵中横断三百里』『血槍無双』『雑兵物語』『六人の女を殺した男』　特別上映『三十三間堂通し矢物語』　ヴェーラ古典クラブ第２回『ラヴ・パレード』　活弁上映『浪人街　第一話・第二話編集縮刷版』

[6.13 — 7.10]

神代辰巳レトロスペクティブ

神代監督のねちょねちょした魅力に、さあ、あなたもハマろう！　久しく上映されなかった『もどり川』にも乞うご期待！

◉『かぶりつき人生』『濡れた唇』『一条さゆり　濡れた欲情』『恋人たちは濡れた』『四畳半襖の裏張り』『濡れた欲情　特出し 21 人』『青春の蹉跌』『赤線玉の井　ぬけられます』『宵待草』『櫛の火』『アフリカの光』『濡れた欲情　ひらけ！　チューリップ』『赫い髪の女』『地獄』『遠い明日』『少女娼婦　けものみち』『快楽学園　禁じられた遊び』『ミスター・ミセス・ミス・ロンリー』『嗚呼！おんなたち　猥歌』『もどり川』『美加マドカ　指を濡らす女』『離婚しない女』『噛む女』『棒の哀しみ』ヴェーラ古典クラブ『襤褸と宝石』

[7.11 — 7.31]

劇画≒映画（げきがニアイコールえいが）

昨今の映画界では、世界的に劇画の実写化が花盛り。でも、昔からやってましたよ日本では。原作を超えた映画、ファンも納得の映画、そしてトホホの迷作まで、劇画原作ものを集めてみました。

◉『プーサン』『サザエさん』『蛇娘と白髪魔』『サインはV』『銭ゲバ』『永井豪の新ハレンチ学園』『子連れ狼　三途の川の乳母車』『女囚701号　さそり』『ダメおやじ』『修羅雪姫　怨み恋歌』『0課の女　赤い手錠』『ルパン三世　念力珍作戦』『瞳の中の訪問者』『ゴルゴ13　九竜の首』『サーキットの狼』『火の鳥』『釣りバカ日誌スペシャル』『美味しんぼ』ヴェーラ古典クラブ『ヒズ・ガール・フライデー』

[8.1 — 8.28]

映画史上の名作2

シネマヴェーラ渋谷が進めております、16mmフィルムによるクラシック作品の特集上映の第2弾です。シュトロハイムやルビッチ、ルノワール、ホークス、ヒッチコックといった映画史上に燦然と輝く名監督たちの作品を是非スクリーンでご覧ください。また、マルクスブラザースやキートン、アボット & コステロなどの往年の喜劇映画もお楽しみに！

◉『アルプス颪』『オリヴァ・トウィスト』『ノートルダムのせむし男』『キートンの探偵学入門』『陽気な巴里っ子』『ラヴ・パレード』『新学期　操行ゼロ』『女だけの都』『フランケンシュタインの花嫁』『トップハット』『襤褸と宝石』『白鳥の死』『大いなる幻影』『バルカン超特急』『ヒズ・ガール・フライデー』『マルクスの二挺拳銃』『モロッコへの道』『ならず者』『聖メリーの鐘』『無防備都市』『さらば草原』『靴みがき』『凸凹猛獣狩』『無謀な瞬間』

[8.29 — 9.25]

妄執、異形の人々Ⅳ

お馴染みのカルト特集「妄執、異形の人々」の第4弾です。『散歩する霊柩車』『怪談せむし男』に続く西村晃主演『怪談片目の男』をニュープリントでお送りする他、伝説の学生映画『鎖陰』など、なかなか劇場上映されない作品を上映いたします。

◉『透明人間』『一寸法師』『鬼火』『生きている小平次』『執念の蛇』『女獣』『アマゾン無宿　世紀の大魔王』『囁く死美人』『鎖陰』『怪談片目の男』『結婚相談』『昆虫大戦争』『やくざ刑罰史　私刑〔リンチ〕！』『日本暗殺秘録』『いそぎんちゃく』『呪いの館　血を吸う眼』『音楽』『女地獄 森は濡れた』『五月みどりのかまきり夫人の告白』『安藤昇のわが逃亡とSEXの記録』『錆びた炎』『天使の欲望』『夜叉ヶ池』『好色くノ一忍法帖　ヴァージン・スナイパー　美少女妖魔伝』　ヴェーラ古典クラブ『ブロークン・ララバイ』

[9.26 ― 10.16]

追悼、長谷部安春

惜しくも今年6月に亡くなったアクション映画の雄・長谷部安春監督を悼み、特集上映を開催いたします。最後まで現役だった長谷部監督の初脚本作、初監督作から最新作まで、傑作の数々を是非ご覧下さい。

◉『俺の血が騒ぐ』『俺にさわると危ないぜ』『爆弾男といわれるあいつ』『みな殺しの拳銃』『縄張［しま］はもらった』『あらくれ』『広域暴力　流血の縄張［しま］』『野獣を消せ』『女番長　野良猫ロック』『野良猫ロック セックス・ハンター』『野良猫ロック マシンアニマル』『男の世界』『不良少女魔子』『組織暴力　流血の抗争』『女囚さそり701号怨み節』『犯す！』『あぶない刑事』『鑑識米沢守の事件簿』『謎のストレンジャー』

[10.17 ― 11.6]

東宝青春映画の輝き

酒井和歌子、内藤洋子に代表される、あの懐かしの東宝青春映画に、アナタは今再びめぐり合う！

◉『あこがれ』『お嫁においで』『これが青春だ！』『伊豆の踊子』『その人は昔』『颱風とざくろ』『育ちざかり』『燃えろ！太陽』『君に幸福を　センチメンタル・ボーイ』『めぐりあい』『年ごろ』『兄貴の恋人』『街に泉があった』『燃えろ！青春』『恋にめざめる頃』『二人の恋人』『俺たちの荒野』『娘ざかり』 ヴェーラ古典クラブ『悪魔をやっつけろ』

[11.7 ― 11.20]

洞口依子映画祭

1985年、伝説のカルト・ムービー『ドレミファ娘の血は騒ぐ』で映画デビューし、一躍時代のアイコンとなった洞口依子。一時病気治療のため休業を余儀なくされるが、2006年には映画復帰を果たし、現在は女優業のみならず自らのウクレレユニット「Paititi（パイティティ）」のライブや文筆業にも活躍の場を広げています。デビュー25周年を記念し、代表的な出演作の上映に加えて、多彩なゲストのトークそしてライブ演奏など貴重なイベントが目白押し。

◉『ドレミファ娘の血は騒ぐ』『君は裸足の神を見たか』『マルサの女2』『ミカドロイド』『パイナップル・ツアーズ』『部屋 THE ROOM』『危ない話』『CURE』『カリスマ』『富江』『探偵事務所5〈マクガフィン〉』『一万年、後…。』『芸術家の食卓』『陰翳礼讃』『ウ

クレレ ― Paititi The Movie』

[11.21 ― 12.11]

山城新伍とその時代

本年８月惜しくも逝った鬼才、山城新伍。シネマヴェーラ渋谷は愛惜とともに追悼します。

◉『白馬童子　南蛮寺の決斗』『血文字屋敷』『明治侠客伝　三代目襲名』『喜劇　競馬必勝法』『昭和残侠伝　血染の唐獅子』『不良番長　どぶ鼠作戦』『不良番長　出たとこ勝負』『喜劇　ギャンブル必勝法』『すいばれ一家　男になりたい』『喜劇 トルコ風呂王将戦』『ポルノギャンブル喜劇　大穴中穴へその穴』『温泉スッポン芸者』『怪猫トルコ風呂』『札幌・横浜・名古屋・雄琴・博多　トルコ渡り鳥』『瀬戸はよいとこ　花嫁観光船』『俗物図鑑』『塀の中の懲りない面々』『本日またまた休診なり』 ヴェーラ古典クラブ『バシュフル盆地のブロンド美人』

[12.12 ― 1.8]

ヌーヴェルヴァーグの50年

恒例、年末年始はシネマヴェーラ渋谷でヌーヴェルヴァーグ映画を観よう！

◉『素晴らしき 放浪者』『フレンチ・カンカン』『夜と霧』『美しきセルジュ』『ヒロシマ・モナムール』『いとこ同志』『5 時から 7 時までのクレオ』『女は女である』『シェルブールの雨傘』『ミュリエル』『幸福』『男性・女性』『パリところどころ』『ロシュフォールの恋人たち』『彼女について私が知っている二、三の事柄』『ロバと王女』『ゴダールのマリア』『グレースと公爵』『愛の世紀』『10 ミニッツ・オールダー　イデアの森』『石の微笑』『アワー·ミュージック』『我が至上の愛～アストレとセラドン』『ランジェ公爵夫人』ヴェーラ古典クラブ『キリマンジャロの雪』

[1.9 ― 1.29]

消えゆく曽根中生!?

あのかつての栄光の名称、ソネチューセイはどうなったのか？ 消えゆくプリントに抗っての渾身の特集！

◉『壁の中の秘事』『殺しの烙印』『㊙女郎市場』『色情姉妹』『実録白川和子 裸の履歴書』『不良少女　野良猫の性春』『大人のオモチャ　ダッチワイフ・レポート』『わたしの SEX 白書　絶頂度』『嗚呼 !! 花の応援団』『不連続殺人事件』『嗚呼 !! 花の応援団

男涙の親衛隊』『新宿乱れ街　いくまで待って』『博多っ子純情』『天使のはらわた　赤い教室』『太陽のきずあと』『悪魔の部屋』『唐獅子株式会社』『ブレイクタウン物語』

［1.30 ― 2.19］

70年代の青春――鬱屈と混沌と

赤軍派以降、学生運動が退潮していく中、若者の間にはシラケムードや刹那的な雰囲気が漂っていた。この頃作られた青春映画には、社会を浮遊する若者の痛ましさや切なさが描かれている。藤田敏八によって一躍時代のアイコンとなった秋吉久美子、単なるアイドル映画を超えて社会の底辺で苦悩する若者像を確立した郷ひろみ、原田芳雄や桃井かおりなど、時代を代表するスターも勢揃い。DVD 化されていない作品も多い 70 年代青春映画を是非どうぞ！

◉『赤い鳥逃げた？』『戦争を知らない子供たち』『赤ちょうちん』『妹』『バージンブルース』『裸足のブルージン』『スプーン一杯の幸せ』『港のヨーコ　ヨコハマ　ヨコスカ』『さらば夏の光よ』『十六歳の戦争』『ワニと鸚鵡とオットセイ』『青年の樹』『愛情の設計』『突然、嵐のように』『帰らざる日々』『九月の空』『パーマネント・ブルー　真夏の恋』『はつ恋』

［2.20 ― 3.19］

映画史上の名作3

プレストン・スタージェスの日本未公開作を含む怒涛の 25 作品をご堪能あれ！

◉『恐ろしき一夜』『グリード』『キートンの大列車追跡』『三面鏡』『アンダルシアの犬』『紐育の波止場』『ロイドのスピーディー』『ル・ミリオン』『私の殺した男』『M［エム］』『桑港［サンフランシスコ］』『マルクスの二挺拳銃』『マルクスのデパート騒動』『イワン雷帝・第一部』『イワン雷帝・第二部』『戦火のかなた』『謎のストレンジャー』『バシュフル盆地のブロンド美人』『舞台恐怖症』『輪舞』『ウンベルト D』『陽のあたる場所』『キリマンジャロの雪』『悪魔をやっつけろ』『必死の逃亡者』ヴェーラ古典クラブ『恋人を家に送って歩く道』

［3.20 ― 4.16］

官能の帝国3　田中登作品をめぐって

奇跡の復活を遂げたロマンポルノに対し、元祖の底力をみせつける！　田中登監督作品

を多数含む渾身の26本です。

◉『団地妻　昼下りの情事』『女高生レポート　夕子の白い胸』『花弁のしずく』『夜汽車の女』『エロスの誘惑』『昼下りの情事　変身』『㊙女郎責め地獄』『濡れた荒野を走れ』『必殺色仕掛け』『女教師　私生活』『OL日記　濡れた札束』『㊙色情めす市場』『発禁本「美人乱舞」より　責める！』『女教師』『危険な関係』『トルコ110番　悶絶くらげ』『団地妻　肉欲の陶酔』『愛欲の標的』『見せたがる女』『黒い下着の女』『軽井沢夫人』『縄と乳房』『女囚・檻』『痴漢通勤バス』『箱の中の女　処女いけにえ』『箱の中の女2』　ヴェーラ古典クラブ『生きるべきか死ぬべきか』

[4.17 — 5.14]

映画作家・鈴木英夫のすべて

和製ノワール映画の巨匠として近年評価の高い鈴木英夫の多面的魅力を探る。ゴールデン・ウィークのオマケ企画にも注目！

◉『殺人容疑者』『魔子恐るべし』『不滅の熱球』『大番頭小番頭』『くちづけ』『彼奴を逃がすな』『チエミの婦人靴［ハイヒール］』『青い芽』『殉愛』『目白三平物語　うちの女房』『危険な英雄』『脱獄囚』『花の慕情』『燈台』『社員無頼　怒号篇』『社員無頼 反撃篇』『非情都市』『サラリーマン目白三平　女房の顔の巻』『サラリーマン目白三平　亭主のためいきの巻』『黒い画集　第二話　寒流』『その場所に女ありて』『旅愁の都』『やぶにらみニッポン』『悪の階段』『爆笑野郎　大事件』　ローレル＆ハーディ短編『極楽珍商売』『パーフェクト・デイ』『極楽危機一髪』『笑わせとけ』『オリヴァー八世』　ヴェーラ古典クラブ『悪魔の往く町』

[5.15 — 6.4]

実録！犯罪列島

日本列島を席捲する実録犯罪映画の数々をお楽しみください！

◉『黒い潮』『女医の愛欲日記』『恐怖のカービン銃』『明治一代女』『毒婦高橋お伝』『お伝地獄』『帝銀事件　死刑囚』『一万三千人の容疑者』『日本列島』『実録三億円事件　時効成立』『青春の殺人者』『復讐するは我にあり』『衝動殺人　息子よ』『さらば、わが友　実録大物死刑囚たち』『凶弾』『疑惑』『TATOO［刺青］あり』『顔』　ヴェーラ古典クラブ『スウィング・ホテル』

[6.5 — 6.18]

映画史上の名作番外編——サイレント小特集

キートン、チャップリン、ローレル＆ハーディ等の名作コメディから、『寵姫ズムルン』『カリガリ博士』『吸血鬼』などの歴史的名作まで、サイレント映画の魅力全開の小特集！

◉『チャップリンの衝突』『ロイドのずるい若様』『キートンのマイホーム』『狂へる悪魔』『寵姫ズムルン』『カリガリ博士』『海底王キートン』『キートンの探偵学入門』『空想の旅』『キートンのカレッジ･ライフ』『猫とカナリア』『キートンの蒸気船』『極楽交通渋滞』『二人の臆病者』『吸血鬼』

[6.19 — 7.9]

足立正生の宇宙

「パレスチナから還って来た男」足立正生監督の軌跡。

◉『椀』『鎖陰』『堕胎』『避妊革命』『日本暴行暗黒史　異常者の血』『銀河系』『性犯罪』『性地帯』『性遊戯』『女学生ゲリラ』『ゆけゆけ二度目の処女』『略称・連続射殺魔』『叛女　夢幻地獄』『新宿マッド』『性輪廻　死にたい女』『噴出祈願　15 歳の売春婦』『赤軍 — PFLP・世界戦争宣言』『高校生無頼控』『幽閉者』　ヴェーラ古典クラブ『力と栄光』

[7.10 — 7.30]

前田陽一の世界

山田洋次、森崎東とともに松竹喜劇を復活させた前田陽一監督の世界を堪能できる本特集。ソフト化されていない作品多数！

◉『にっぽんぱらだいす』『涙にさよならを』『ちんころ海女っこ』『スチャラカ社員』『濡れた逢びき』『進め！ジャガーズ　敵前上陸』『七つの顔の女』『喜劇　右向けェ左！』『喜劇　猪突猛進せよ !!』『喜劇　昨日の敵は今日も敵』『喜劇　命のお値段』『起きて転んでまた起きて』『喜劇　男の子守唄』『喜劇 家族同盟』『喜劇　日本列島震度 0』『三億円をつかまえろ』『喜劇　大誘拐』『神様のくれた赤ん坊』　ヴェーラ古典クラブ『シンガポール珍道中』

[7.31 — 9.3]

石井輝男 怒濤の30本勝負!!

ドキュメンタリー映画『石井輝男映画魂』の公開を記念しての大上映会! 豪華ゲスト陣でのトークショーもお楽しみに。

◉『鋼鉄の巨人［スーパー・ジャイアンツ］』『続　鋼鉄の巨人［スーパー・ジャイアンツ］』『肉体女優殺し　五人の犯罪者』『天城心中 天国に結ぶ恋』『白線秘密地帯』『女王蜂の怒り』『猛吹雪の死闘』『黒線地帯』『黄線地帯』『女王蜂と大学の龍』『セクシー地帯』『黄色い風土』『いれずみ突撃隊』『日本ゼロ地帯　夜を狙え』『大悪党作戦』『神火101　殺しの用心棒』『徳川女系図』『温泉あんま芸者』『徳川女刑罰史』『異常性愛記録 ハレンチ』『昇り竜　鉄火肌』『徳川いれずみ師　責め地獄』『明治・大正・昭和　猟奇女犯罪史』『江戸川乱歩全集　恐怖奇形人間』『やさぐれ姐御伝　総括リンチ』『キンキンのルンペン大将』『つげ義春ワールド　ゲンセンカン主人』『無頼平野』『ねじ式』『地獄』

[9.4 — 10.1]

映画史上の名作4

『東への道』、『市民ケーン』、『生きるべきか死ぬべきか』などの言わずと知れた傑作に加え、日本未公開ミュージカルの『恋人を家に送って歩く道』や、見世物小屋を舞台にくりひろげられるダークな作品『悪魔の往く町』など、見逃せない24作品です!

◉『東への道』『奇傑ゾロ』『豪勇ロイド』『戦艦ポチョムキン』『ダグラスの海賊』『熱砂の舞』『戦場よさらば』『怪人マブゼ博士』『自由を我等に』『我輩はカモである』『力と栄光』『四十二番街』『歴史は夜作られる』『間諜最後の日』『市民ケーン』『君を呼ぶタンゴ』『生きるべきか死ぬべきか』『スイング・ホテル』『山河遥かなり』『悪魔の往く町』『平和に生きる』『シンガポール珍道中』『ミラノの奇蹟』『恋人を家に送って歩く道』

[10.2 — 10.8]

川島透映画祭

再起動の待たれる川島透監督! ゲスト多数!

◉『竜二』『チ・ン・ピ・ラ』『CHECKERS in TANTAN たぬき』『野蛮人のように』『ハワイアン・ドリーム』『押繪と旅する男』

[10.9 ― 10.29]

川島雄三「シブ筋」十八選

川島雄三の「シブ筋」作品を、一挙ラインナップ！

◉『還って来た男』『深夜の市長』『追跡者』『娘はかく抗議する』『花影』『あした来る人』『銀座二十四帖』『洲崎パラダイス赤信号』『わが町』『接吻泥棒』『夜の流れ』『赤坂の姉妹 夜の肌』『人も歩けば』『縞の背広の親分衆』『特急にっぽん』『青べか物語』『箱根山』『喜劇 とんかつ一代』

[10.30 ― 11.19]

市川崑 初期作品集

モダニスト、市川崑の面目躍如の初期作品集!!!

◉『暁の追跡』『夜来香』『恋人』『私は二歳』『あの手この手』『天晴れ一番手柄 青春銭形平次』『愛人』『わたしの凡てを』『億万長者』『女性に関する十二章』『青春怪談』『こころ』『ビルマの竪琴 総集編』『処刑の部屋』『日本橋』『あなたと私の合言葉 さようなら、今日は』『野火』『黒い十人の女』

[11.20 ― 12.10]

キム・ギドクとゆかいな仲間たち――韓国映画傑作選

孤高の映画監督キム・ギドク作品を中心に、2000年代に公開された韓国映画にせまります。特別上映のキム・ギヨン監督『下女』も必見！

◉『下女』『鰐［ワニ］』『ワイルド・アニマル』『リアル・フィクション』『受取人不明』『悪い男』『コースト・ガード』『復讐者に憐れみを』『春夏秋冬そして春』『殺人の追憶』『オールド・ボーイ』『サマリア』『うつせみ』『弓』『親切なクムジャさん』『絶対の愛』『グエムル ―漢江の怪物―』『ブレス』『渇き』

[12.11 ― 12.24]

映画史上の名作番外編――サイレント小特集Ⅱ

サイレント映画特集の第2弾。長く失われた映画と考えられていたレックス・イングラムの『魔術師』が本邦初公開！

◉『国民の創生』『渇仰の舞姫』『天罰』『キートンの警官騒動』『キートンの鍛冶屋』『ドクター・ジャック』『キートンの空中結婚』『荒武者キートン』『幕間』『ストライキ』『魔

術師』『メトロポリス』『キング・オブ・キングス』『貝殻と僧侶』『裁かるゝジャンヌ』

[12.25 — 1.14]

溝口健二傑作選

満を持しての溝口健二監督特集です。珍品もあります！

◉『瀧の白糸』『虞美人草』『愛怨峡』『残菊物語』『元禄忠臣蔵　前篇』『元禄忠臣蔵　後篇』『夜の女たち』『雪夫人絵図』『お遊さま』『武蔵野夫人』『西鶴一代女』『雨月物語』『祇園囃子』『山椒大夫』『噂の女』『近松物語』『楊貴妃』『赤線地帯』

[1.15 — 2.18]

妄執、異形の人々Ⅴ

開館5周年を記念しての第5弾！

◉『十字路』『怪猫有馬騒動』『怪猫謎の三味線』『美女と液体人間』『青蛇風呂』『第三次世界大戦　四十一時間の恐怖』『快人黄色い手袋』『ヒマラヤ無宿　心臓破りの野郎ども』『競輪上人行状記』『散歩する霊柩車』『自動車泥棒』『「エロ事師たち」より人類学入門』『怪談残酷物語』『妖艶毒婦伝　般若のお百』『怪談おとし穴』『空想天国』『地獄変』『夜のいそぎんちゃく』『幽霊屋敷の恐怖　血を吸う人形』『セックスドキュメント 性倒錯の世界』『日本悪人伝』『ザ・カラテ』『下苅り半次郎　㊙観音を探せ』『好色元禄物語』『処女の刺青』『恐竜・怪鳥の伝説』『積木くずし』『人魚伝説』『超過激本番　失神』『全身小説家』

[2.19 — 3.11]

五所平之助傑作選

女性映画のキワミ、ゴショヘイ映画を観る！

◉『伊豆の娘たち』『今ひとたびの』『わかれ雲』『朝の波紋』『大阪の宿』『愛と死の谷間』『鶏はふたゝび鳴く』『黄色いからす』『挽歌』『欲』『からたち日記』『白い牙』『愛情の系譜』『猟銃』『雲がちぎれる時』『恐山の女』『かあちゃんと11人の子ども』『宴』

[3.12 — 4.1]

ジョニー・トーとゆかいな仲間たち——ゼロ年代香港映画傑作選

ツイ・ハーク、ジョン・ウーがハリウッドに去った後の香港映画界を背負って立つ、言

わずと知れた香港ノワールの巨匠、ジョニー・トー（杜琪峰）。もはや香港映画の屋台骨ともいうべきジョニー・トー作品を中心とした、現代香港映画の数々！

◉『フルタイム・キラー』『PTU』『忘れえぬ想い』『柔道龍虎房』『イエスタデイ、ワンスモア』『ワンナイト・イン・モンコック』『香港国際警察／ NEW POLICE STORY』『ブレイキング・ニュース』『エレクション』『早熟～青い蕾～』『ディバージェンス —運命の交差点—』『エグザイル／絆』『私の胸の思い出』『天使の眼、野獣の街』『インビジブル・ターゲット』『僕は君のために蝶になる』『冷たい雨に撃て、約束の銃弾を』『新宿インシデント』

[4.2 — 4.8]

市川崑ふたたび DVD-BOX「黎明 —市川崑初期作品集—」発売記念イベント

幻の初期 5 作品を収録した DVD-BOX の発売を記念した 1 週間だけの小特集！
◉『三百六十五夜（総集編）』『人間模様』『果てしなき情熱』『銀座の猛者（原題「銀座三四郎」縮尺版）』『現金と美女と三悪人（原題「熱泥地」縮尺版）』『盗まれた恋』

[4.9 — 5.6]

映画史上の名作5

ゴールデン・ウィーク中の祝日には、ローレル＆ハーディの短編をおまけで上映！

◉『イントレランス』『ロイドの要心無用』『喜びなき街』『キートンの西部成金』『嘆きの天使』『巴里の屋根の下』『雨』『影なき男』『暗殺者の家』『ユタから来た男』『艦隊を追って』『真珠の頚飾』『どん底』『スイング』『鉄腕ターザン』『アレクサンドル・ネフスキー』『テンプルちゃんの小公女』『嵐が丘』『天国は待ってくれる』『誰が為に鐘は鳴る』『ポーリンの冒険』『自転車泥棒』『旅愁』『初恋』『快楽』『ヒッチハイカー』ローレル＆ハーディ短編『妻の陰謀』『貴様がヘタクソだ』『人身保護令状』『バカ騒ぎし過ぎ』『刑務所』『普通じゃない？』

[5.7 — 6.3]

官能の帝国4

お待たせしました、日活ロマンポルノ特集の第 4 弾。今回は 80 年代の作品もたっぷりです。

◉『恋の狩人　ラブ・ハンター』『闇に浮かぶ白い肌』『現代娼婦考　制服の下のうずき』

『薔薇と鞭』『濡れた壺』『女囚 101　性感地獄』『エロス学園　感度ばつぐん』『㊙ハネムーン　暴行列車』『桃尻娘　ラブアタック』『潮吹き海女』『ひと夏の秘密』『暴行儀式』『若妻官能クラブ　絶頂遊戯』『聖子の太股　ザ・チアガール』『ピンクのカーテン』『ダブルベッド』『女猫』『イヴちゃんの花びら』『団鬼六　緊縛卍責め』『令嬢肉奴隷』『夢犯』『処女のはらわた』『母娘監禁 牝』『ラスト・キャバレー』

[6.4 — 7.1]

加藤泰傑作選

多くの任侠映画・時代劇を手掛け、カメラワークや構図などの画面づくりにおいてひときわ異彩を放った加藤泰作品の数々。シネマヴェーラ開館以来 2 度目となる回顧上映です。ニュープリントでよみがえる『男の顔は履歴書』もお楽しみに！

◉『源氏九郎颯爽記　白狐二刀流』『浪人八景』『炎の城』『怪談　お岩の亡霊』『瞼の母』『風の武士』『車夫遊侠伝　喧嘩辰』『幕末残酷物語』『沓掛時次郎　遊侠一匹』『男の顔は履歴書』『みな殺しの霊歌』『緋牡丹博徒　花札勝負』『緋牡丹博徒　お竜参上』『緋牡丹博徒　お命戴きます』『昭和おんな博徒』『人生劇場　青春篇・愛欲篇・残侠篇』『宮本武蔵』『日本侠花伝　第一部 野あざみ　第二部 青い牡丹』『江戸川乱歩の陰獣』『炎のごとく』

[7.2 — 7.22]

ATGの光芒

70 年代を駆け抜けた数々の問題作を上映。『原子力戦争 Lost Love』も上映します！

◉『心中天網島』『書を捨てよ町へ出よう』『哥』『夏の妹』『股旅』『竜馬暗殺』『田園に死す』『吶喊』『本陣殺人事件』『祭りの準備』『変奏曲』『任侠外伝　玄界灘』『聖母観音大菩薩』『原子力戦争　Lost Love』『サード』『曽根崎心中』『海潮音』『風の歌を聴け』

[7.23 — 8.5]

映画史上の名作番外編――サイレント小特集Ⅲ

ルビッチのレアな 1 本、キートンの代表作など、サイレント期の名作が目白押し！

◉『血と砂』『素晴しい哉人生』『ニーベルンゲン　前篇・ジークフリード』『ニーベルンゲン　後篇・クリムヒルトの復讐』『キートンのセブンチャンス』『ロイドの人気者』『栄光』

『サンライズ』『十月』『イタリア麦の帽子』『山の王者』チャップリン作品集『醜女の深情け』『チャップリンの冒険』『チャップリンの霊泉』

[8.6 — 8.26]

ナチスと映画

『禁じられた遊び』から『イングロリアス・バスターズ』まで、ナチスもの大集合！

◉『ナチのスパイめ！』『マンハント』『カサブランカ』『死刑執行人もまた死す』『恐怖省』『姿なき軍隊』『海の牙』『外套と短剣』『海の沈黙』『禁じられた遊び』『抵抗　死刑囚の手記より』『我が闘争』『続　我が闘争／勝者と敗者』『愛の嵐』『ライフ・イズ・ビューティフル』『カティンの森』『わが教え子、ヒトラー』『愛を読むひと』『イングロリアス・バスターズ』

[8.27 — 9.23]

中島貞夫　狂犬の倫理

豪華ゲストをひっさげて、中島貞夫監督特集じゃい！　ニュープリント多数!!　暑苦しい4週間!!!

◉『くノ一忍法』『893愚連隊』『あゝ同期の桜』『温泉こんにゃく芸者』『懲役太郎　まむしの兄弟』『現代やくざ　血桜三兄弟』『まむしの兄弟　懲役十三回』『木枯し紋次郎』『木枯し紋次郎 関わりござんせん』『鉄砲玉の美学』『ポルノの女王 にっぽんSEX旅行』『女番長［スケバン］感化院脱走』『東京＝ソウル＝バンコック　実録麻薬地帯』『ジーンズブルース　明日なき無頼派』『唐獅子警察』『極道VSまむし』『脱獄広島殺人囚』『暴力金脈』『極道社長』『実録外伝　大阪電撃作戦』『狂った野獣』『バカ政ホラ政トッパ政』『やくざ戦争　日本の首領』『犬笛』

[9.24 — 10.14]

中平康　日活デイズ

日活のモダニスト中平康の面目躍如な18本！

◉『狂った果実』『牛乳屋フランキー』『美徳のよろめき』『才女気質』『その壁を砕け』『密会』『地図のない町』『あした晴れるか』『あいつと私』『当りや大将』『若くて、悪くて、凄いこいつら』『現代っ子』『月曜日のユカ』『猟人日記』『砂の上の植物群』『現代悪党仁義』『黒い賭博師』『野郎に国境はない』

［10.15 — 11.4］

フランス映画の現在

オゾン、デプレシャン、アサイヤスなどの作品から、フランス映画の現在を探る。

◉『そして僕は恋をする』『クリミナル・ラヴァーズ』『焼け石に水』『まぼろし』『アメリ』『8 人の女たち』『デーモンラヴァー』『スイミング・プール』『ふたりの 5 つの分かれ路』『クリーン』『キングス＆クイーン』『ぼくを葬る［おくる］』『隠された記憶』『エンジェル』『クリスマス・ストーリー』『レディ アサシン』『夏時間の庭』『Ricky』

［11.5 — 11.18］

内藤誠レトロスペクティブ

新作『明日泣く』公開前夜、2 週間の狂い咲き！

◉『不良番長 送り狼』『不良番長 王手飛車』『不良番長 暴走バギー団』『不良番長 手八丁ロ八丁』『夜のならず者』『ネオンくらげ』『若い貴族たち 13 階段のマキ』『男組』『ビューティー・ペア 真赤な青春』『地獄の天使 紅い爆音』『時の娘』『スタア』

［11.19 — 12.16］

鈴木清順 再起動！

新作の待たれる鈴木清順監督のえりすぐり 24 本！

◉『踏みはずした春』『影なき声』『らぶれたあ』『密航 0 ライン』『すべてが狂ってる』『くたばれ愚連隊』『海峡、血に染めて』『百万弗を叩き出せ』『探偵事務所 23 くたばれ悪党ども』『野獣の青春』『悪太郎』『関東無宿』『花と怒涛』『肉体の門』『俺たちの血が許さない』『春婦伝』『悪太郎伝 悪い星の下でも』『刺青一代』『河内カルメン』『東京流れ者』『けんかえれじい』『殺しの烙印』『悲愁物語』『カポネ大いに泣く』

［12.17 — 1.13］

映画史上の名作6

お待た！ 秀作目白押しの 16mm 上映会、ルビッチ、ウェルズ、マルクス兄弟が貴方をお出迎え！

◉『田吾作ロイド一番槍』『戦ふ隊商（激斗の河）』『君とひととき』『キング･コング』『コンチネンタル』『マルクス兄弟オペラは踊る』『三十九夜』『無責任時代』『駅馬車』『マルタの鷹』『失われた週末』『凱旋門』『黒魔術』『赤い子馬』『底抜け右向け！左』『忘

れられた人々』『欲望という名の電車』『脅迫者』『たそがれの女心』『500年後の世界（原子未来戦）』『リリー』『恐怖の報酬』キートン短編集『キートンの船出』『成功々々（キートンの白日夢）』『キートンの酋長（白人酋長）』

[1.14 — 2.3]

柄本明の流儀。

当代きってのバイプレーヤー柄本明をめぐる映画史を俯瞰する！（同期間中、キム・ギヨン監督の『下女』を上映権利切れ間近につき日本での最終劇場上映いたします。そちらもお見逃しなく！）

◉『空がこんなに青いわけがない』『ラスト・フランケンシュタイン』『Mr. ジレンマン　色情狂い』『ヒポクラテスたち』『セーラー服と機関銃』『マリアの胃袋』『あひるのうたがきこえてくるよ。』『夏の庭 The Friends』『幻の光』『うなぎ』『鍵 THE KEY』『ラブ・レター』『麗猫伝説　劇場版』『カンゾー先生』『漂流街　The Hazard City』『理髪店主のかなしみ』『仔犬ダンの物語』『呉清源　極みの棋譜』『下女』

[2.4 — 2.24]

次郎長三国志＆マキノレアもの傑作選！

『次郎長三国志』村上元三の原作連載中に、田崎潤が桶屋の鬼吉を演じたいと企画を持ち込む。法印大五郎役の田中春男と石松役の森繁久彌も自ら志願しての出演。1、2作目が興行的に成功しシリーズ化が決定したが、東宝サイドとの齟齬によりマキノの意欲も低下。「第九部　荒神山」前篇を最後に後篇が制作されないまま、シリーズは未完に。後に再評価され、日本映画の最高峰という声も。昨年、シリーズのファンである漫画家の尾田栄一郎がジャケットイラストを手掛けたDVD-BOXが発売され話題になった。シネマヴェーラ渋谷では2006年、長く上映用プリントのなかった第六部、七部、九部をニュープリントで焼き、全作上映を敢行。今回は約10分も短い不完全なプリントだった第四部をニュープリント化。

◉『次郎長三国志　第四部　勢揃い清水港』『清水港の名物男　遠州森の石松』『鴛鴦歌合戦』『赤城の血祭』『男の顔は切り札』『日本残侠伝』『悪名一番勝負』『女組長』『血煙高田の馬場』『玄海遊侠伝　破れかぶれ』『次郎長三國志　次郎長賣出す』『次郎長三国志　次郎長初旅』『次郎長三国志　第三部　次郎長と石松』『次郎長三国志　第五部　殴込み甲州路』『次郎長三国志　第六部　旅がらす次郎長一家』『次郎長三国

志　第七部　初祝い清水港』『次郎長三国志　第八部　海道一の暴れん坊』『次郎長三国志　第九部　荒神山』

[2.25 ― 3.16]

アメリカン・インディペンデント魂！

インディペンデント映画一挙上映。『セコーカス・セブン』『シド・アンド・ナンシー』も久々の登場！

◉『セコーカス・セブン』『シド・アンド・ナンシー』『リトアニアへの旅の追憶』『ストレート・トゥ・ヘル』『デス＆コンパス』『トラフィック』『マルホランド・ドライブ』『ゴーストワールド』『ギャング・オブ・ニューヨーク』『インソムニア』『エデンより彼方に』『25時』『コーヒー＆シガレッツ』『アダプテーション』『エレファント』『ブラウン・バニー』『21グラム』『ロスト・イン・トランスレーション』『ブロークン・フラワーズ』

[3.17 ― 3.30]

映画史上の名作番外編――サイレント小特集Ⅳ

伝説の女優ルイーズ・ブルックスの『パンドラの箱』をはじめ、レアもの多し！

◉『知られぬ人』『パンドラの箱』『カリガリ博士』『キートンの恋愛三代記』『サロメ（短縮版）』『アッシャー家の末裔』『ロストワールド』『ロイドの福の神』『思ひ出』『竜宮城』『カメラを持った男（これがロシアだ）』『グリフィス短編集：断念』『グリフィス短編集：戦闘』『グリフィス短編集：ピッグ横丁のならず者』『グリフィス短編集：少女と責務』『グリフィス短編集：ニューヨークの帽子』『ロイド短編集：お隣さん』『ロイド短編集：ロイドのスケート』『ロイド短編集：ロイドの神出鬼没』『ロイド短編集：ロイドの落胆無用』

[3.31 ― 4.20]

今さら観てないなんて言えない！
精選時代劇十七番勝負 featuring 丸根賛太郎

◉『人情紙風船』『狐の呉れた赤ん坊』『河内山宗俊』『月の出の決闘』『天狗飛脚』『羅生門』『めくらのお市　地獄肌』『下郎の首』『仇討崇禅寺馬場』『座頭市物語』『十三人の刺客』『暗殺』『忍者狩り』『十兵衛暗殺剣』『上意討ち　拝領妻始末』『十一人の侍』『狼よ落日を斬れ　風雲篇・激情篇・怒涛篇』

[4.21 — 5.18]

妄執、異形の人々　海外篇

お待たせしました！ おなじみ「妄執、異形の人々」の海外篇です。新旧カルト映画の数々をご覧あれ！

◉『死なない頭脳』『ハネムーン・キラーズ』『笑ふ男（サイレント）』『怪物團』『透明人間』『グレンとグレンダ』『怪物の花嫁』『女囚大脱走』『プラン 9・フロム・アウタースペース』『火を噴く惑星』『妖婆 死棺の呪い』『エル・トポ』『小人の饗宴』『ホーリー・マウンテン』『不思議惑星キン・ザ・ザ』『サンタ・サングレ／聖なる血』『UFO 少年アブドラジャン』『深紅の愛』『チャイルドプレイ／チャッキーの花嫁』『リュシアン　赤い小人』『ベレジーナ』『ヘドウィグ・アンド・アングリーインチ』『シティ・オブ・ゴッド』『太陽』『スペル』

[5.19 — 6.15]

中川信夫の全貌

怪奇映画の巨匠の全貌！期間中、トークショーや酒豆忌もあります！

◉『憲兵と幽霊』『東海道四谷怪談』『エノケンの頑張り戦術』『高原の駅よ　さようなら』『さすらいの旅路』『草を刈る娘（思春の泉）』『若き日の啄木　雲は天才である』『石中先生行状記　青春無銭旅行』『ほらふき丹次』『夏目漱石の三四郎』『青ヶ島の子供たち　女教師の記録』『吸血蛾』『阿修羅三剣士』『人形佐七捕物帖　妖艶六死美人』『怪談かさねが渕（怪談累が渕）』『天下の副将軍 水戸漫遊記』『亡霊怪猫屋敷』『女吸血鬼』『女死刑囚の脱獄』『地獄』『「粘土のお面」より かあちゃん』『八百万石に挑む男』『怪談 蛇女』『怪異談　生きてゐる小平次』

[6.16 — 7.6]

はぐれ者の美学　追悼 神波史男

東映的な、あまりに東映的な脚本家を追悼する。

◉『女囚さそり　第 41 雑居房』『実録・私設銀座警察』『風来坊探偵　赤い谷の惨劇』『真田風雲録』『非行少女ヨーコ』『北海の暴れ竜』『日本暴力団　組長』『やくざ刑事』『博徒外人部隊』『狼やくざ　殺しは俺がやる』『前科おんな　殺し節』『ルバング島の奇跡　陸軍中野学校』『あばよダチ公』『仁義の墓場』『濡れた週末』『野獣刑事』『海燕ジョーの奇跡』『逆噴射家族』

[7.7 — 7.27]

武智映画100年　孤高の表現者とそのむすめ

武智鉄二生誕百周年！ 武智監督とその義理の娘、川口小枝による異形の映画史！

◉『白日夢』『白昼の通り魔』『日本の夜　女・女・女物語』『母』『暗殺』『紅閨夢』『黒い雪』『源氏物語』『戦後残酷物語』『浮世絵残酷物語』『讃歌』『白日夢（1981）』『華魁』『白日夢 2』『「空白の起点」より　女は復讐する』『白昼の惨殺』『女賭博師』『怪談残酷物語』

[7.28 — 8.31]

映画史上の名作7

◉『踊らん哉』『真昼の決闘』『港々に女あり』『ラヴ・パレード』『クリスチナ女王』『隊長ブーリバ』『姫君海を渡る』『オーケストラの少女』『オズの魔法使い』『ガリバー旅行記』『街角　桃色［ピンク］の店』『レディ・イヴ』『緋色の爪』『もだえ 』『モーガンズ・クリークの奇跡』『南部の人』『靴みがき』『素晴らしき哉、人生！』『マルクス捕物帖』『アパッチ砦』『凸凹フランケンシュタインの巻 』『ジャンヌ・ダーク』『三人の妻への手紙』『ザンバ』『黄色いリボン』『アラゴンの要塞』『頓珍漢スパイ騒動（間諜［スパイ］777）』『白い馬』『迷路』

[9.1 — 9.21]

新藤・吉村コラボの全貌

キネマ旬報ベストワンとなった『安城家の舞踏会』以後、監督と脚本の名コンビとして知られるようになった。しかし『森の石松』の興行的失敗を理由にコンビ解消を迫られた 2 人は松竹を退社、1950 年に、誰もが信じるような「思想的理由」ではなく、単に「別れたくないために」というメロドラマティックな理由で近代映画協会を設立。その後も共同で多くの作品を作り続け、『偽れる盛装』など多くの女性映画で抜群の冴えを見せた。一世紀を生きた新藤兼人のもう一つの側面。

◉『安城家の舞踏会』『偽れる盛装』『わが生涯のかがやける日』『森の石松』『西陣の姉妹』『千羽鶴』『四十八歳の抵抗』『地上』『一粒の麦』『夜の素顔』『電話は夕方に鳴る』『貴族の階段』『女の坂』『女の勲章』『堕落する女』『眠れる美女』『甘い秘密』『混血児リカ　ハマぐれ子守唄』

［9.22 — 10.12］

フィルム・ノワールの世界

「くそったれな　くそったれの　死がここに大結集、ノワールに退路はない。」（滝本誠）

▶フィルムノワール（film noir）　フランスの映画批評家のニーノ・フランクが、『マルタの鷹』など第二次大戦中アメリカで作られた犯罪映画をこう呼んだことが始まり。多くは低予算のB級映画として製作され、上映時間や俳優の起用に厳しい制限があった。ドイツ表現主義にも通じる影やコントラストの強調、夜間ロケーションを多用したモノクローム映像、モノローグや回想による時系列が錯綜した物語展開などが特徴。ファム・ファタール、私立探偵、警官、ギャングなど、一筋縄ではいかない登場人物の相互に裏切り、それに伴う殺人、主人公の破滅が、しばしば映画のストーリーの核となる。

◉『賭博師ボブ』『スカーレット・ストリート』『生き残った者の掟』『暗黒街の弾痕』『恐怖のまわり道』『グレイト・フラマリオン』『犯罪河岸』『悪魔の往く町』『赤い家』『過去を逃れて』『チャンピオン』『流砂』『都会の牙 D.O.A.』『ヒッチハイカー』『ビッグ・ヒート／復讐は俺に任せろ』『ビッグ・コンボ』『殺られる』『あるいは裏切りという名の犬』

［10.13 — 11.02］

篠田正浩監督特集

領土とは、国家とは、国民とは……。混迷する現代に、篠田正浩監督が一喝！

◉『沈黙 SILENCE』『はなれ瞽女おりん』『恋の片道切符』『乾いた湖』『夕陽に赤い俺の顔』『わが恋の旅路』『私たちの結婚』『山の讃歌　燃ゆる若者たち』『涙を、獅子のたて髪に』『乾いた花』『美しさと哀しみと』『異聞猿飛佐助』『処刑の島』『あかね雲』『心中天網島』『化石の森』『卑弥呼』『桜の森の満開の下』

［11.3 — 11.23］

昭和文豪愛欲大決戦2

昭和モダンを彩るエロス作品を、巨匠監督陣が華麗に料理！

◉『「女の小箱」より　夫が見た』『おんなの渦と淵と流れ』『鮫』『卍』『悶え』『不倫』『水で書かれた物語』『四畳半物語　娼婦しの』『女のみづうみ』『処女受胎』『痴人の愛』『千羽鶴』『鬼の棲む館』『でんきくらげ』『忍ぶ川』『魔の刻』『失楽園』

[11.24 — 12.14]

川島雄三「イキ筋」十八選

◉『幕末太陽傳』『女は二度生まれる』『夢を召しませ』『適齢三人娘』『とんかつ大将』『こんな私じゃなかったに』『明日は月給日』『花吹く風』『東京マダムと大阪夫人』『お嬢さん社長』『風船』『飢える魂』『続·飢える魂』『女であること』『グラマ島の誘惑』『貸間あり』『雁の寺』『イチかバチか』

[12.15 — 1.18]

映画史上の名作8

ピッカピカのルビッチやスタージェスの 35mm 作品をはじめ、傑作が目白押し！

◉『生活の設計』『サリヴァンの旅』『男になったら』『キートン・サイレント集：キートンのハイ・サイン』『キートン・サイレント集：キートンのマイホーム』『キートン・サイレント集：キートンの囚人 13 号』『キートン・サイレント集：キートンの案山子』『三惡人』『詩人の血』『夕陽特急』『沙漠の花園』『サボタージュ』『気儘時代』『格子なき牢獄』『マリー·アントワネットの生涯』『怒りの葡萄』『マルガ』『奥様は魔女』『ミニヴァー夫人』『ならず者』『家路』『シャーロック・ホームズ 殺しのドレス』『石の花』『呪いの血』『面の皮をはげ』『殺人幻想曲』『イヴの総て』『キング・ソロモン』『ウンベルト D』『嘆きのテレーズ』『2 ペンスの希望』『モンキービジネス』『スケルトンの運ちゃん武勇伝』

[1.19 — 2.8]

暴力(ヴァイオレンス)の90年代

90 年代邦画の暴力描写を回顧する！

◉『その男、凶暴につき』『Dead or Alive 犯罪者』『3 − 4 × 10 月』『われに撃つ用意あり READY TO SHOOT』『ヌードの夜』『GONIN』『新宿黒社会　チャイナ・マフィア戦争』『SCORE』『GONIN 2』『シャブ極道』『極道戦国志　不動』『極道黒社会　Rainy Dog』『鉄と鉛』『ポルノスター』『共犯者』『黒の天使 Vol.2』『Dead or Alive Final』

[2.9 — 3.1]

成田三樹夫特集

映画ファンなら誰もが愛さずにいられない、ミッキーの魅力サクレツ！

◉『影狩り』『影の軍団　服部半蔵』『裏階段』『貴様と俺』『脂のしたたり』『出獄の盃』

『ひき裂かれた盛装』『怪談おとし穴』『女賭博師壷くらべ』『新宿アウトロー ぶっ飛ばせ』『影狩り ほえろ大砲』『女囚さそり けもの部屋』『仁義なき戦い 代理戦争』『まむしの兄弟 二人合わせて30犯』『県警対組織暴力』『新宿酔いどれ番地 人斬り鉄』『柳生一族の陰謀』『蘇る優作『探偵物語』特別編』

[3.2 — 3.29]

追悼！ 大島渚

1月に逝った大島渚監督の劇場公開作品を完璧カバー！

◉『青春残酷物語』『マックス、モン・アムール』『どんと行こうぜ』『明日の太陽』『愛と希望の街』『太陽の墓場』『日本の夜と霧』『飼育』『天草四郎時貞』『悦楽』『ユンボギの日記』『白昼の通り魔』『忍者武芸帳』『日本春歌考』『無理心中 日本の夏』『絞死刑』『帰って来たヨッパライ』『新宿泥棒日記』『少年』『東京战争戦後秘話』『儀式』『夏の妹』『愛のコリーダ』『愛の亡霊』『戦場のメリークリスマス』『御法度』

[3.30 — 4.26]

ウェスターンズ！——ウィリアム・S・ハートからマーロン・ブランドまで

絶賛公開中のQ・タランティーノ『ジャンゴ 繋がれざる者』と勝手にコラボの西部劇特集！

◉『駅馬車』『荒野のガンマン』『開拓者』『古今無双の強者』『戦ふ隊商』『轟く天地』『最後の一人まで』『戦ふ幌馬車』『無法辺境地帯』『地獄への挑戦』『平原児』『カンサス騎兵隊』『拳銃の町』『荒野の決闘』『拳銃無宿』『征服されざる人々』『秘境 』『ウィンチェスター銃'73』『リオ・グランデの砦』『真昼の決闘』『カンサス大平原』『怒りの夜明け』『誇り高き反逆者』『片目のジャック』

[4.27 — 5.17]

復活!! 久保菜穂子

長らく忘れられていた逸材・久保菜穂子が、いま復活する！

◉『絶海の裸女』『黒の挑戦者』『唄祭り佐太郎三度笠』『アツカマ氏とオヤカマ氏』『ひばりヶ丘の対決』『太陽娘と社長族』『女王蜂の怒り』『貞操の嵐』『モーガン警部と謎の男』『白昼の無頼漢』『風の武士』『花と怒涛』『座頭市 あばれ凧』『勝負は夜つけろ』『悪の階段』『骨までしゃぶる』『夜の縄張り』『女賭博師さいころ化粧』

[5.18 — 6.7]

溝口健二ふたたび

最新の溝口健二著作集の刊行を祝して！ 当館にて先行発売いたします。

◉『ふるさとの歌』『浪華悲歌』『藤原義江のふるさと』『瀧の白糸』『虞美人草』『祇園の姉妹』『愛怨峡』『残菊物語』『元禄忠臣蔵 前篇』『元禄忠臣蔵 後篇』『雪夫人絵図』『お遊さま』『西鶴一代女』『雨月物語』『祇園囃子』『山椒大夫』『噂の女』『近松物語』『赤線地帯』『ある大阪の女』

[6.8 — 6.28]

特集 勝新太郎——蘇るカツシン伝説

特別企画『警視 -K』の一挙上映を含む、カツシン 17 回忌に捧ぐ大上映会！

◉『警視 -K』『新座頭市物語 折れた杖』『にせ刑事』『座頭市血煙り街道』『とむらい師たち』『手錠無用』『人斬り』『やくざ絶唱』『新座頭市 破れ！ 唐人剣』『顔役』『いのちぼうにふろう』『新兵隊やくざ 火線』『御用牙 かみそり半蔵地獄責め』『悪名縄張荒らし』『無宿 やどなし』『迷走地図』『浪人街』

[6.29 — 8.2]

映画史上の名作9

いよいよ好調の定番シリーズ。35mm の「新作」も導入します。

◉『蜘蛛 第一部：黄金の湖 第二部：ダイヤの船』『花嫁人形』『霊魂の不滅』『オリヴァ・トウィスト』『キートンの大列車追跡』『幸運の星』『魔人ドラキュラ』『猟奇島』『国境の町』『アタラント号』『フランケンシュタインの花嫁』『花嫁凱旋』『西部の嵐』『天使』『大いなる幻影』『リッスン、ダーリン』『エイブ・リンカーン』『紀元前百万年』『マルクスのデパート騒動』『パームビーチ・ストーリー』『ジェーン・エア』『シャーロック・ホームズ 緑の女』『逃亡者』『第三の男』『恋愛準決勝戦』『ミラノの奇蹟』『砂漠の鬼将軍』『私は告白する』『第十七捕虜収容所』

[8.3 — 8.30]

妄執、異形の人々 傑作選

人気シリーズ「妄執、異形の人々」の中から選りすぐりを上映！

◉『鬼火』『怪談色ざんげ 狂恋女師匠』『白夜の妖女』『透明人間と蝿男』『花嫁吸血魔』

『妖僧』『怪談せむし男』『喜劇　駅前漫画』『博徒七人』『吸血鬼ゴケミドロ』『黒薔薇の館』『奇々怪々　俺は誰だ?!』『悪魔が呼んでいる』『大江戸性盗伝 女斬り』『ザ・カラテ2』『東京ディープスロート夫人』『青春トルコ日記　処女すべり』『五月みどりのかまきり夫人の告白』『怪猫トルコ風呂』『犬神の悪霊［たたり］』『震える舌』『真夜中の招待状』『幻の湖』

[8.31 — 9.20]

ロシア映画傑作選

今さら観てないなんて言えない！ ロシア映画傑作選。

◉『母』『アジアの嵐』『宇宙飛行』『アレクサンドル・ネフスキー』『女狙撃兵マリュートカ』『殺し屋』『誓いの休暇』『火の馬』『怒りのキューバ 』『鬼戦車 T-34』『ピロスマニ』『光と影のバラード』『田園詩』『愛の奴隷』『ストーカー』『スタフ王の野蛮な狩り』『炎 628』『エレジー』『ピロスマニのアラベスク』

[9.21 — 10.11]

実録・犯罪列島2

3 年前の特集に続き、日本列島を席巻する実録犯罪ものを特集。

◉『真昼の暗黒』『恐怖の逃亡』『証人の椅子』『首』『日本の黒幕［フィクサー］』『制覇』『丑三つの村』『十階のモスキート』『火まつり』『薄化粧』『海と毒薬』『ひかりごけ』『顔』『EUREKA ユリイカ』『日本の黒い夏 —冤罪—』『KT』『接吻』

[10.12 — 11.8]

エドガー・G・ウルマーとゆかいな仲間たち

「B 級カルトの帝王」として知られるエドガー・G・ウルマーの未公開作を含む 11 作品を一挙上映、その全貌に迫る。さらに、ジャック・ターナーが RKO で撮った傑作ホラー『キャット・ピープル』や、初期のロバート・ワイズ作品など、見どころ満載！ 巨匠ルノワールによる孤高の傑作『浜辺の女』もお見逃しなく !!

◉『黒猫』『ハーレムにかかる月』『キャット・ピープル』『鎖につながれた女たち』『忘れられた罪の島』『キャット・ピープルの呪い』『青ひげ』『グレイト・フラマリオン』『奇妙な幻影』『死体を売る男』『吸血鬼ボボラカ』『恐怖のまわり道』『恐怖の精神病院』『奇妙な女』『赤い家』『浜辺の女』『野望の果て』『脅迫者』『遊星よりの物体X』『スリの聖ベニー』『遊星Xから来た男』『ビッグ・コンボ』『女囚大脱走』『死なない頭脳』

[11.9 — 11.29]

追悼！ 天尾完次

撮影所の内外からエログロ映画と蔑まれながらも、石井輝男監督の異常性愛路線や、中島貞夫監督、鈴木則文監督によるピンキー・バイオレンス路線をひた走り、その後も『トラック野郎』シリーズや『二百三高地』などの戦争映画大作を大ヒットさせた、東映の名物プロデューサー·天尾完次氏が、2011 年 7 月 3 日にこの世を去った。アナーキーなまでの徹底した娯楽主義を貫き、テレビやＶシネマを含めて約 90 本もの作品を世に送り出した氏を追悼する。

◉『忍びの卍』『残酷異常虐待物語　元禄女系図』『江戸川乱歩全集　恐怖奇形人間』『温泉みみず芸者』『現代ポルノ伝　先天性淫婦』『徳川セックス禁止令　色情大名』『恐怖女子高校　女暴力教室』『不良姐御伝　猪の鹿お蝶』『恐怖女子高校　暴行リンチ教室』『狂走セックス族』『女番長［スケバン］感化院脱走』『やさぐれ姐御伝　総括リンチ』『ボクサー』『多羅尾伴内　鬼面村の惨劇』『天使の欲望』『二百三高地』『白蛇抄』

[11.30 — 12.20]

蔵原惟繕　日活デイズ

日活ヌーヴェルヴァーグの旗手・蔵原のクールで不敵な作品世界の全貌に迫る！ 初監督作は『俺は待ってるぜ』(1957)。独立後の『キタキツネ物語』『南極物語』のヒットの強い印象からか、本来の全盛期の作品は忘れさられ、2011 年にアメリカで 60 年代作品の DVD ボックスがリリースされるなど、国内より海外で熱い支持を得ている。今回の特集は日活時代の作品のほとんどを網羅。

◉『俺は待ってるぜ』『嵐の中を突っ走れ』『爆薬［ダイナマイト］に火をつけろ』『地獄の曲り角』『われらの時代』『ある脅迫』『狂熱の季節』『破れかぶれ』『海の勝負師』『嵐を突っ切るジェット機』『メキシコ無宿』『憎いあンちくしょう』『硝子のジョニー　野獣のように見えて』『何か面白いことないか』『黒い太陽』『執炎』『夜明けのうた』『愛の渇き』『海底から来た女』『第三の死角』

[12.21 — 1.24]

映画史上の名作10

年末年始恒例の映画史上の名作、今回も話題作が目白押し！

◉『牡蠣の女王』『嵐の孤児』『キートン・サイレント集：キートンの隣同士』『キートン・

サイレント集：キートンの化物屋敷』『キートン・サイレント集：キートンのハード・ラック』『キートン・サイレント集：キートンの強盗騒動』『第七天国』『四人の息子』『いんちき商売』『ミイラ再生』『宝の山』『襤褸と宝石』『大自然の凱歌』『白鳥の死』『青髭八人目の妻』『第三の影』『ヒズ・ガール・フライデー』『拳銃貸します』『もだえ』『そして誰もいなくなった』『謎のストレンジャー 』『シャーロック・ホームズ 闇夜の恐怖』『靴みがき』『でっかく生きる 』『イースター・パレード』『ストロンボリ』『バシュフル盆地のブロンド美人 』『パンドラ』『二世部隊』『初恋』『腰抜けモロッコ騒動』『幌馬車』

[1.25 — 2.14]

谷口千吉監督特集

東宝の豪快路線、谷口映画の魅力を探る！

◉『銀嶺の果て』『ジャコ萬と鉄』『暁の脱走』『潮騒』『33 号車応答なし』『乱菊物語』『黒帯三国志』『不良少年』『裸足の青春』『嵐の中の男』『最後の脱走』『遙かなる男』『男対男』『やま猫作戦』『独立機関銃隊未だ射撃中』『馬鹿と鋏』『奇巌城の冒険』『国際秘密警察　絶体絶命』『夜の終り』

[2.15 — 3.7]

園子温監督特集

ますます加速する、園子温監督の大特集！

◉『LOVE SONG』『自転車吐息』『部屋 THE ROOM』『桂子ですけど』『男痕 -THE MAN-』『風』『0cm4』『性戯の達人　女体壺さぐり』『自殺サークル』『Strange Circus　奇妙なサーカス』『紀子の食卓』『気球クラブ、その後』『エクステ』『愛のむきだし』『Make the Last Wish』『冷たい熱帯魚』『恋の罪』

[3.8 — 3.28]

日本のオジサマ　山村聰の世界

俳優にして監督、総理大臣から情けないオジサンまで。山村聰の全貌に迫る！

◉『女優須磨子の恋』『流星』『お国と五平』『蟹工船』『黒い潮』『智恵子抄』『夜の蝶』『穴』『夜の配役』『鹿島灘の女』『闇を横切れ』『河口』『背徳のメス』『家庭の事情』『河のほとりで』『からみ合い』『あの人はいま』『傷だらけの山河』

[3.29 — 4.25]

ナチスと映画Ⅱ

ナチスにまつわる映画は多いぞ！ 好評につき第２弾！！

◉『最後の億萬長者』『海外特派員』『私が結婚した男』『独裁者』『生きるべきか死ぬべきか』『逃走迷路』『北大西洋』『自由への闘い』『渡洋爆撃隊』『姿なき軍隊』『汚名』『ドイツ零年』『平和に生きる』『地下水道』『ロベレ将軍』『僕の村は戦場だった』『道中の点検』『愛の嵐』『サロン・キティ』『記憶と夢』『死神博士の栄光と没落』『刑法175条』『ブラックブック』『帝国オーケストラ』

[4.26 — 5.16]

岸田森特集

独特の佇まいで人々の記憶に残る個性派俳優・岸田森の出演作を特集。円谷プロ製作の怪奇ドラマも上映します！

◉『斜陽のおもかげ』『斬る』『白昼の襲撃』『おんな極悪帖』『呪いの館　血を吸う眼』『曼陀羅』『百万人の大合唱』『哥』『修羅雪姫　怨み恋歌』『血を吸う薔薇』『鬼輪番』『黒薔薇昇天』『歌麿　夢と知りせば』『愛の嵐の中で』『ダイナマイトどんどん』『漂流』『可愛い悪魔』『白い手美しい手呪いの手』

[5.17 — 6.13]

野村芳太郎監督特集

サスペンスからコメディまで、野村芳太郎を大特集！

◉『鳩』『角帽三羽烏』『踊る摩天楼』『張込み』『モダン道中　その恋待ったなし』『黄色いさくらんぼ』『鑑賞用男性』『最後の切札』『恋の画集』『春の山脈』『左ききの狙撃者　東京湾』『拝啓天皇陛下様』『素敵な今晩わ』『望郷と掟』『暖流』『女たちの庭』『女の一生』『男なら振りむくな』『白昼堂々』『コント55号と水前寺清子の神様の恋人』『でっかいでっかい野郎』『影の車』『初笑いびっくり武士道』『八つ墓村』

[6.14 — 7.11]

チバちゃん祭り！Sonny Chiba A Go Go!!

ジャッキー・チェンからタランティーノまで、世界中からリスペクトされる我らがサニー・千葉の出演作を怒濤の上映！

◉『ファンキーハットの快男児』『二・二六事件　脱出』『八州遊侠伝　男の盃』『網走番外地　北海篇』『カミカゼ野郎　真昼の決斗』『浪曲子守唄』『陸軍諜報 33』『日本暗殺秘録』『ボディガード牙』『激突！殺人拳』『直撃地獄拳　大逆転』『ウルフガイ　燃えろ狼男』『新幹線大爆破』『けんか空手　極真拳』『子連れ殺人拳』『脱走遊戯』『沖縄やくざ戦争』『空手バカ一代』『宇宙からのメッセージ Message From Space』『沖縄 10 年戦争』『赤穂城断絶』『戦国自衛隊』『魔界転生』『東京大地震マグニチュード 8.1』

[7.12 — 8.15]

映画史上の名作11

この夏も恒例の名作洋画が目白押し！

◉『ハラキリ』『東への道』『野人の勇』『キートン・サイレント集：キートンの即席百人芸』『キートン・サイレント集：キートンの船出』『キートン・サイレント集：キートンの酋長』『キートン・サイレント集：キートンの警官騒動』『キートンの西部成金』『陽気な巴里っ子』『モンテカルロ』『嘆きの天使』『暁の偵察』『武器よさらば』『怪人マブゼ博士』『力と栄光』『無責任時代』『青春一座』『嵐が丘』『セカンド・コーラス』『果てなき航路』『悪魔とミス・ジョーンズ』『アフリカ珍道中』『郵便配達は二度ベルを鳴らす』『湖中の女』『忘れじの面影』『黄金』『頭上の敵機』『黒魔術』『ノックは無用』『キリマンジャロの雪』『ドクターＴの 5000 本の指』『終着駅』『悪魔をやっつけろ』

[8.16 — 9.12]

甦る中村登

昨年、東京フィルメックス、ヴェネチア、ベルリンにおいて回顧上映され、再評価の声が高まる中村登監督の全貌に迫る！

◉『我が家は楽し』『集金旅行』『顔役』『危険旅行』『明日への盛装』『波の塔』『いろはにほへと』『斑女』『河口』『千客万来』『古都』『つむじ風』『結婚式・結婚式』『夜の片鱗』『二十一歳の父』『暖春』『紀ノ川』『智恵子抄』『惜春』『わが闘争』『風の慕情』『塩狩峠』『三婆』『土砂降り』

[9.13 — 10.3]

35mmフィルムの映画祭

誰もが知っている名作の数々を 35mm フィルムで上映する特集。フィルム上映がます

ます困難になってきている今こそ是非！

◉『サンセット大通り』『昼下りの情事』『情婦』『大いなる西部』『荒野の七人』『さよならをもう一度』『大脱走』『007. 危機一発（ロシアより愛をこめて）』『夜の大捜査線』『華麗なる賭け』『キャリー』『アンタッチャブル』『月の輝く夜に』『ブラック・レイン』『輝ける青春』

［10.4 — 10.31］

日本のオジサマⅡ　佐分利信の世界

お待たせしました！山村聰と並ぶオジサマ俳優二大巨頭・佐分利信の特集です。監督作も多数上映 !!

◉『慟哭』『広場の孤独』『叛乱』『心に花の咲く日まで』『愛情の決算』『夜の鴎』『あゝ青春』『人生劇場　第一部　青春愛欲篇』『人生劇場　第二部　残侠風雲篇』『婚約三羽烏』『朱と緑　朱の巻／緑の巻』『男の償ひ 前後篇』『暁の合唱』『戸田家の兄妹』『誘惑』『嫉妬』『帰郷』『自由学校』『離婚』『軍神山本元帥と連合艦隊』『渇き』『吹雪と共に消えゆきぬ』『「通夜の客」より　わが愛』『猟銃』『化石』『燃える秋』

［11.1 — 11.14］

韓国映画の怪物——キム・ギヨンとキム・ギドク

強烈な個性で観る者をノックアウトするキム・ギヨンとキム・ギドクを大特集！

◉『下女』『玄界灘は知っている』『虫女』『肉体の約束』『異魚島［イオド］』『死んでもいい経験』『鰐』『受取人不明』『悪い男』『サマリア』『うつせみ』『弓』『絶対の愛』『悲夢』『アリラン』『嘆きのピエタ』

［11.15 — 11.28］

「金日成のパレード 東欧の見た“赤い王朝”」「北朝鮮・素顔の人々」ロードショー

1988 年朝鮮民主主義人民共和国の建国 40 周年記念式典を撮影したドキュメンタリー作品「金日成のパレード 東欧の見た“赤い王朝”」を 2 週間限定でロードショー。権力が持つ「魔力」とそれに対する「憧れ」という人類に共通するテーマを炙り出し、アンジェイ・ワイダなど多くの映画人に称賛された本作は、89 年ライプチヒ国際映画祭でグランプリを受賞。上映の際の会場は「全編爆笑、失笑、嘲笑の渦」だったという。「体制に人々が服従するゾッとするような光景」か、「1 つの思想の元に人々が集結する素晴らしい光景」か、「滑稽で現実ばなれした SF」か !?　併映作品「北朝鮮・素顔の人々」は、2000

年中頃に北朝鮮住民が隠し撮りした長時間映像を基に製作されたドキュメンタリー。コッチェビ（孤児となった浮浪児）の哀切感溢れる歌声、公開処刑とそれを強制的に見せられる群衆など、ニュース番組では決して目にすることがない北朝鮮民衆の日常が生々しく映し出されています。北朝鮮の真実を映し出す2本のドキュメンタリー作品を是非ご覧下さい。

[11.29 — 12.26]

追悼特集　曽根中生伝説

20年を超える謎の失踪後、突如映画祭に姿を現して3年。再評価の声が高まり続ける中逝った曽根中生監督の傑作・奇作を取り揃えた追悼特集。The legend will never die!!　脚本家集団·具流八郎の中心メンバーとして活躍後、ロマンポルノの中核を担った曽根中生監督は、シュールでアバンギャルドな作風で知られ、『天使のはらわた 赤い教室』を初め多くの傑作を送り出した。『フライング・飛翔』を最後に映画界から忽然と消え、多くの噂が流れたが、ヒラメの養殖や環境配慮型燃料製造装置の発明を行っていたというから生き方も型破り。

◉『性盗ねずみ小僧』『性談 牡丹燈籠』『㊙女郎市場』『実録　白川和子　裸の履歴書』『不良少女　野良猫の性春』『昭和おんなみち　裸性門』『㊙極楽紅弁天』『続ためいき』『現代娼婦考　制服の下のうずき』『大人のオモチャ ダッチワイフ・レポート』『続・レスビアンの世界　愛撫』『女高生100人㊙モーテル白書』『ホステス情報　潮ふき三姉妹』『わたしのSEX白書　絶頂度』『不連続殺人事件』『新宿乱れ街　いくまで待って』『教師女鹿』『博多っ子純情』『天使のはらわた　赤い教室』『スーパーGUNレディワニ分署』『赤い暴行』『太陽のきずあと』『白昼の女狩り』『花嫁に手をだすな！わが子は殺人者』

[12.27 — 1.30]

映画史上の名作12

今年も恒例の映画史上の名作。年末年始のお供に！！

◉『愛の花』『ドクトル・マブゼ　第一部：大賭博師篇』『ドクトル・マブゼ　第二部：犯罪地獄篇』『アイアン·ホース』『魔術師』『思ひ出』『キートンの蒸気船』『街の天使』『マダム・サタン』『雨』『オーケストラの少女』『ニノチカ』『ストライク・アップ・ザ・バンド』『レディ・イヴ』『疑惑の影』『スイング・ホテル』『ローラ殺人事件』『深夜の告白』『脱出』『聖メリーの鐘』『面の皮をはげ』『凱旋門』『マクベス』『赤い河』『オール・ザ・キングスメン』『花嫁の父』『雨に唄えば』『ナイアガラ』『シャレード』

[1.31 — 2.13]

偉大なるフレデリック・ワイズマン

社会と人間を見つめ続けるドキュメンタリーの巨匠フレデリック・ワイズマンを大特集！

◉『チチカット・フォーリーズ』『法と秩序』『病院』『基礎訓練』『エッセネ派』『少年裁判所』『霊長類』『福祉』『パナマ運河地帯』『ストア』『視覚障害』『適応と仕事』『ミサイル』『臨死』『セントラル・パーク』『動物園』『高校 2』『メイン州ベルファスト』『DV—ドメスティック・バイオレンス』『最後の手紙』『ボクシング・ジム』

[2.14 — 3.6]

岡本喜八監督特集

軽快なカット割りと奇想天外な発想で知られる天才・岡本喜八の世界を堪能する 4 週間。職人監督として傑作娯楽映画を撮り続ける一方、生涯戦争を批判し続けた反骨の人・岡本喜八の傑作の数々を、戦後 70 年の今年こそ是非ご覧ください。久々の上映となる『英霊たちの応援歌 最後の早慶戦』、傑作テレビドラマもお見逃しなく！

◉『結婚のすべて』『独立愚連隊』『どぶ鼠作戦』『月給泥棒』『江分利満氏の優雅な生活』『ああ爆弾』『侍』『血と砂』『殺人狂時代』『肉弾』『座頭市と用心棒』『ブルークリスマス』『英霊たちの応援歌 最後の早慶戦』『大誘拐 RAINBOW KIDS』『幽霊列車』『着ながし奉行』『昭和怪盗傳』『遊撃戦』

[3.7 — 4.3]

神代辰巳の世界　没度20年メモリアル特集

長い助監督時代を経てのデビュー作『かぶりつき人生』が日活史上最低の興行的失敗作となり 4 年間に渡り干された神代辰巳監督は、日活のロマンポルノ路線に表現の場を見出し、独特の作品世界が観客や評論家から絶賛された。一般作品に進出後も傑作を送り出し国内外で評価が高まる最中に病に倒れた神代監督は、その後も入退院を繰り返しながら作品を撮り続けたが、95 年帰らぬ人となった。観客のみならず、俳優やスタッフからも愛された神代辰巳監督が亡くなって 20 年。ネチッこい長回しや独特の音楽センス、猥雑でシュールな世界観の魅力は今も観る者を掴んで離さない。今回の特集では、処女作から遺作までの映画監督としてのキャリアを俯瞰しつつ、重要な創作の場であったテレビ作品から映画作品に匹敵する傑作ドラマを上映する！

◉『かぶりつき人生』『濡れた唇』『一条さゆり　濡れた欲情』『恋人たちは濡れた』『女

地獄　森は濡れた』『やくざ観音　情女仁義』『四畳半襖の裏張り』『濡れた欲情　特出し 21 人』『四畳半襖の裏張り　しのび肌』『青春の蹉跌』『赤線玉の井　ぬけられます』『宵待草』『黒薔薇昇天』『濡れた欲情　ひらけ！チューリップ』『悶絶 !! どんでん返し』『壇の浦夜枕合戦記』『赫い髪の女』『快楽学園 禁じられた遊び』『嗚呼！おんなたち猥歌』『赤い帽子の女』『恋文』『棒の哀しみ』『悪女の仮面　扉の陰に誰かが』『死角関係　隣人夫婦男女四人のからみ合い』

[4.4 — 4.24]

祝･芸能生活50周年　安藤昇伝説

終戦後の渋谷を席巻した安藤組組長から映画スターへ。昭和という時代を駆け抜けた伝説のカリスマ安藤昇が渋谷に帰ってくる！　唯一無二の“本物”の凄みに圧倒される3 週間 !!　渋谷に名画座を構えて今年で十年目。いつかは地元の伝説のカリスマ・安藤昇特集をとの思いがありました。“男の中の男”安藤昇のカッコよさを、是非当館で体験していただきたいと願っております。

◉『血と掟』『逃亡と掟』『炎と掟』『男の顔は履歴書』『阿片台地　地獄部隊突撃せよ』『やくざ非情史　刑務所兄弟』『やくざ非情史　血の盃』『昭和やくざ系図　長崎の顔』『やくざ非情史　血の決着』『博徒外人部隊』『出所祝い』『実録・私設銀座警察』『唐獅子警察』『三代目襲名』『無宿』『安藤組外伝　人斬り舎弟』『仁義の墓場』『安藤昇のわが逃亡と SEX の記録』『懲役十八年』『日本暗黒史　血の抗争』

[4.25 — 5.15]

ルビッチ･タッチ！

ビリー・ワイルダーが師と仰ぎ、フランソワ・トリュフォーがオマージュを捧げ、小津安二郎が影響を受けた作風は洒脱と洗練の極み。映画史に燦然と輝く傑作の数々は、今なお観る物を魅了せずにはいない。ハーマン・G・ワインバーグ著『ルビッチ・タッチ』（国書刊行会）刊行記念特集。ルビッチの洗練と洒脱の世界を堪能してください。

◉『男になったら』『牡蠣の王女』『花嫁人形』『山猫リュシュカ』『結婚哲学』『山の王者』『陽気な中尉さん』『私の殺した男』『君とひととき』『極楽特急』『百萬弗貰ったら』『生活の設計』『真珠の頸飾』『天使』『青髯八人目の妻』『ニノチカ』『淑女超特急』『生きるべきか死ぬべきか』『天国は待ってくれる』

[5.16 — 6.5]

相米慎二を育てた男　プロデューサー伊地智啓の仕事

80年代以降、相米慎二7作品をプロデュースしつつ、多くの映画プロジェクトに参画し、「撮影所以後」の日本映画を真に担ったプロデューサー伊地智啓(いじちけい)。1960年、裕次郎全盛の日活撮影所に助監督として入社。日活がロマンポルノ路線に転換した71年にプロデューサーへと転向し、数々のロマンポルノの製作を手掛けた。89年に岡田裕、佐々木史朗らとともに創設したアルゴ・プロジェクトでは、製作から配給、興行まで全て自主的に手掛けるシステム作りを模索した。

◉『反逆のメロディー』『八月の濡れた砂』『エロスの誘惑』『エロスは甘き香り』『濡れた荒野を走れ』『黒い牝豹M』『炎の肖像』『わたしのSEX白書　絶頂度』『最も危険な遊戯』『太陽を盗んだ男』『翔んだカップル　オリジナル版』『セーラー服と機関銃　完璧版』『ションベン・ライダー』『雪の断章 情熱』『光る女』『死んでもいい』『お引越し』『夏の庭　The Friends』

[6.6 — 6.26]

イタリア萬歳Ⅱ

ヴィスコンティからマカロニ・ウエスタンまで、イタリア映画の魅力満載！

◉『鉄道員』『ボッカチオ '70』『熊座の淡き星影』『ポケットの中の握り拳』『トッポ・ジージョのボタン戦争』『エンリコ四世』『肉体の悪魔』『イル・ディーヴォ　魔王と呼ばれた男』『時の重なる女』『愛の勝利を　ムッソリーニを愛した女』『トスカーナの贋作』『我らの生活』『眠れる美女』『荒野の1ドル銀貨』『群盗荒野を裂く』『続 荒野の用心棒』『情無用のジャンゴ』『怒りの荒野』『野獣暁に死す』『ミスター・ノーボディ』

[6.27 — 7.17]

渋谷実のおかしな世界　The Bizarre World of Minoru Shibuya

人間の醜さの強調、ブラックすぎて笑えない展開、中盤から破綻していく物語、予定調和を断固として拒否するラストなど、失敗作とも見紛うシュールでアヴァンギャルドな作品こそ渋谷の真骨頂。松竹テイストをぶち壊した異端作家・渋谷実の世界を、今こそ再確認してください！

◉『夜ごとの夢』『自由学校』『本日休診』『現代人』『勲章』『青銅の基督』『女の足あと』『気違い部落』『悪女の季節』『霧ある情事』『バナナ』『もず』『好人好日』『酔っ

ぱらい天国』『二人だけの砦』『モンローのような女』『大根と人参』『仰げば尊し』『奥様に知らすべからず』『母と子』

[7.18 — 8.7]

デビュー50周年記念　女優・梶芽衣子

タランティーノは言うまでもなく、世界中に熱烈なファンを持つ梶芽衣子のデビュー 50 周年を記念し、女優としての軌跡をたどる。

◉『青春前期　青い果実』『あゝひめゆりの塔』『女の警察』『日本残侠伝』『侠花列伝　襲名賭博』『怪談昇り竜』『野良猫ロック　セックス・ハンター』『流血の抗争』『三人の女　夜の蝶』『女囚さそり　第 41 雑居房』『女囚さそり　701 号怨み節』『修羅雪姫』『修羅雪姫　怨み恋歌』『動脈列島』『妻と女の間』『曽根崎心中』『わるいやつら』『子どものころ戦争があった』『やくざの墓場　くちなしの花』

[8.8 — 9.11]

映画史上の名作13

恒例の名作洋画特集。ラング、フォード、ホークス、ウェルズが勢ぞろい！

◉『馬鹿息子』『要心無用』『ニーベルンゲン　前篇・ジークフリード』『ニーベルンゲン　後篇・クリムヒルトの復讐』『ロイドの人気者』『キートンのセブンチャンス』『肉体と悪魔』『知られぬ人』『猫とカナリア』『淪落の女の日記』『けだもの組合』『四十二番街』『アタラント号』『アンナ・カレニナ』『三十九夜』『スミス都へ行く』『フィラデルフィア物語』『わが谷は緑なりき』『奥様は魔女』『フォー・ミー・アンド・マイ・ギャル』『打撃王』『若草の頃』『三つ数えろ』『マルクス捕物帖』『シャーロック・ホームズ 殺しのドレス』『幽霊と未亡人』『上海から来た女』『桃色の馬に乗れ』『アパッチ砦』『静かなる男』

[9.12 — 10.9]

カンヌ凱旋　黒沢清レトロスペクティブ

今年、『岸辺の旅』がカンヌ国際映画祭「ある視点」部門監督賞を受賞。さらに「川喜多賞」を受賞した黒沢清監督のレトロスペクティブ。多くの評論を出版しているシネフィルであり、世界中で多くの黒沢フリークを生む一方、その作品は「わけがわからない」と評されることも多い黒沢監督。デビュー作からＶシネ、テレビ作品まで網羅した今回のレトロスペクティブは、もう一人の「世界のクロサワ」の全貌を俯瞰する貴重な機会。Ｖ

シネ作品もフィルムで上映します！シネフィルも黒沢初心者も、シネマヴェーラに集まれ!!

◉『神田川淫乱戦争』『地獄の警備員』『勝手にしやがれ!! 強奪計画』『勝手にしやがれ!! 黄金計画』『勝手にしやがれ!! 成金計画』『勝手にしやがれ!! 英雄計画』『復讐 運命の訪問者』『復讐 消えない傷痕』『CURE』『蛇の道』『蜘蛛の瞳』『ニンゲン合格』『大いなる幻影』『カリスマ』『回路』『アカルイミライ』『曖昧な未来、黒沢清』『ドッペルゲンガー』『LOFT ロフト』『トウキョウソナタ』『リアル〜完全なる首長竜の日〜』『Seventh Code セブンス・コード』『ココロ、オドル』『ビューティフル・ニュー・ベイエリア・プロジェクト』テレビ作品［「廃校綺談」「木霊」「花子さん」（『学校の怪談』より）「タイムスリップ」（『愛と不思議と恐怖の物語』より）］

［10.10 — 10.30］

映画は旅である ロード・ムーヴィーの世界

70 年代に登場したといわれる「ロード・ムーヴィー」とは、旅を描いた映画全般を指す呼び名だが、今や自転車レース、逃亡、亡命、登山、深海や宇宙旅行、果ては時間旅行や空想上の旅など膨大な作品を含有するジャンル名となっている。ロード・ムーヴィーがこれほどまでに魅力的なのは、スクリーンの中で空間と時間を駆ける人々と共に、私たちもまた旅に出るからに他ならない。巡業の旅、逃亡の旅、鎮魂の旅、人と出会う旅、孤独な旅、人生を見つける旅、人生を終わらせる旅。本特集で取り上げた様々な旅をスクリーンで体験してください。そうだ、映画は旅である！
◉『或る夜の出来事』『怒りの葡萄』『サリヴァンの旅』『ヒッチハイカー 』『神の道化師、フランチェスコ』『この庭に死す 』『誓いの休暇』『ハネムーン・キラーズ』『トラフィック』『レニングラード・カウボーイズ・ゴー・アメリカ 』『春にして君を想う』『コールド・フィーバー』『旅するパオジャンフー』『憂鬱な楽園』『父、帰る』『モーターサイクル・ダイアリーズ』『メルキアデス・エストラーダの 3 度の埋葬』『イントゥ・ザ・ワイルド Into the Wild』

［10.31 — 11.20］

小沼勝 わが映画人生

日活ロマンポルノの創生から終焉までを駆け抜けた“ザ・キング・オブ・ロマンポルノ”。小沼勝の観念的かつ独特の美意識に溢れた傑作の数々に魅せられる 3 週間！ また本特集では、長い間上映できなかった幻の名作少女映画『NAGISA なぎさ』（2000 年ベルリン国際映画祭キンダーフィルム部門グランプリ受賞）が登場。傑作の呼び声も高いドラマ

作品も上映します。

◉『花芯の誘い』『ラブハンター 熱い肌』『妻三人　狂乱の夜』『昼下りの情事　古都曼陀羅』『生贄夫人』『濡れた壷』『花芯の刺青　熟れた壷』『OL 官能日記　あァ！私の中で』『夢野久作の少女地獄』『団鬼六・原作「黒い鬼火」より　貴婦人縛り壷』『さすらいの恋人　眩暈』『山の手夫人　性愛の日々』『妻たちの性体験　夫の眼の前で、今… 』『縄と乳房』『NAGISA なぎさ』『サディスティック＆マゾヒスティック』『偽りの花嫁　わたしの父を奪わないで！』『ガラスの家の暴力少女』

[11.21 — 12.18]
巨星・橋本忍
伊丹万作から脚本指導を受けた唯一の弟子であり、黒澤組の一人として傑作群を送り出したシナリオ界の巨星。黒澤作品を含む傑作群から『幻の湖』以後の迷作まで、さらに全ての監督作を上映。偉大なる橋本忍の全貌に迫る！
◉『生きとし生けるもの』『生きものの記録』『憎いもの』『女殺し油地獄』『夜の鼓』『奴が殺人者だ』『鰯雲』『隠し砦の三悪人』『私は貝になりたい』『七つの弾丸』『南の風と波』『怪談 蚊喰鳥』『切腹』『白と黒』『悪の紋章』『霧の旗』『大菩薩峠』『上意討ち 拝領妻始末』『首』『人斬り』『暁の挑戦』『幻の湖』『旅路 村でいちばんの首吊りの木』『愛の陽炎』

[12.19 — 1.22]
シネマヴェーラ渋谷10周年記念1　映画史上の名作14
年末年始の恒例企画。『ビッグヒート』『マルタの鷹』『夜までドライヴ』とミステリーが充実。今年生誕 100 年のオーソン・ウェルズ『偉大なるアンバーソン家の人々』も！またシネマヴェーラ渋谷開館 10 周年を記念してのトークイベントもございます。
◉『吸血鬼ノスフェラトゥ』『拳闘屋キートン』『血涙の志士』『ロイドのスピーディー』『世界の英雄』『ゴールド・ディガーズ』『クリスチナ女王』『暗殺者の家』『男装』『桑港』『望郷』『獣人』『バルカン超特急』『巌窟の野獣』『夜までドライブ』『カンサス騎兵隊』『マルタの鷹』『偉大なるアンバーソン家の人々』『ならず者』『シャーロック・ホームズ 緋色の爪』『スカーレット・ストリート』『失われた時』『浜辺の女』『でっかく生きる』『野望の果て』『流砂』『ノックは無用』『復讐は俺に任せろ』『紳士は金髪がお好き』『第十七捕虜収容所』

円山町《まるやまちょう》瀬戸際日誌——名画座シネマヴェーラ渋谷の10年

二〇一五年一二月二五日　初版　［検印廃止］

著者　内藤篤
ブックデザイン　大森裕二
発行者　羽鳥和芳
発行所　株式会社　羽鳥書店
一一三―〇〇二二　東京都文京区千駄木五―二―一三―一階
電話番号　〇三―三八二三―九三一九［編集］
〇三―三八二三―九三二〇［営業］
ファックス　〇三―三八二三―九三二一
http://www.hatorishoten.co.jp/

印刷・製本所　大日本法令印刷　株式会社

ISBN 978-4-904702-59-8　Printed in Japan

内藤 篤（ないとう あつし）

1958年東京生まれ。弁護士（1985年登録）・ニューヨーク州弁護士（1990年登録）。2006年より名画座「シネマヴェーラ渋谷」館主。

東京大学教養学部の蓮實重彦映画ゼミに1年半モグリで参加。東京大学法学部卒業後、大手渉外法律事務所に勤務ののち、1994年に内藤・清水法律事務所（青山綜合法律事務所と改称）を開設。主たる仕事領域は、エンタテインメント（映画、音楽、演劇、音楽出版、マーチャンダイジング、アート取引、玩具、広告等）およびメディア／コミュニケーション関係（放送、出版、インターネット等）の法実務。慶應義塾大学法科大学院講師および一橋大学大学院国際企業戦略研究科講師（ともにエンタテインメント法担当）。

著書に『ハリウッド・パワーゲーム――アメリカ映画産業の「法と経済」』（TBSブリタニカ、1991年、平成3年度芸術選奨文部大臣新人賞受賞）、『エンタテインメント・ロイヤーの時代――弁護士が語る映像・音楽ビジネス』（日経BP出版センター、1994年）、『走れ、エロス！』（筑摩書房、1994年）、『エンタテインメント契約法［第3版］』（商事法務、2012年）、共著に『パブリシティ権概説［第3版］』（木鐸社、2014年）、『映画・ゲームビジネスの著作権［第2版］』（CRIC、2015年）、翻訳書に『エンターテインメント・ビジネス――その構造と経済』（ハロルド・L・ヴォーゲル著、リットーミュージック、1993年）など。

全体としては、それでも筆者は、シネマヴェーラ渋谷を楽しんでいる。あんまり儲からないことも含めて。

本文にも書いたとおり、本書はもともと、東京大学出版会のＰＲ誌『ＵＰ』での連載に端緒を有する。当時の編集長と担当編集者であり、その後独立されて羽鳥書店の社長となり、その右腕となられた、羽鳥和芳氏と矢吹有鼓氏に、謝意を表します。そして、本文中にも登場したように、シネマヴェーラ渋谷を支えてくれたスタッフの方々、また蓮實重彥先生、山根貞男さん、上野昂志さん、柳下毅一郎さん、木全公彦さん、磯田勉さん、高崎俊夫さん、堀越謙三さん、下村健さん、中原昌也さん、飯島洋一さん、白鳥あかねさん(以上、順不同)、その他多くの方々に、筆者と支配人の妻より感謝の念を捧げます。10年続いたシネマヴェーラ渋谷がこの先も継続するよう、筆者も頑張る所存です。

２０１５年11月吉日

内藤　篤

からの情報として、彼が病没した旨の便りがもたらされた。その知人によれば、昨年の秋ころには試写会で久しぶりに平井に会ったことがあり、別段健康に問題もありそうに思えなかったので、ひどく驚いたということだった。

なぜ今になって、こんなことを書き連ねるのか。死人に口なしだから？　別にそうした批判にあえて反論はしない。平井が生きていれば、さまざまな配慮もあって、ここでこうした文章は書いてはいないことも事実かもしれない。だが、生涯、妻もたず子もなさずに死んだ平井景という人間を、こうした形でででも記述して残しておきたいというのは、かつての友人としての偽らざる心情だ。彼はその生涯のある時期において、シネマヴェーラ渋谷にコミットした人間だったわけで、それは何らかの形で、この種の出版物の中には残されるべきものだと思う。

本書を通底する能天気な調子が「あとがき」に至って変調してしまったかもしれない。だが、ひとつの組織体を運営するというのは、楽しい面もあれば、そう楽しくない面もある。そうしたものだとご理解願いたい。でも、

るかもしれない。つまり、彼は彼なりにサッパリ儲からないこの名画座ビジネスを何とかしようとして、「名画座営業に付随する儲かりそうなビジネス」を提案したりしたのだが、結果としてそれがマイナスとなり、当方の怒りを買う、というような。そうしたことは基本的には、彼の提案に乗ったこちらの責任なので、そこをどうこう責めるつもりはなかった。だが、受付嬢との仕事上のいざこざは放置できず、なぜなら劇場のオペレーションに直結するものだからで、結果として彼に辞めてもらうこととなった。彼は彼で言い分はあったので、不本意ではあったろうとは思う。ことに、30年近い付き合いのある筆者に、自分の言い分を受け入れてもらえないというのは、ショックだったことも想像に難くない。しかし、筆者として言えることは、平井の言い分と、受付嬢の言い分と、またその周辺からの話などを総合的に聞いたうえで、やはり彼の言い分は違うのではないか、と判断したのだというほかはない。もとより、それが客観的に正しい判断だったとここで主張するつもりもない。

かくて平井はシネマヴェーラを去った。そうしてずいぶんと何の音沙汰もない中で、突然2015年の春ころ、映画業界の共通の知人から、平井の弟

わせてくれたりしていた。要するに気のいい奴だったのである。

しばらくして平井はぴあを退職し、独立した。学生のころから好きだったカメラを本職にして、映画まわりのフォトグラファー兼ライターのような仕事を始めたのだった。シネマヴェーラ渋谷の支配人の仕事を振ったのは、独立してしばらくしたころだったと記憶する。こちらの意図としては、名画座の支配人などは常時そこにいる必要のない人間なのだから、劇場の事務所をフリーランス仕事の中継基地として適当に使ってもらって、ヒマな時間に劇場にいてくれればいい、くらいの料簡だった。要するに、劇場に関して特に何かの仕事をしてもらおうと思ってはおらず、したがってサラリーもごく安いものであった。しかし、生真面目な性格だったのだろう、平井は劇場支配人らしい仕事をしようとした。あるいは筆者が支配人仕事を甘く見すぎていたのかもしれない。「支配人」という看板をひとたび背負わされれば、そこには必然的に仕事が降りかかってきたのかもしれなかった。

こうした互いの認識の食い違いは、そう時間をおかずに表面化した。筆者との間で些細なことを含めてギクシャクした。受付嬢との間では、仕事面での摩擦が起こった。今から思えば、こちらの言い分が理不尽だったこともあ

あとがき——初代支配人・平井景のこと

ここで初代の支配人・平井景について触れておくのがおそらく適当だろう。彼は２００６年1月のシネマヴェーラ渋谷の開館と同時に支配人となり、２００９年3月に退職した。辞めてもらったのだ。おそらく筆者とシネマヴェーラ渋谷に対し、よい感情を持つことなく去ったはずである。その平井は、２０１５年の初頭に亡くなったと、人づてに聞かされた。

平井は中学高校時代以来の友人だから同い年で、大学卒業後にはぴあ株式会社に就職した。筆者らの世代によくいるサブカル好きの一人で、高校時代にはよく『ダンディ2 華麗な冒険』とか『ロックフォード氏の事件メモ』とかの海外ドラマについて、語りあったものだった。大学時代には交流が途切れていたが、社会人になってからは、こちらはエンタテインメント弁護士、彼はぴあの社員ということもあり、共通の友人らを介して交流が復活した。

そうしたこともあり、平井はぴあ時代から、筆者にクライアントを紹介してくれたり、クライアントにはならずとも知っておいた方がいい人に引き合